FENOMENOLOGIA NO CIBERESPAÇO
GEOGRAFIAS DO MUNDO E DA ESFERA VIRTUAL

Editora Appris Ltda.
1.ª Edição - Copyright© 2024 do autor
Direitos de Edição Reservados à Editora Appris Ltda.

Nenhuma parte desta obra poderá ser utilizada indevidamente, sem estar de acordo com a Lei nº 9.610/98. Se incorreções forem encontradas, serão de exclusiva responsabilidade de seus organizadores. Foi realizado o Depósito Legal na Fundação Biblioteca Nacional, de acordo com as Leis nᵒˢ 10.994, de 14/12/2004, e 12.192, de 14/01/2010.

Catalogação na Fonte
Elaborado por: Dayanne Leal Souza
Bibliotecária CRB 9/2162

S725f	Sousa, Alexsandro Costa de Fenomenologia no ciberespaço: geografias do mundo e da esfera virtual / Alexsandro Costa de Sousa. – 1. ed. – Curitiba: Appris, 2024. 231 p. : il. ; 23 cm. – (Coleção Educação, Tecnologias e Transdisciplinaridades). Inclui referências. ISBN 978-65-250-6993-7 1. Tecnologia móvel. 2. Geografia. 3. Fenomenologia. I. Sousa, Alexsandro Costa de. II. Título. III. Série. CDD – 306.46

Livro de acordo com a normalização técnica da ABNT

Editora e Livraria Appris Ltda.
Av. Manoel Ribas, 2265 – Mercês
Curitiba/PR – CEP: 80810-002
Tel. (41) 3156 - 4731
www.editoraappris.com.br

Printed in Brazil
Impresso no Brasil

Alexsandro Costa de Sousa

FENOMENOLOGIA NO CIBERESPAÇO
GEOGRAFIAS DO MUNDO E DA ESFERA VIRTUAL

Appris
editora

Curitiba, PR
2024

FICHA TÉCNICA

EDITORIAL	Augusto Coelho
	Sara C. de Andrade Coelho

COMITÊ EDITORIAL

Ana El Achkar (Universo/RJ)
Andréa Barbosa Gouveia (UFPR)
Antonio Evangelista de Souza Netto (PUC-SP)
Belinda Cunha (UFPB)
Délton Winter de Carvalho (FMP)
Edson da Silva (UFVJM)
Eliete Correia dos Santos (UEPB)
Erineu Foerste (Ufes)
Fabiano Santos (UERJ-IESP)
Francinete Fernandes de Sousa (UEPB)
Francisco Carlos Duarte (PUCPR)
Francisco de Assis (Fiam-Faam-SP-Brasil)
Gláucia Figueiredo (UNIPAMPA/ UDELAR)
Jacques de Lima Ferreira (UNOESC)
Jean Carlos Gonçalves (UFPR)
José Wálter Nunes (UnB)
Junia de Vilhena (PUC-RIO)

Lucas Mesquita (UNILA)
Márcia Gonçalves (Unitau)
Maria Aparecida Barbosa (USP)
Maria Margarida de Andrade (Umack)
Marilda A. Behrens (PUCPR)
Marília Andrade Torales Campos (UFPR)
Marli Caetano
Patrícia L. Torres (PUCPR)
Paula Costa Mosca Macedo (UNIFESP)
Ramon Blanco (UNILA)
Roberta Ecleide Kelly (NEPE)
Roque Ismael da Costa Güllich (UFFS)
Sergio Gomes (UFRJ)
Tiago Gagliano Pinto Alberto (PUCPR)
Toni Reis (UP)
Valdomiro de Oliveira (UFPR)

SUPERVISORA EDITORIAL	Renata C. Lopes
PRODUÇÃO EDITORIAL	Bruna Holmen
REVISÃO	Bruna Fernanda Martins
DIAGRAMAÇÃO	Andrezza Libel
CAPA	Carlos Pereira
REVISÃO DE PROVA	Bruna Santos

COMITÊ CIENTÍFICO DA COLEÇÃO EDUCAÇÃO, TECNOLOGIAS E TRANSDISCIPLINARIDADE

DIREÇÃO CIENTÍFICA **Dr.ª Marilda A. Behrens (PUCPR)**   **Dr.ª Patrícia L. Torres (PUCPR)**

CONSULTORES

Dr.ª Ademilde Silveira Sartori (Udesc)
Dr. Ángel H. Facundo (Univ. Externado de Colômbia)
Dr.ª Ariana Maria de Almeida Matos Cosme (Universidade do Porto/Portugal)
Dr. Artieres Estevão Romeiro (Universidade Técnica Particular de Loja-Equador)
Dr. Bento Duarte da Silva (Universidade do Minho/Portugal)
Dr. Claudio Rama (Univ. de la Empresa-Uruguai)
Dr.ª Cristiane de Oliveira Busato Smith (Arizona State University /EUA)
Dr.ª Dulce Márcia Cruz (Ufsc)
Dr.ª Edméa Santos (Uerj)
Dr.ª Eliane Schlemmer (Unisinos)
Dr.ª Ercilia Maria Angeli Teixeira de Paula (UEM)
Dr.ª Evelise Maria Labatut Portilho (PUCPR)
Dr.ª Evelyn de Almeida Orlando (PUCPR)
Dr. Francisco Antonio Pereira Fialho (Ufsc)
Dr.ª Fabiane Oliveira (PUCPR)

Dr.ª Iara Cordeiro de Melo Franco (PUC Minas)
Dr. João Augusto Mattar Neto (PUC-SP)
Dr. José Manuel Moran Costas (Universidade Anhembi Morumbi)
Dr.ª Lúcia Amante (Univ. Aberta-Portugal)
Dr.ª Lucia Maria Martins Giraffa (PUCRS)
Dr. Marco Antonio da Silva (Uerj)
Dr.ª Maria Altina da Silva Ramos (Universidade do Minho-Portugal)
Dr.ª Maria Joana Mader Joaquim (HC-UFPR)
Dr. Reginaldo Rodrigues da Costa (PUCPR)
Dr. Ricardo Antunes de Sá (UFPR)
Dr.ª Romilda Teodora Ens (PUCPR)
Dr. Rui Trindade (Univ. do Porto-Portugal)
Dr.ª Sonia Ana Charchut Leszczynski (UTFPR)
Dr.ª Vani Moreira Kenski (USP)

Dedicado a todos que pesquisam e amam a Geografia.

Conhecer o desconhecido, atingir o inacessível, a inquietude geográfica precede e sustenta a ciência objetiva. Amor ao solo natal ou busca por novos ambientes, uma relação concreta liga o Homem à Terra, uma "geograficidade" (géographicité) do Homem como modo de sua existência e de seu destino.

(Eric Dardel)

Foi na Geografia que aprendi a viajar. Hoje, a minha viagem geográfica não é apenas minha. Ressoou a ponto de se materializar em livro. Siga por qualquer direção, não importa, o importante é seguir.

(Alexsandro Sousa)

SUMÁRIO

INTRODUÇÃO..13

SESSÃO I
PERCEBENDO O MUNDO DA TECNOLOGIA UM CAMINHO SEM RETORNO: APORTES TEÓRICOS E CONCEITUAIS

CAPÍTULO I
A PERCEPÇÃO DOS TRACEJADOS TEÓRICOS E CONCEITUAIS: O QUE SABEMOS SOBRE TECNOLOGIA?..21

1.1 A tecnologia: uma ideologia centrada na mudança da sociedade.............. 22

CAPÍTULO 2
A MUDANÇA DO *HABITUS* NA EDUCAÇÃO COM USO DAS TDIC......... 41

CAPÍTULO 3
A IMERSÃO E SUBMERSÃO DOS SUJEITOS NO MUNDO DA TECNOLOGIA...49

CAPÍTULO 4
RETROSPECTIVA HISTÓRICA DA TECNOLOGIA MÓVEL: PARA ALÉM DE UM ALÔ!...55

4.1 Breve histórico da evolução do telefone dos primeiros aparelhos telefônicos aos celulares móveis... 57

4.2 O primeiro celular do mundo e do Brasil..................................... 59

4.3 Dos aparelhos fixos aos móveis: o que mudou na sociedade com os modernos aparelhos?...61

CAPÍTULO 5
A TECNOLOGIA MÓVEL NA EDUCAÇÃO: SEU USO NA CONSTRUÇÃO DE CONHECIMENTOS.. 65

CAPÍTULO 6

TECNOLOGIA E GEOGRAFIA: O ENSINO DA GEOGRAFIA NO UNIVERSO DA CIBERCULTURA 73

6.1 As imagens no ensino 79

6.2 Imagens sobre o "lugar": A tecnologia móvel como forma de novas produções ... 84

SESSÃO II
LUGAR, TOPOFILIA E FENOMENOLOGIA: ENCONTROS NA GEOGRAFIA HUMANISTA

CAPÍTULO 7

LUGAR, TOPOFILIA E FENOMENOLOGIA: ENCONTROS NA GEOGRAFIA HUMANISTA 99

7.1 "O lugar" na geografia: descomplicando a categoria 101

7.2 A topofilia de Yi-fu Tuan versus a relação com o lugar: reflexões necessárias 110

7.3 A fenomenologia da percepção: sua presença na geografia 118

CAPÍTULO 8

REALIZANDO UM LONGO PERCURSO 127

CAPÍTULO 9

CONFLUÊNCIAS ENTRE DIÁLOGOS NA PESQUISA: FENOMENOLOGIA, TOPOFILIA, IMAGENS E A TECNOLOGIA MÓVEL 137

9.1 O ensino da Geografia escolar e as suas categorias 140

9.2 Categorias geográficas na abordagem empírica e epistemológica: confluências e suas tessituras 145

   9.2.1 O Mundo vivido 145

   9.2.2 Economia e Política 148

   9.2.3 Espaço geográfico 149

   9.2.4 O Lugar 154

CAPÍTULO 10

RELAÇÃO COM O LUGAR: AS IMAGENS DOS SUJEITOS E SEUS LUGARES ... 161

10.1 As imagens do Lugar: o meu lugar 167

   10.1.1 O Parque da cidade de São José de Ribamar 171

   10.1.2 Minha casa 174

   10.1.3 Meu Quarto: Lugar pessoal e íntimo 177

CAPÍTULO 11
PERCEPÇÕES SOBRE O LUGAR: MEMÓRIAS, TOPOFILIA E SUBJETIVIDA-
DES 183

CAPÍTULO 12
USANDO A TECNOLOGIA PARA CAPTAR IMAGENS PESSOAIS E
SUBJETIVAS: DIFERENTES POSICIONAMENTOS 193
12.1 Usando a tecnologia móvel: realidades da intervenção 199

CONSIDERAÇÕES FINAIS...209

REFERÊNCIAS... 215

INTRODUÇÃO

Ao iniciar as primeiras linhas introdutórias deste livro, afirmo que a Geografia é uma ciência voltada para a percepção e conhecimento do mundo, tanto no que diz respeito aos aspectos geológicos na estruturação e formação, elementos bem mais destacáveis para a visão, como na construção e reconstrução dos espaços criados pela ação do homem, que recrutam muito mais de funções organolépticas pormenorizadas. Nesse caso específico faço referência à percepção do espaço.

Tendo fundamental importância na vida cotidiana do homem, e na identificação dos espaços onde este está inserido. Um desses espaços é o "lugar" considerado categoria, que estrutura as discussões geográficas e que estamos envolvidos por ele.

A visão observada e mais discutida eram aquelas para os pressupostos decorrentes da Geografia Física, a importância para o campo da Geografia Humanista ficou para segundo plano. Esse segundo plano teve uma longa data para que viesse a conhecer essa área mais intensamente.

Na observação de Callai (2000, p. 86), estudar o lugar é fundamental,

> [...] pois ao mesmo tempo em que o mundo é global, as coisas da vida, as relações sociais se concretizam nos lugares [...] compreender o lugar em que vivem, permite ao sujeito conhecer a sua história e conseguir entender as coisas que ali acontecem.

Os diversos conceitos ou categorias que fazem parte do estudo na Geografia escolar são importantes para que o aluno possa compreender melhor as relações existenciais, como bem analisar o objeto que essa ciência busca interpretar.

Como afirma Moreira (2013, p. 165): "O conceito é o elemento discursivo que dá vida a paisagem", trilhar pela conceituação sem dúvida traz percepções mais conclusivas na Geografia, mas não pode ser abordando como antes, deve ser proposta uma nova mobilidade para que os conceitos, as categorias, cheguem ao nível compreensivo do aluno, o ponto nevrálgico está na maneira que é explorado.

Sob a égide de um entendimento e compreensão sobre o "LUGAR", e a forma de estudá-lo, senti-lo e percebê-lo, direciono o estudo para a descrição e compreensão do fenômeno lugar por parte dos envolvidos diretamente com a produção desses espaços.

Nesse caminho da Geografia Humanista, os estudos apresentados pela Topofilia de Tuan (2012), e a base metodológica dos levantamentos descritivos e perceptivos da Fenomenologia de Merleau-Ponty (2006), fazem parte do que me prontifiquei a estudar, conduzido pelo desejo de que as pesquisas que trilham por esse caminho podem contribuir com uma Geografia científica e com um método qualitativo, deixando de lado os dados estatísticos e abordagens quantitativas herméticas.

O título escolhido para este livro é fruto dos resultados de uma longa investigação, sobretudo que é por meio da confluência entre três pontos centrais, sendo eles: o campo da Geografia como cerne, a Tecnologia como um enquadramento e a Fenomenologia enquanto método, que tanto a intenção preambular de investigar a potencialidade advinda da percepção se tornou capaz com o envolvimento do enquadramento e do método utilizado.

Portanto, o celular enquanto um recurso pedagógico capaz de ultrapassar expectativas simples da comunicação possibilita potenciais estudos sobre a relação que as pessoas têm com o lugar. Nesse sentido, a partir dele – celular – incitamos este ponto introdutório com o seguinte questionamento: o uso da tecnologia móvel pelo professor e alunos é capaz de gerar novas percepções no processo de ensino e aprendizagem potencializando o estudo da Geografia no Ensino Médio da Educação Básica com vistas a compreender melhor seus conceitos?

Nessa concepção quero destacar como objetivo principal deste livro a descrição da relação dos sujeitos sobre o "lugar", categoria presente no estudo da Geografia, a partir das percepções geradas por meio de imagens audiovisuais com o uso potencial da tecnologia móvel por alunos da escola da Rede Pública Estadual do Ensino Médio no Estado do Maranhão.

Em conformidade com o objetivo central desta pesquisa tem-se como objetivos específicos aqueles que foram norteadores na concepção da investigação e da intervenção, destaco aqui:

- Verificar o nível de compreensão que os alunos possuem sobre os conceitos estruturais da Geografia, principalmente o de "lugar", com base nas aulas expositivas.

- Conduzir a investigação para o ensino de uma Geografia Humanista com orientação nas imagens e na percepção dos alunos do

Ensino Médio sobre o lugar vivido e das suas experienciações com o lugar.

- Explorar como as tecnologias móveis podem auxiliar o ensino da Geografia para um redimensionamento na forma da aquisição do conceito sobre o lugar, explorando os dispositivos tecnológicos que integram aparelhos de celulares dos alunos como proposta estratégica de ensino com o uso dessa tecnologia.

- Potencializar a compreensão do conceito sobre "o lugar" por meio da documentação de imagens ou vídeos.

Dessa forma, a presente obra encontra-se dividida em duas sessões principais: **PERCEBENDO O MUNDO DA TECNOLOGIA UM CAMINHO SEM RETORNO: aportes teóricos e conceituais** – constitui o início da pesquisa, abordei como elemento teórico uma densa abordagem nos condicionantes que a tecnologia levou à sociedade e se fez parte. Nessa sessão giro a chave para a abertura de uma porta com a relevante introdução para a compreensão da tecnologização universal na estrutura escolar como do próprio ensino, o enfoque preliminar é a percepção que se tem acerca de uma nova ideologia fundamentada pela reestruturação da sociedade.

Considero que os posicionamentos teóricos são a viga que sustenta toda a composição do estudo, a posição de como a tecnologia móvel e sua ubiquidade podem suscitar novas formas de produção de conhecimentos. O referencial teórico traz como interlocutores para o diálogo os autores Lévy (1993), Castells (2003), Bourdieu (2007), Bottentuit Júnior (2011, 2016), dentre vários outros, e suas obras de alto significado para a educação.

Tecendo concepções teórico-conceituais, a importância de se verificar noções preliminares sobre as imagens de forma ampla e de forma particularizada encaminhada para a vertente educacional, sobretudo a importância do levantamento sobre as questões das imagens na aprendizagem e no ensino.

A polissêmica significância das imagens faz com que diferentes áreas venham pesquisar, incluindo a Geografia, compondo uma interdisciplinaridade necessária, para a compreensão da forma em que o ser humano se expressa, se comunica com o mundo, perpassando por uma triconomia, que aglutina o valor representativo da imagem, o seu valor simbólico e o seu valor signo.

Em referência ao apontamentos distribuídos em seus capítulos nesta sessão, discuto com a Geografia seu ensino com a imagem como recurso profícuo no processo de ensino e aprendizagem de categorias como a de "lugar" que é basilar neste estudo, analisar as diferentes funções das imagens é tomado ainda como forma de haver comunicação social, por meio dessa comunicação é que os sujeitos, as forças ativas, reativas, organizadas e desorganizadas constroem elementos tensionadores entre o "eu" e o "outro".

Ainda é apresentada a abordagem que os livros didáticos trazem sobre o "lugar" com a presença das imagens, e como esses recursos visuais que ilustram os conteúdos contribuem no aspecto da concepção teórica.

Sua incorporação diária e comunicação com o sujeito faz com que se produzam informações e significados no contexto geográfico, tal é a importância que o estudo verifica como ponto as imagens na condução de um ensino e da compreensão desse ensino categorial com o uso do recurso tecnológico. São apresentados os teóricos deste capítulo: Aumont (2002), Arnheim (1981) e Baldissera (2000).

Na sessão que sucede a primeira, apresento como tema central: **LUGAR, TOPOFILIA E FENOMENOLOGIA: encontros na Geografia Humanista**. Dessa forma, nessa sessão os capítulos estão posicionados tal e qual a uma abertura compreensiva de como o estudo da Geografia tem se modificado, ao tratar dessas composições como fundamento, encarrego um levantar do posicionamento teórico sobre o lugar no campo da Geografia, isto é, dar a composição de ser no trato do lugar.

As premissas que referendam a importância da categoria espacial "lugar", bem como o levantamento referencial, encontram-se em Werther Holzer (1993, 2013), Oliveira (2012), Marandola Jr. (2012, 2013), Buttimer (1982), Antonio Christofoletti (1982), Lowenthal (1982), Tuan (2013), Dartigues (1992), Ferraz (2009), Cerbone (2014), Merleau-Ponty (2006).

Nessa sessão caminho pelo método que penso ser a presença do espírito desta obra na dimensão de aprofundamento em um método que trate a questão da categoria "lugar". Ao escolher para fundamentar o estudo investigativo, o método da Fenomenologia está sendo percebido como suporte para estudar os fenômenos e objetos que a pesquisa se incumbirá de buscar.

A Fenomenologia descreve a experiência do homem tal como ela é, e não segundo as proposições pré-estabelecidas pelas ciências naturais. Trata-se de uma forma particular de fazer ciência: a pesquisa qualitativa, que substitui as correlações estatísticas pelas descrições individuais, e as conexões causais por interpretações oriundas das experiências vividas (Martins, 1992).

Assim como bem destaca o interventor do método fenomenológico Merleau-Ponty (2006, p. 01): "A fenomenologia é o estudo das essências, e todos os problemas, segundo ela, resumem-se em definir essências: a essência da percepção, a essência da consciência por exemplo". Nesse caso a Fenomenologia da percepção trata de descrever, não de explicar, nem de analisar (Merleau-Ponty, 2006). Na Topofilia de Yi- Fu Tuan (2013), sua contribuição para o estudo do lugar é fundamental, sendo ele considerado uma das maiores representações dessa cadeira do estudo da Geografia Humanista.

Yi-Fu Tuan (2013, p. 27) salienta que todos os lugares

> [...] são pequenos mundos [...] Lugares podem ser símbolos públicos ou campo de preocupação, mas o poder dos símbolos para criar lugares depende, em última análise, das emoções humanas.

Tomando como base o levantamento bibliográfico e o estudo teórico das observações feitas por estudiosos humanistas como Eric Dardel (2015) abrindo os flancos da percepção, além do fato de observar aquilo que nos leva a obter o sentimento de pertencimento a partir do estudo direto de sua obra, bem como no processo da construção teórica de obras que tratam sobre o objeto desta investigação.

Em conclusão, o quinto capítulo apresenta os resultados da pesquisa. Nessa parte considero a inferência desta investigação no campo do estudo do lugar com o uso do celular, e nesse caso específico a intenção de criar um vínculo comunicativo entre as três principais áreas que estão sendo analisadas: a percepção do lugar, o uso do celular e as imagens com o foco da fenomenologia da Percepção e a Topofilia.

Todos os autores utilizados ao longo do trabalho estarão em constante diálogo, a fim de que seja endossado o elemento empírico à luz do ponto de vista científico. Portanto, o quadro teórico desta obra é significativamente vasto e destaca-se pelas suas produções constituindo reais possiblidades de se trabalhar o ensino da Geografia com outras áreas, como o caso da Filosofia.

SESSÃO I

PERCEBENDO O MUNDO DA TECNOLOGIA UM CAMINHO SEM RETORNO:
aportes teóricos e conceituais

CAPÍTULO I

A PERCEPÇÃO DOS TRACEJADOS TEÓRICOS E CONCEITUAIS: O QUE SABEMOS SOBRE TECNOLOGIA?

Todo conhecimento é polêmico. Antes de constituir-se, deve destruir as construções passadas e abrir lugar a novas construções. É este movimento dialético que constitui a tarefa da nova epistemologia.
(Gaston Bachelard, 2013, p. 12)

Tomo emprestada essa observação que Gaston Bachelard faz sobre a composição do conhecimento, ergo uma necessidade de cobrir-me de uma nova postura no *constructo* que procuro desvelar quando sugiro uma abordagem sobre as concepções do mundo tecnológico. A importância nesse primeiro momento de convocar a atenção para um estudo capaz de agregar fundamentos da Tecnologia, sem esquecer as linhas de abordagem da Geografia e do estudo do lugar, que por sua vez devem ser analisados e aproximados do nosso entendimento.

Se o conhecimento é polêmico, discutir sobre as possibilidades que a educação geográfica com o auxílio da tecnologia móvel para o estudo do lugar é considerado um pré-requisito que deve ser enfrentado e colhidas informações teórico-conceituais para combater as visões paradoxais que venham surgir.

É importante conduzir a compreensão inicial de que a Tecnologia tem estado presente em nossa vida diária apresentando diversas mudanças nas novas formas artísticas, nas transformações da relação com o saber, das questões relativas à educação e à formação, o qual é um dos importantes destaques neste capítulo, problemas da exclusão e da desigualdade, gerados pelo desenvolvimento tecnológico (Lévy, 1999).

No universo da cibercultura (que ainda será abordado com mais detalhes) a Educação está presente identificada por meio de polissêmicas linguagens (Teixeira, 2013), múltiplos canais de comunicação e em temporalidades distintas. Representados pelas interfaces das TIC que permitem um contato permanente entre escola, professores, alunos e seus pares no ambiente virtual que proporciona o ensino. Desaparecem as possíveis fronteiras para agregar conhecimentos, como os conteúdos educativos que são trabalhados interativamente na comunidade estudantil de forma síncrona e assíncrona, com a possibilidade singular de compartilhar os conhecimentos de forma colaborativa com qualquer outra pessoa em qualquer parte do mundo. Essa é a transformação existencial, a confluência das condições tecnológicas para que a produção de conhecimentos seja realizada pelos sujeitos que participam diretamente dessa evolução.

Na condição geográfica a posição do sujeito é necessária ao apontar os condicionantes tecnológicos para o estudo e concepção da sua Geografia e nesse caso o lugar é um dos aspectos a ser considerado.

Dessa forma, este capítulo perpassa pelas estruturas que tratam sobre a Tecnologia no contexto da sociedade e sua evolução ao longo do tempo, como os conceitos de um novo universo chamados de cibercultura e ciberespaço (Lévy, 1999). Neste capítulo apresento uma possível ideologia presente da sociedade difundida no campo da necessidade tecnológica (2.1), além de erigir um levantamento teórico com base em estudos atuais sobre a construção de conhecimentos que a tecnologia na educação pode produzir (2.2), trato ainda sobre as questões encaminhadas pela Geografia e a tecnologia na produção de conhecimentos apresentando dispositivos e aplicativos utilizados no ensino da Geografia (2.3), abrindo caminho para os demais capítulos.

1.1 A tecnologia: uma ideologia centrada na mudança da sociedade

Alguns conceitos básicos na biologia asseguram que todas as mudanças devem ser sutis, lentas, firmes e quiçá indolores. Destarte, em nível de intensas mudanças podemos destacar a dos paradigmas da tecnologia que nos envolve. O redimensionamento dos grandes avanços tecnológicos experimentados por volta da segunda metade do século XX e mais intensamente no século XXI converge para uma penetrabilidade[1] presente em registros históricos das revoluções tecnológicas (Castells, 2003).

---

[1] A referência se dá por conta da penetração em todos os domínios da atividade humana, não como fonte exógena de impacto, mas como o tecido em que essa atividade é exercida, sendo percebida nos eventos em que se destacam as revoluções que ocorreram no universo tecnológico (Castells, 2003, p. 68).

Sobre esse paradigma tecnológico a autora Carlota Perez (2010, p. 5) aponta:

> Para entender mais especificamente o que significa uma troca de paradigma, vale a pena ver uma transformação em que vivem os gerentes de hoje em seu processo de modernização. Todos estamos expostos aos chavões: a globalização, a abertura, a competitividade, a sociedade do conhecimento. Mas uma coisa é entender o seu significado e as suas implicações e outro para vivê-las em concreto, dia a dia, em comparação com a nova dinâmica da concorrência [...], onde a mudança abrange todos os aspectos, dissolve todas as rotinas, perguntas todos os hábitos e revoluciona a cada um dos critérios de decisão tradicionais (tradução nossa).

Nessa troca de paradigmas sugeridos naturalmente pelas mudanças revolucionárias há uma grande interação com a economia e a sociedade no formato de convergência entre os diversos campos tecnológicos, algumas características são classificadas como a informação como a matéria-prima desse período, uma segunda característica dos novos paradigmas é a penetrabilidade dos efeitos das novas tecnologias, uma terceira característica é a lógica das redes, sendo a quarta característica a flexibilidade dos padrões tecnológicos, e por último a crescente convergência de tecnologias específicas para um sistema altamente integrado (Castells, 2003).

Discute-se atualmente de forma ampla: como a sociedade consegue se habituar à celeridade dos mecanismos que hoje direcionam uma gama de dimensões sociais, políticas, da saúde, a cultura e no caso mais específico a educação?

É notório que todos os espaços foram tomados, pela velocidade dos sistemas, o mundo não é mais o mesmo. Diversos dados mostram que não se vive como antes, define-se até como a "Era do Conhecimento"[2], esse momento em que as celeridades da vida, das coisas, a forma de uso e de consumo das coisas ou da tecnologia são regras básicas que recriam posturas fundamentais para a vida em um mundo globalizado, um mundo 2.0[3].

---

[2] Na visão de Lastres (1999, p. 8), a definição que se tem acerca da "era do conhecimento" é a conjunção e a sinergia de uma série de inovações sociais, institucionais, tecnológicas, organizacionais, econômicas e políticas, a partir das quais a informação e o conhecimento passaram a desempenhar um novo e estratégico papel.

[3] O termo utilizado faz alusão à Web 2.0, que por sua vez foi criada em 2004 para reforçar a tendência da colaboração e troca de informações entre os internautas. Não obstante, a Web 2.0 e suas ferramentas foram construídas não com fins educacionais, mas para outras finalidades, principalmente os sites que seguissem a nova tendência de organização de mercado mundial teriam sua garantia nesse processo virtual (Paiva, 2012, p. 65).

A presença da Geografia é contextual, logo, quando se trata do assunto globalização no mundo pós-moderno, das reestruturações que o mundo atravessa, é notório considerar que as aproximações entre diferentes países devido à gama de informações, incluindo uma considerável desterritorialização, em que o mundo e o lugar, concepções geográficas, não existem apenas fisicamente, mas com o surto tecnológico, temos a virtualização dos espaços, bem como a desterritorialização que ocorre de forma célere, sem a interferência das fronteiras.

Da mesma forma que se consegue invadir os espaços virtuais, o espaço geográfico tem sua visualização em âmbito mundial; qualquer espaço geográfico é hoje fácil de ser conhecido, bem como o lugar individualizado. Não se trata mais do que ouvíamos falar, as distâncias geográficas foram sendo transpassadas e o conhecimento do global e do local estão em rede. O que leva informações das mais diferentes naturezas, conteúdos que podem convergir para enobrecer o lugar, como depreciá-lo.

Na visão de Castells (2003) a Revolução da Tecnologia da Informação foi essencial para a implementação de um importante processo de reestruturação do sistema capitalista a partir da década de 1980, e que todas essas mudanças foram pautadas e moldadas, a fim de sustentarem o interesse da ordem mundial capitalista. Confirma-se a tese de que tanto o sistema capitalista que historicamente tem suas raízes no século XIV e a ordem da globalização como a forma de redimensionar e concretizar o capitalismo como modelo econômico, político e social da civilização humana necessitam de meios instrumentais para que não ocorram ameaças ao sistema.

O conhecimento e a informação são elementos que por sua vez tornam-se cruciais em todos os modos de desenvolvimento da sociedade (Castells, 2003), logo, o processo produtivo sempre se baseia em algum grau de conhecimento e no processamento da informação, sendo necessário para o progresso econômico, as alterações que ocorrem tornam-se fulcrais na vanguarda da corrida de mercado nesse período da globalização.

A humanidade sempre esteve envolvida com algum tipo de conhecimento que fomentasse condições de ocupação em diferentes espaços. A propagação desses conhecimentos pelas civilizações, o desenvolvimento das sociedades, foi acontecendo cada vez mais de forma intensa, as técnicas se transformaram em tecnologias e difundiram-se em tecnologias de informação, com maiores condições que levassem a rupturas nunca antes imaginadas.

Conforme aponta Lévy (1993, p. 16-17):

> Quando uma circunstância como uma mudança técnica desestabiliza o antigo equilíbrio das forças e das representações, estratégias, inéditas e alianças inusitadas tornam-se possíveis. Uma infinidade de agentes sociais explora as novas possibilidades em proveito próprio (e em detrimento de outros agentes), até que uma nova situação se estabilize provisoriamente, com seus valores, suas morais e sua cultura locais.

O que caracteriza fundamentalmente esse período, também alcunhado de Revolução Tecnológica, não é a centralidade de conhecimentos e informações, mas a aplicação desses conhecimentos e dessa informação para a geração de novas possibilidades e de dispositivos de processamento/comunicação da informação, em meio a um ciclo de realimentação cumulativo entre a inovação e o seu uso (Castells, 2003).

A base de conhecimentos que ao longo do tempo se construiu dialeticamente e socialmente tornou-se legado deixado como meio social para que o homem pudesse se destacar de outros seres. Não obstante, esse legado cultural deixado para que o homem interferisse inclusive nos ambientes naturais como forma de dominação fez com que ele usurpasse espaços que reproduzissem a ideologia que o conhecimento foi capaz de produzir na sociedade.

No que tange à questão dos posicionamentos ideológicos como forma de dominação sócio-político e econômica, Foucault (1987) direciona o entendimento em que o poder é o elemento que estrutura a sociedade e a mantém hierarquicamente organizada, esse poder vem mediante as ideologias que são profundamente veiculadas.

Entretanto, vê-se ainda uma ideologia oculta que nos leva a vários caminhos interpretativos sobre a forma de dominação social, o destaque que a tecnologia representa nesse momento pode ou não ser considerado uma forma de dominação mais organizada, invisível e que está em todos os lugares.

Deve-se tomar um cuidado peculiar em verificar onde essa ideologia se apresenta de forma mais pujante, perceber que esse movimento se apresenta de várias formas, em alguns momentos servindo a sociedade e outros sendo alcunhada como mal absoluto pelos que desconhecem a sua ação no meio social.

A ideologia da informação e do conhecimento atualmente é vista como fonte de vida necessária a diversas nações, uma busca incessante pela corrida desses elementos, tudo se torna obsoleto em curto espaço de tempo. Não obstante, a informação se torna desatualizada e o conhecimento ultrapassado, constando como bens econômicos primordiais, o que nem sempre foi verdade (Lévy, 1996).

Estamos envolvidos desde o fim do século passado, em um sistema tecnológico diferenciado, a aurora que desponta neste século XXI tem sua base nos anos de 1970. Castells (2003) considera essencial a importância de contextos históricos específicos das trajetórias tecnológicas e do modo particular de interação entre a tecnologia e a sociedade, relembra algumas datas significativas que estão associadas a descobertas básicas nas tecnologias da informação.

Um dos pontos em comum entre os momentos é que, embora estejam baseadas em conhecimentos já existentes e desenvolvidas como uma extensão das tecnologias mais importantes, essas tecnologias representam um salto qualitativo na difusão maciça em diferentes setores, incluindo os setores civis, dando acessibilidade, custo de uso cada vez menor e com qualidade maior.

Como base central nessa discussão destaco Castells (2003) como aporte dos dados relacionados aos aspectos referentes às datas e às invenções que foram fundantes para a era da Tecnologia da Informação e Comunicação. A princípio temos na década 1970 o surgimento do principal dispositivo de difusão da microeletrônica, o microprocessador, logo em 1975 o microcomputador é inventado.

A Xerox Alto, a matriz de muitas tecnologias de *software* para os PCs nos anos de 1990, a fibra ótica no início de 1970, na década de 1990 a biotecnologia ganha grande notoriedade com a clonagem genética, são apenas algumas das ocorrências em escala mundial de como a tecnologia esteve presente e se fez considerar como um verdadeiro ato na revolução em diferentes campos da ciência.

Esses mesmos eventos são alcançados e tratados pela Geografia escolar, discute-se abertamente e amplamente como essas novas concepções tecnológicas interferem na produção espacial, bem como o processo de Globalização evidencia as celeridades que constituem essas mudanças paradigmáticas em todos os setores da sociedade. A forma de se perceber o mundo e seus constituintes também muda por conta da Tecnologia.

Esses eventos servem como orientação da percepção que o mundo está em uma verdadeira ebulição[4], constantemente vemos e sentimos como ela nos afeta de forma singular. Em nenhum outro momento do processo histórico ocorreram em tempos curtos e ao mesmo tempo grandes transformações.

A sociedade vive, percebe e estranha as mudanças que decorrem da tecnologia, condiciona novas formas de pensar, se pensa com mais velocidade, as habilidades têm que se aflorar, é o mundo 2.0, o homem 2.0, a sociedade 2.0, decorrente dos modelos que se estabelecem e que tomam a frente de todos os mecanismos da organização em sociedade.

Para que possamos compreender os processos é necessário, além do modo de agir, pensar e se relacionar com as coisas da nova sociedade, a evolução dos dispositivos que propuseram e fazem parte dessas modificações percebidas. Novas concepções surgiram, novas práticas, ocupações, tudo sofreu alterações em tão pouco tempo, o que temos hoje é a sociedade midiática, da era digital, da era do computador.

Conforme menciona Santos (2009, p. 29):

> Uma das principais características do homem é a sua capacidade inventiva. Ao longo da história, ele cria, produz, transforma o meio ambiente em que vive e se transforma nesse processo. A história da humanidade é permeada por invenções que dão novos contornos à realidade, alteram as relações entre os homens e produzem mudança no desenvolvimento das sociedades.

É nessa configuração de nova sociedade que estamos inseridos que autores como Lévy (1999) enfatizam a atitude geral frente ao progresso das novas tecnologias, a virtualização da informação que se encontra em andamento e a mutação global da civilização.

Nesse novíssimo *modus* de vida considerado espetacular por conta da difusão das tecnologias de informação e comunicação, Soares (2006) observa que é muito mais que representar um conjunto de mudanças em todos os tipos de relações sociais, sentimos a invasão nas nossas vidas e rotinas, a nova linguagem operacional da interação com o mundo, com

---

[4] Desde a metade do século passado, as teorias vigentes vêm sendo postas em questão e a ciência vive um momento de grande ebulição, experimentando um movimento de transformação, na busca de novos paradigmas (será que ainda podemos falar em paradigmas?) que possibilitem explicar os fenômenos naturais e sociais de maneira mais ampla (Pretto, 2006, p. 19).

os fatos, informações e dados, instalam o paradigma de integração social com o acesso e uso consciente e crítico do ferramental disponível nesse dado momento histórico.

Esse momento em que as novas tecnologias tomam um grande espaço e integram o mundo de uma forma cada vez mais célere, gerando gamas enormes de comunidades virtuais, configurando nos primeiros passos históricos das sociedades informacionais características de uma preeminência da identidade como seu princípio organizacional, construindo significados principalmente abalizados e determinados por atributos culturais, que por sua vez essas identidades vão se moldando em um *vis-à-vis*, com outras fontes identitárias dessa aldeia global[5] tecnológica (Castells, 2003).

Considero que o próprio ensino da Geografia participa da mesma onda que envolve o campo da tecnologia em sociedade, da fluidez de informações desse mundo globalizado estudado por essa ciência, não se furtando de entender a funcionalidade desse sistema gerador de conhecimentos.

Outra necessidade de entendimento para esse momento que vivemos é apresentado por Lévy (1999, p. 17), como o ciberespaço e a cibercultura, por sua vez, o ciberespaço: "é o novo meio de comunicação que surge a interconexão mundial dos computadores", não está se considerando aqui apenas uma infraestrutura material da comunicação digital, mas como está direcionado para o universo de informações abrigadas por ela, assim como os seres humanos que navegam e se alimentam constantemente.

Para Lévy (1999, p. 41):

> [...]. O ciberespaço encoraja um estilo de relacionamento quase independente dos lugares geográficos (telecomunicações, telepresença), e da coincidência dos tempos (comunicação assíncrona). Não chega a ser uma novidade absoluta uma vez que o telefone já os habituou a uma comunicação interativa. [...], apenas as particularidades técnicas do ciberespaço permitem que os membros de um grupo humano (que podem ser tantos quantos quiser) se coordenem, ali-

---

[5] O termo Aldeia Global, criado por McLuhan (2007), defende que a partir do advento e do desenvolvimento tecnológico dos novos meios de comunicação (como a TV e o telefone, por exemplo), o mundo se interligaria completamente, havendo, assim, uma intensa troca cultural entre os diversos povos, aproximando-os como se estivessem numa grande aldeia inteiramente conectada. Foi ele que disse por volta da década de 60 que "Uma rede mundial de ordenadores tornará acessível, em alguns minutos, todo o tipo de informação aos estudantes do mundo inteiro".

> mentem e consultem uma memória comum, e isto quase em tempo real, apesar da distribuição geográfica e da diferença de horários. [...], a extensão do ciberespaço acompanha e acelera uma virtualização geral da economia e da sociedade.

Dessa forma, é conveniente destacar que o ciberespaço aproximou todos os distanciamentos que antes eram físicos e que agora por meio da virtualização do corpo experimentamos uma nova etapa na aventura da autocriação que sustenta nossa espécie.

Seguramente, podemos perceber por meio de inúmeros dispositivos nesse momento as sensações de outras pessoas, em diferentes momentos e outros lugares. Nesse instante que essas reais possibilidades são apresentadas pelos meios tecnológicos digitais de informação e comunicação no ciberespaço a humanidade necessita acompanhar de forma que possa ser profícua às suas peculiaridades (Lévy, 1999).

As torrentes de informação que invadem e que inundam a sociedade, cada vez mais no mantra de um "sirva-se quem precisar e do que precisar", como também do "faça de mim o uso que entender" (Alarcão, 2011, p. 14), deixam o cidadão comum em uma situação de encurralado, podendo muitas vezes ser sucumbido por não acompanhar tamanho *conditio sine qua non*[6].

Ao apontar que essa é uma condição necessária para sobreviver nesse século XXI e para os posteriores, concordo com o que discutem os estudos embasado nas linhas teóricas que sustentam um novo paradigma a ser seguido, que tal evolução está presente em todos os setores, e que aqueles que se distanciam podem sofrer duras consequências.

Em relação ao campo da Geografia a tecnologização é singularmente essencial. No aspecto referente à localização, o uso da tecnologia tem servido grandemente, pois a presença hoje de dispositivos na internet como o *GPS* podem conduzir qualquer pessoa a localizar-se de forma correta. A utilização desses meios está presente em nossa sociedade e fazem parte do nosso cotidiano. Atualmente, o ser humano para ter contato com o lugar pode se dirigir ao universo da *WWW* e rapidamente poderá adquirir informações sobre o elemento que busca.

As técnicas produzidas pela cultura da sociedade tornam-se condicionadas a elas, significa dizer que se abrem algumas possibilidades, em que algumas opções culturais e sociais não poderiam ser pensadas a sério

---

6 *Conditio sine qua non.* sig. Condição indispensável. Condição sem a qual não se faz tratado algum. Disponível em: http://www.dicionarioinformal.com.br/conditio+sine+qua+non/. Acesso em: 20 ago. 2016.

sem a sua presença. A discussão parte ainda para uma linha destacada por Lévy (1999, p. 26), em que:

> [...] uma técnica não é nem boa e nem má, (depende dos contextos, usos e dos pontos de vista), tampouco neutra (já que é condicionante ou restritiva, já que de um lado abre e do outro fecha espectro e possibilidades).

Em referência à questão das técnicas, essas carregam consigo projetos, esquemas imaginários, implicações sociais e culturas bastante variadas. A presença delas e seu uso em lugares e épocas determinadas acabam por cristalizar as relações de força sempre diferentes entre os seres humanos e suas variadas atividades (Lévy, 1999).

Outro ponto a destacar é o aspecto da cibercultura termo criado por Lévy (1999) e amplamente discutido. Tem como aspecto

> [...] o conjunto de técnicas (materiais e intelectuais), de práticas, de atitudes, de modos de pensamento e de valores que se desenvolvem juntamente com o crescimento do ciberespaço (Lévy, 1999, p. 17).

Esse outro elemento que faz parte do mundo tecnológico, a cibercultura, interconecta homens e homens, máquinas e homens e máquinas e máquinas (Lemos, 2007), motivadas pela ação nômade do deslocamento tecnológico de forma intensa que produz uma cultura intensificada pela ubiquidade da informação de formas variadas (*3G, wi-fi*), conduzindo o sujeito social a conviver com as novas demandas tecnológicas.

O processo de desenvolvimento da cibercultura se dá analogicamente ao da inclusão da tecnologia (Castells, 2003; Lemos, 2007), logo, o surgimento da microinformática nos anos 1970 e a convergência da tecnologia com o estabelecimento do *personal computer* (PC) foram fundantes para outros eventos sucessores a esse período, percebidos na década de 1980-1990, a popularização da internet e a transformação do computador pessoal em um computador coletivo, que iniciava a conectividade com o ciberespaço.

No século XXI o desenvolvimento da tecnologia móvel e altamente perceptível (laptops, palmtops, celulares) movimenta a tecnologia ubíqua, que insiste muito mais na mobilidade, na extrema conexão, produzindo maiores relações telemáticas entre o mundo tecnológico e o *mobileuser*.

Uma necessidade urge nesse momento das grandes inovações, destacando a concepção sobre a educação participante como protagonista que apresenta novos caminhos entre a escola, o ensino, a formação docente e o aluno, inseridos nessa sociedade multicultural, logo, considerada por muitos como a "Sociedade do Conhecimento" (Aguiar, 2013).

Não existe mais nenhuma dúvida sobre a Revolução Tecnológica que se vive, toda a nossa vida cotidiana está envolta por essas alterações do mundo cibercultura e do ciberespaço.

Pode-se questionar: todos os espaços de formação de identidades na sociedade como a escola estão acompanhando essa evolução do meio tecnológico? As transições que passam o meio em que vivemos exigem constantes atualizações, o campo educacional é um desses que deve se fazer notar e exigir a sua participação efetiva nesse formato que a sociedade tem tomado como modelo, caso contrário não terá sucesso o seu ofício de educar.

Silva (2012, p. 27) contribui analisando que:

> O aprendiz precisa ser bem orientado para perceber as potencialidades das informações que se encontram disponíveis em grande quantidade no ambiente digital, e o lugar mais adequado para que isso ocorra é a escola, uma vez que ela oferece ferramentas de suportes destinadas à aprendizagem.

Percebo que a escola é o espaço em que o sujeito-aluno, tem a possibilidade de se desenvolver com maior suporte, uma vez que é nesse espaço que acontecem relações que podem ser colaboradoras no desenvolvimento desse aluno, tanto quanto o próprio ambiente que envolve a cibercultura, todavia a presença do professor serve como uma espécie de orientador nessa conjuntura de ensino e aprendizagem.

Acompanho o entendimento sobre a escola apontado por como Alcici (2014, p. 02): "sendo uma instituição historicamente situada e está sujeita as mesmas influências que afetam a sociedade como um todo". É justamente a escola no contexto de salvaguardar a sociedade, mostrando um caminho eficiente do uso da tecnologia, que não pode ignorar os avanços contemporâneos.

A formação das novas identidades que constituem a sociedade contemporânea perpassa de forma significativa pela escola. Todas as evoluções desses meios se deparam com a instituição de ensino e com os sujeitos que dela usufruem, professores, gestores, alunos e a própria comunidade, que ainda acredita ser uma válvula de escape para mazelas sociais o espaço sagrado da escola.

Acredito que a participação popular nesse momento de intensa disseminação dos mecanismos tecnológicos é porta para maiores motivações, há uma necessidade em buscar na escola uma organização nova e dinâmica que estimule a prática da cooperação entre os educadores, articulada com a presença permanente dos outros agentes que fazem parte da educação, os pais e os alunos, no fazer educativo da escola (Rodrigues, 2003).

Nesse lastro, a educação enquanto vetor de desenvolvimento no processo escolar tem a responsabilidade de se apropriar dos meios e dos mecanismos apresentados como condições representáveis de uma sociedade neomoderna. Santos (2009, p. 57) reconhece que: "a educação por mais uma vez assume esse papel de importante fio-condutor dos cidadãos para 'o conhecer' e se apropriar desse novo saber gerado pelas TDIC".

Se a escola é um dos caminhos para que a Tecnologia possa se apresentar como colaboradora no processo educacional, o ensino da Geografia vê condições reais de tratar os conteúdos e conceitos como o caso específico do espaço geográfico e do "lugar", que é um dos conceitos mais importantes da Geografia, de mãos dadas com esse universo das TDIC, que apresentam canais variados para que também o professor possa desenvolver no contexto o conteúdo para que ocorra uma aprendizagem mais significativa.

Assim, Callai considera que:

> Na nossa vida, muitas vezes sabemos coisas do mundo, admiramos paisagens maravilhosas, nos deslumbramos por cidades distantes, temos informações de acontecimentos exóticos ou interessantes de vários lugares que nos impressionam, mas não sabemos o que existe e o que está acontecendo no lugar em que vivemos (Callai, 2004, p. 01).

Dessa forma é interessante observar que o papel da escola pode fortalecer a construção e conhecimentos, no campo do ensino da Geografia, observar esse relevante papel discutindo e tentando levar o aluno a essa produção, a tecnologia pode auxiliar nesse fluxo. O estudo do lugar é um aporte nesse processo.

Por mais que alguns vejam a escola e a educação escolar enquanto instância de hierarquia operacional de ensino, como seleciona Rodrigues (2003), uma espécie de laboratório de pesquisas, ou por um lugar para a ocupação profissional, e ainda alguns sujeitos sociais a vejam como um depósito de marginais, local de assistência social e chegando ao extremo como inutilidade para onde os recursos públicos são destinados, acredito que essa percepção não é totalitária, pois na escola se produzem identidades e conhecimento.

Durante muito tempo acreditou-se que a função da escola e a sua proposta de universalização no limiar da sociedade moderna estavam centradas, como espaço para inserir o cidadão para adquirir necessariamente os conjuntos de competências que a sociedade exige, ou seja, preparar os indivíduos para uma vida cultural não significava única e exclusivamente, dotá-los de uma série de informações, ou mesmo de uma série de conteúdos a respeito dos saberes herdados, mas, sobretudo, inseri-los na concepção de mundo de uma sociedade emergente (Rodrigues, 2003).

Portanto, o cidadão não consegue sozinho nessa rede de intervenções da tecnologia global compreender a largo tais redistribuições complexas, os considerados imigrantes digitais têm que conviver e não apenas ter um conhecimento parcial, mas requer que se instrumentalize de conceitos, e dos mais variados, para a compreensão total das rupturas, dos novos paradigmas a serem seguidos e da evolução que nos envolve.

Observamos, ainda, que os dispositivos tipificam um discurso que sublinha a urgência da inserção de uma linguagem das tecnologias na educação como fator fulcral para a formação do cidadão para viver na chamada sociedade da informação, que não tem mais espaço para o simples acúmulo de conhecimento (Santos, 2010).

Os dispositivos que são apresentados e devem ser discutidos amplamente como o seu acesso devem ser possibilitados a todos para que possam estar realmente imersos pelos aparatos que o Estado e as suas políticas desenvolvem com fins escolares.

É na escola que as mudanças devem ocorrer mais intensamente como a forma de absorver os elementos culturais, é no mesmo espaço que a linguagem tecnológica deve ser intensificada, a fim de apropriação por todas as classes que fazem parte do universo escolar.

Tomando como base as concepções do Estado e suas políticas a despeito do seu significado diante da sociedade, em que um acúmulo de conhecimentos apresentados pelo currículo de maneira intensa não acomoda mais o que é de propositura da nova ordem econômica, assim o estado mobiliza a reestruturação e os novos parâmetros surgem para conduzir os cidadãos, para os novos processos de ensino e de aprendizagem (Brasil, 2000).

Soares (2006, p. 30) acrescenta que é:

> Considerando o caráter econômico e cultural que envolve a apropriação das tecnologias no cotidiano social, e a dominação pelo poder do conhecimento e da técnica, a reversão deste quadro será possível pela pesquisa e, em grande parte, pela democratização do saber que guarda o domínio e a criticidade sobre os usos e aplicações políticas, econômicas e sociais das tecnologias de informação e comunicação.

Assim, fortalece a ideia de que além do domínio que as estruturas políticas e econômicas têm sobre a tecnologia, é salutar que o sistema educacional esteja se apropriando diretamente dos benefícios que são gerados pelo universo da tecnologia e que a figura do Estado possa ter um compromisso maior com as instituições de ensino, a fim de não retardar o processo de inclusão com aqueles oriundos de camadas mais humildes.

Em nosso país a discussão sobre a política de informatização da sociedade se estende há muito tempo, para a construção de uma base alicerçada por uma capacitação científica e tecnológica de alto nível, capaz de garantir a soberania nacional em termos de segurança e desenvolvimento, durante esse período o Brasil buscava garantir o espaço na corrida tecnológica, tanto na área civil, a nível de mercado, quanto na área militar (Pretto, 2006).

Portanto, a interpretação a respeito dessa evolução dos meios tecnológicos em que o Brasil tem a necessidade de buscar condições para estar de igual forma a outros países que estão à sua frente, traduz-se que embora os estorvos decorrentes daqueles que veem a tecnologia na escola como um movimento não contribuidor com o desenvolvimento do sujeito aprendente é necessária para a sua futura atuação no mundo do trabalho.

Sabe-se que além do conhecimento e das informações que decorrem profundamente no ciberespaço e difundido pela cibercultura, a introdução do sujeito no mercado de trabalho é inevitável, premente e devendo acompanhar as nuances ofertantes.

Na observação de Castells (2003), o processo de trabalho situa-se no cerne da estrutura social, da mesma forma cremos que se a escola forma o indivíduo para o mundo, para a apropriação do conhecimento, também para o mercado de trabalho. Mesmo as sociedades informacionais sendo desiguais, e as disparidades originando-se menos de sua estrutura ocupacional e sim das exclusões e discriminações que ocorrem dentro e em torno da força de trabalho.

Assim, surgem novas oportunidades e novas categorias de emprego, que se apresentam no campo do trabalho projeções com o aumento da participação das profissões especializadas e técnicas (Castells, 2003).

A participação do sujeito nesse novo mercado de trabalho não é mais novidade e sim uma necessidade em se aprimorar e convencionalmente estabelecer uma aproximação maior com os meios da tecnologia digital de informação e comunicação. E na escola poderá adquirir com maiores possibilidades, desenvolvendo as competências e habilidades indispensáveis.

A força motriz de uma nova concepção educacional com significado norteador para o uso das TDIC em sala de aula e fora dela indubitavelmente contribui para a melhor compreensão e reconstrução de conhecimentos como fonte para a busca das alternativas que soam como problemáticas contextuais, assim como para a transformação da realidade em que estamos imersos. Levando em consideração mecanismos que propiciem a aprendizagem capaz de mobilizar como uma força centrípeta as diferentes dimensões cognitivas, sociais e afetivas dos alunos.

Na visão de Valente (2002):

> As **novas tecnologias usadas na educação** – que já estão ficando velhas! – deverão receber um novo incentivo com a possibilidade de junção de diferentes mídias em um só artefato: TV, vídeo, computador, Internet. Estamos assistindo ao nascimento da tecnologia digital, que poderá ter um impacto ainda maior no processo ensino-aprendizagem. Será uma outra revolução que os educadores terão de enfrentar sem ter digerido totalmente o que as novas tecnologias têm para oferecer. E a questão fundamental é recorrente: sem o conhecimento técnico será possível implantar soluções pedagógicas inovadoras e vice-versa; sem o pedagógico os recursos técnicos disponíveis serão adequadamente utilizados? (Valente, 2002, p. 23, grifo nosso).

A questão levantada por Valente (2002) decorre da dificuldade que muitos professores ainda possuem em relação ao trato com os elementos que se inseriram nesse nosso período histórico. Existe um questionamento recorrente em que a falta do conhecimento técnico para a solução das questões de cunho pedagógico, bem como o pós-domínio dos elementos necessários em que o professor utilizará pedagogicamente como os recursos disponíveis, é necessário investigar de maneira mais profunda.

Percebendo ainda nesse lastro as sofisticações tecnológicas que nos circundam, dois aspectos são cruciais para a efetiva implantação das tecnologias na educação, na mudança do *habitus* do professor e das estruturas em que ele está inserido e de forma indivisível são capazes de levar a educação aos níveis de ensino e aprendizagem desejados. Um primeiro destaque é o domínio técnico e pedagógico, ambos não podem acontecer de forma estanque ou separados, isto é, torna-se um complicador imaginar primeiro o professor sendo um especialista em tecnologia, ou mídia digital, e depois lograr de forma exitosa, para tirar proveito nas atividades pedagógicas.

A solução básica nesse processo acontece pelo acompanhamento mútuo, para potencializar novas ideias de forma concomitante. A espiral que surge quando o domínio das técnicas acontece por exigências e necessidades do pedagógico acaba criando maiores aberturas no fazer pedagógico, como ascendência na complexidade técnica e pedagógica (Valente, 2002).

O segundo aspecto refere-se à especificidade em que cada tecnologia conversa com o formato pedagógico em sua aplicação, o professor tem a responsabilidade de conhecer o que cada uma das diversas facilidades tecnológicas tem a oferecer, além de saber como poderá ser explorada nas diferentes situações educacionais, logo os estudos acabam apontando para diferentes estilos na aprendizagem do aluno, e depende daquilo que se está estudando e dos objetivos que o professor deseja alcançar (Valente, 2002).

É importante ressaltar que o professor deve perceber se a gama de oportunidades está servindo ou não para a construção do conhecimento, com base na criticidade, na reflexão que por sua vez sustenta a produção do conhecimento tão auferido no sistema escolar. E nesse aspecto o conhecimento pedagógico do professor é salutar.

Em relação a um pequeno apontamento histórico no que tange às implantações dos laboratórios de informática como modelo de novos *habitus,* Santos (2010) comenta que:

> A estética convencional dos laboratórios de informática no final dos anos 80 e do início dos anos 90 era um ambiente gélido [...], não permitia a convergência com outras mídias [...]. A chegada desse universo em algumas escolas, o da Informática, mudou radicalmente toda a estrutura, não apenas sendo introduzida como uma atividade de cunho transversal e integrada do currículo escolar, mas também

como uma disciplina a mais e como especialidade. Mesmo mudando a forma do tecido social, essa reestruturação leva a consequências iniciais nos novos processos produtivos, bem como em novos modos de pensar e atuar com a informação e o conhecimento (Santos, 2010, p. 109).

Essa abordagem poderia apresentar alguns problemas da falta de qualificação para o desenvolvimento do trabalho pedagógico do professor, haja vista que o instrutor de informática não possuía formação para atuar na área pedagógica da educação, seja com criança, jovem ou adulto. Destaco ainda que nesse viés a clara dificuldade de aliar os conhecimentos da informática com o pedagógico em consonância se traduzia em algo que partia da falta de conhecimento metodológico e didático, como possibilitadores de articulações entre os saberes envolvidos para a produção do conhecimento do aluno.

Santos (2010, p. 112) descreve que:

Os maus usos da primeira fase foram descritos como usos instrucionais do computador na escola. O instrucionismo é uma corrente pedagógica baseada na teoria didática tecnicista, sustentada pela teoria da aprendizagem behaviorista, que se apresenta pelo uso da instrução em detrimento dos processos educacionais mais amplos. Aqui são valorizadas as técnicas, seus recursos e a aprendizagem mecânica, em detrimento de uma relação mais dialógica entre seres humanos e objetos técnicos. Assim, as tecnologias seriam mediadoras no favorecimento de processos de aprendizagem mais significativos, ou seja, processos que valorizam a subjetividade e a construção plural de sentidos e significados.

O caminho percorrido pela escola para se equilibrar nesse universo que despontava no período discutido e que ainda está em construção é advindo dos problemas atuais sobre as poucas evidências empíricas consolidadas no campo de interesse do estudo da "Tecnologia para fins Educacionais". Serve como um fio condutor para revelar como a atuação do professor em relação ao domínio das técnicas necessárias, seu aprofundamento e as conjunções que possa realizar entre esses e o pedagógico nesse novíssimo *habitus* que rompe com barreiras e constrói novos sentidos na sociedade se tornam necessários como são apontados pelos estudos.

Com base no texto elaborado por Tardy (1976, p. 26) temos maiores contribuições que se coadunam nessa mesma compreensão, diz ele:

[...]. No relacionamento pedagógico habitual, o professor sabe, os alunos não sabem, ou não sabem grande coisa. Com o cinema e a televisão, se constata uma defasagem entre o que os alunos sabem e o que os professores sabem, mas em sentido contrário: é o professor o ignorante. Os alunos têm um conhecimento das mensagens visuais e uma familiaridade no que respeita a elas que os adultos não possuem. [..]. Os alunos já pertencem a uma civilização pré-icônica. Daí essa situação sem precedentes na história da pedagogia: **os professores precisam, senão ultrapassar, pelo menos alcançar seus alunos** (grifo nosso).

Dessa forma compreendo que os professores devem ter a maturidade profissional para acompanhar o nível de desenvolvimento que está sendo apresentado e das possibilidades de se fazer diferente com as questões de natureza pedagógica que envolvem o processo de produção do conhecimento.

Não pode haver uma postura de isolamento ou descaso frente àquilo que tem sido apresentado. Contudo, parte do professor requerer para si a articulação dos seus saberes pedagógicos, metodológicos, com os da tecnologia. Uma verdadeira alfabetização tecnológica para acompanhar os alunos e os modos de fazer diferente.

Para o professor é recomendável nesse mundo de informações céleres em que diferentes meios podem levar à produção de conhecimentos, estar preparado para agir com competência em seu trabalho de intermediar o conhecimento, mostrando assim que a aprendizagem pode ocorrer em qualquer lugar e de formas variadas, perpassando pela aplicação tradicional do esquema de ensino e as inovações tecnológicas.

As constatações que o paradigma da mudança do *habitus* e do comportamento para acompanhar o ritmo acelerado do mundo da tecnologia podem seguramente

[...] aproximar as pessoas, fazendo-as ter contato com o mundo para construir seu horizonte cultural, e ao mesmo tempo afastá-las, aprofundando as desigualdades sociais no que se refere ao acesso a essas vantagens (Sampaio; Leite, 2013, p. 10).

Essa alfabetização tecnológica não diz respeito meramente ao uso mecânico dos aparatos tecnológicos que estão presentes em algumas escolas pelo professor, mas vai mais profundo ainda, encaminha-se para que o uso dos recursos tecnológicos seja dominado de forma crítica (Sampaio; Leite, 2013).

Em relação à alfabetização tecnológica para o professor, Sampaio e Leite (2013, p. 16) comentam ainda que:

> A ideia de alfabetização tecnológica do professor não pode ser compreendida na sua plenitude sem antes ser contextualizada, e para isso nada melhor do que perceber que nesse último século o mundo vem se desenvolvendo com tamanha rapidez que em poucos anos transformou-se, em termos de produção material e cultural, mais radicalmente do que nos séculos já passados.

Não podemos fechar os olhos diante de tudo que está ocorrendo e das necessidades existenciais, mas devemos ter a direção e postura para andar pelo caminho que a Educação tem que ir, acompanhar o ritmo é extremamente necessário, a criação de um ensino mais significativo (Braga, 2013), ou melhor, com os aparatos educacionais necessários não só ensinar, mas, sobretudo, criar condições de aprendizagem (Alcici, 2014), usar ferramentas de interação pelo professor Bottentuit Junior (2011), em que o professor deixa de exercer o papel de suprema autoridade e transmissor do conhecimento para um orientador (Matte, 2012), devendo ser mediadores interessantes, competentes e confiáveis (Moran, 2013).

Dessa forma percebo que as mudanças na educação não decorrem singularmente da instituição de ensino, mas principalmente do profissional que dela faz parte, "o professor", essa mudança deve acontecer principalmente do "ser" professor, possibilitando as significativas reentrâncias entre os processos educacionais, e uma maior capilaridade na construção indivisível do rebento de engrenagens que se somam para efusivamente responder e corresponder com esse novo momento histórico e tecnológico.

Dessa maneira, conhecer os dispositivos que podem colaborar com o processo escolar, bem como verificar se eles são capazes de produzir conhecimentos no processo de ensino e aprendizagem, é o que discuto com base em diversos estudos, verificando como a Tecnologia Móvel pode gerar conhecimento, a partir do seu uso correto.

CAPÍTULO 2

A MUDANÇA DO *HABITUS* NA EDUCAÇÃO COM USO DAS TDIC

Atualmente se um professor entrar em uma sala de aula não perceberá tamanhos alterações no cenário escolar, o que por muitos é discutido com exaustão referindo-se aos professores da América Latina, principalmente aos que pudessem viver no período do final do século XIX se adentrassem em uma sala de aula nos dias de hoje perceberiam pouquíssimas mudanças. Ainda se utiliza o quadro de giz, o giz e o apagador, bem como o próprio livro didático – o maior apoio para o professor. Tais elementos muito familiares de quem está em pleno século XX e que não difere em quase nada de séculos anteriores.

Alguns dados[7] demonstram que o ambiente escolar, os professores e a própria Educação necessitam passar por uma radical e explosiva mudança. Existe consenso entre aqueles que são estudiosos no campo das políticas educativas, sobre o fato de atender demandas que vão de encontro a conhecer como os professores planejam e executam o processo de ensino e aprendizagem, com o objetivo de produzir e acompanhar de forma colaborativa o professor a voltar-se para as novas exigências percebidas em todo o sistema educacional.

Em diferentes lugares, como na América Latina, debates circundam e centralizam temas que tratam sobre a identificação e aplicação das reformas mais apropriadas para dar vazão a novas exigências curriculares – em relação ao Brasil discute-se amplamente as mudanças curriculares tendo

---

[7] Os dados foram buscados para embasar o desenvolvimento da abertura do título. O Brasil ocupa o 53.º lugar em educação, entre 65 países avaliados (Pisa). Mesmo com o programa social que incentivou a matrícula de 98% de crianças entre 6 e 12 anos, 731 mil crianças ainda estão fora da escola (IBGE). O analfabetismo funcional de pessoas entre 15 e 64 anos foi registrado em 28% no ano de 2009 (Ibope); 34% dos alunos que chegam ao 5.º ano de escolarização ainda não conseguem ler (Todos pela Educação); 20% dos jovens que concluem o ensino fundamental, e que moram nas grandes cidades, não dominam o uso da leitura e da escrita (Todos pela Educação). Professores recebem menos que o piso salarial (*et al.*, na mídia). BRUINI, Eliane da Costa. Educação no Brasil. **Brasil Escola**. Disponível em: http://brasilescola.uol.com.br/educacao/educacao-no-brasil. htm. Acesso em: 29 nov. 2016.

como enfoque maior a BNCC[8] –, outra discussão que deve ser levada em consideração máxima é a formação do professor, o processo avaliativo dos alunos, a gestão e administração, as instalações físicas e os equipamentos que fazem parte da escola.

O conceito de *habitus* tem uma longa história nas ciências humanas. A Palavra latina que foi utilizada pela tradição escolástica traduz a noção grega *hexis* utilizada pelo filósofo grego Aristóteles[9] para designar então características do corpo e da alma adquiridas em um processo de aprendizagem. Bem mais tarde foi também utilizada por Émile Durkheim[10], no livro *A Evolução Pedagógica*, adquirindo sentido semelhante, mas bem mais explícito. Durkheim faz uso do conceito para designar um estado geral dos indivíduos, estado interior e profundo, que orienta suas ações de forma durável (Dubar, 2000; Bourdieu, 1983; Lahire, 1999; Setton, 2002).

A teoria do *habitus* sistematizada por Bourdieu difere de outras concepções sociológicas. O sentido que trata o sociólogo conceitualmente, a partir de pesquisas feitas na Argélia e com camponeses de Béarn. O conceito da palavra vai surgir da necessidade empírica de apreender as relações de afinidades entre o comportamento dos agentes e as estruturas e condicionantes sociais (Setton, 2002).

Conforme Pinto (2000) revela:

> Formulada em um contexto específico, a noção de *habitus* adquire um alcance universal, tornando-se um instrumento conceptual, ao permitir examinar a coerência das características mais diversas de indivíduos dispostos às mesmas condições de existência.

---

[8] BNCC – Base Nacional Comum Curricular. A Base Nacional Comum Curricular é uma exigência colocada para o sistema educacional brasileiro pela Lei de Diretrizes e Bases da Educação Nacional (Brasil, 1996, 2013), pelas Diretrizes Curriculares Nacionais Gerais da Educação Básica (Brasil, 2009) e pelo Plano Nacional de Educação (Brasil, 2014), e deve se constituir como um avanço na qualidade de ensino. Disponível em: http://basenacionalcomum.mec.gov.br/documentos/bncc-2versao.revista.pdf. Acesso em: 20 nov. 2016.

[9] O filósofo grego Aristóteles nasceu em 384 a.C., na cidade antiga de Estágira, e morreu em 322 a.C. (aos 62 anos). Seus pensamentos filosóficos e ideias sobre a humanidade têm influências significativas na educação e no pensamento ocidental contemporâneo. Aristóteles é considerado o criador do pensamento lógico. Suas obras influenciaram também a teologia medieval da cristandade. Disponível em: http://www.suapesquisa.com/aristoteles. Acesso em: 20 nov. 2016.

[10] Émile Durkheim (1858-1917) foi um sociólogo francês. É considerado o pai da Sociologia Moderna e chefe da chamada Escola Sociológica Francesa. É o criador da teoria da coesão social. Junto a Karl Marx e Max Weber, formam um dos pilares dos estudos sociológicos. Disponível em: https://www.ebiografia.com/emile_durkheim/. Acesso em: 20 nov. 2016.

Tomando como princípio particular para esclarecimento do conceito de *habitus* em Bourdieu, a sua compreensão parte de entender as condições objetivas que caracterizam o indivíduo e sua posição na estrutura social da qual faz parte, e que por sua vez dão origem a um sistema específico apresentado por disposições e predisposições para a ação (Oliveira; Araújo, 2014).

Ainda em compreender o termo *habitus* como mudança, que emergiu originalmente das obras de Bourdieu, vale ressaltar que a reflexão para o estudo do termo parte da crítica que o autor faz em relação ao papel da escola, sobretudo na reprodução social. Na sociologia da educação crítica que foi elaborada por Bourdieu, o autor atribui à escola um papel de relevante significado para as estruturas sociais, e como um dispositivo que tem funções como manter e legitimar os privilégios sociais (Bourdieu, 2002).

Na observação feita por Nogueira e Nogueira (2004, p. 18), é importante compreender que:

> Uma das teses centrais da Sociologia da Educação de Bourdieu é a de que os alunos não são indivíduos abstratos que competem em condições relativamente igualitárias na escola, mas atores socialmente constituídos que trazem, em larga medida, incorporada uma bagagem social e cultural diferenciada e mais ou menos rentável no mercado escolar.

Tomando como crítica aos discursos que defendem tratamentos de igualdade àqueles que são diferentes e que enunciam que todos têm as mesmas capacidades e oportunidades de desenvolvimento, Bourdieu (2002) chama atenção para não agirmos com tamanha ignorância no aspecto de não vermos que alguns grupos funcionam em continuidade com o contexto escolar, que levam conteúdos e códigos que facilitam o bom desempenho acadêmico para os seus membros, enquanto o restante da sociedade é levada à dificuldade e ao fracasso escolar. Nessa esteira, para Bourdieu, ignorar as desigualdades que existem na escola pode ser considerada uma forma de favorecer ainda mais os que já são favorecidos.

Das grandes obras de Bourdieu (1977, 1983, 2007), suas abordagens de cunho sociológico, sobretudo sobre as relações entre a sociedade e o sistema escolar, além de compreender nesse último a forma da sua reprodução na estrutura social, consegue-se avançar na construção de três conceitos que encontram-se de forma interdependente: o conceito de violência simbólica[11], o conceito de capital (cultural, social e econômico) e o conceito de *habitus,* que é o ponto central desta discussão, deixando para ser apresentado com maiores informações complementares os outros dois conceitos em outros trabalhos que possam envolver o tema central deste estudo.

Nessa representação sobre o *habitus* em Pierre Bourdieu, para compreender o ressignificar das estruturas sociais, que muito além de apenas ter sua posição como autorregulador social, se corporifica também como um elemento de conhecimento praxeológico, pois como produto da atividade histórica que foi constituída socialmente é portador das mais variadas experiências acumuladas no decurso de trajetórias individuais na linha do tempo. Pode ser considerada como uma síntese dos estilos de vida e dos gostos diferenciados pelos quais apreciamos o mundo e nos comportamos nele (Bourdieu, 2007).

A força motriz de uma nova concepção educacional com significado norteador para o uso das TDIC em sala de aula e fora dela, indubitavelmente, contribui para a melhor compreensão e reconstrução de conhecimentos como fonte para a busca das alternativas que soam como problemáticas contextuais, assim como para a transformação da realidade em que estamos imersos. Levando em consideração mecanismos que propiciem a aprendizagem capaz de mobilizar como uma força centrípeta[12] as diferentes dimensões cognitivas, sociais e afetivas dos alunos.

O caminho estabelecido e percorrido pela escola para equilibrar nesse universo que se despontava e que ainda está em construção é advindo dos problemas contemporâneos sobre as poucas evidências empíricas consolidadas no campo de interesse do estudo apresentando a "Tecnologia para fins Educacionais".

---

[11] Conforme apontam Oliveira e Araújo (2014, p. 218): o conceito de violência simbólica refere-se às imposições culturais exercidas de forma "legítima", mas quase sempre invisível e dissimulada, ao apoiarem-se em crenças e preconceitos coletivamente construídos e disseminados. Esse conceito é utilizado por Bourdieu (2001) para explicar a contínua reprodução de crenças dominantes no processo de socialização, pela qual as classes que lideram economicamente acabam por impor sua cultura aos segmentos menos privilegiados, levando-os a atribuírem valor a si mesmos e ao mundo, mediante os critérios e padrões próprios do discurso dominante. Contribuições de Bourdieu ao tema do desenvolvimento adolescente em contexto educacional socioeducativo. **Pesquisas e Práticas psicossociais**, São João Del Rei, 2014.

[12] Força resultante que puxa o corpo para o centro da trajetória em um movimento curvilíneo ou circular. Disponível em: https://pt.wikipedia.org/wiki/For%C3%A7a_centr%C3%ADpeta. Acesso em: 20 nov. 2016.

Serve como um fio condutor para desvelar a atuação do professor em relação ao domínio das técnicas necessárias, seu aprofundamento e as conjunções que possa realizar entre esses e o pedagógico nesse novíssimo *habitus* que rompe com barreiras e constrói novos sentidos no tecido que envolve a sociedade.

Com base no texto elaborado por Tardy (1976, p. 26), temos maiores elações que se coadunam nessa mesma compreensão:

> De um ponto de vista cultural e pedagógico, a existência dos meios audiovisuais de comunicação de massa cria uma situação totalmente inédita. No relacionamento pedagógico habitual, o professor sabe, os alunos não sabem, ou não sabem grande coisa. Com o cinema e a televisão, se constata uma defasagem entre o que os alunos sabem e o que os professores sabem, mas em sentido contrário: é o professor o ignorante. Os alunos têm um conhecimento das mensagens visuais e uma familiaridade no que respeita a elas que os adultos não possuem. Além do mais, a nova geração nasceu num universo invadido pela imagem: está sempre fez parte do seu horizonte cultural. Em contrapartida, os adultos que desejam interessar-se seriamente pelas imagens são obrigados a fazer uma verdadeira conversão mental e vivem dolorosamente um processo laborioso de aculturação. Os alunos já pertencem a uma civilização pré-icônica. Daí essa situação sem precedentes na história da pedagogia: **os professores precisam, senão ultrapassar, pelo menos alcançar seus alunos.** Não é impertinente pensar que os programas de iniciação destinados às crianças deveriam ser ministrados primeiro aos professores. Senão, seria como se um analfabeto tivesse pretensão de ensinar a alguém que já sabe ler o bom uso da língua (grifo nosso).

Como se percebe, os professores devem ter a maturidade profissional para buscar, acompanhar o nível de desenvolvimento que está sendo apresentado e das possibilidades de se fazer diferente com as questões de natureza pedagógica que envolve o processo de produção do conhecimento. Não pode haver uma postura de isolamento ou descaso frente àquilo que tem sido apresentado, contudo parte do professor requerer para si a articulação dos seus saberes pedagógicos, metodológicos e didáticos com os da tecnologia. Uma verdadeira alfabetização tecnológica para acompanhar os alunos e os modos de fazer diferente.

Para o professor é recomendável, nesse mundo de informações céleres e em que diferentes meios podem levar à produção de conhecimentos, mostrando assim que a aprendizagem pode ocorrer em qualquer lugar e de formas variadas, que perpassa pela aplicação tradicional do esquema de ensino, estar preparado para agir com competência em seu trabalho de intermediar o conhecimento.

Nessa evolução que não para mais, em que a acelerada comunicação contribui na transformação da produção, e mostra que as relações sociais – dos homens entre si, em conjunto e com as suas atividades – geram novos instrumentos presentes na sociedade, rompendo as barreiras e produzindo efeitos sociais que merecem muita atenção da escola de seu corpo de profissionais (Sampaio, 2013).

As constatações que o paradigma da mudança do *habitus* e do comportamento para acompanhar o ritmo acelerado do mundo da tecnologia podem seguramente

> [...] aproximar as pessoas, fazendo-as ter contato com o mundo para construir seu horizonte cultural, e ao mesmo tempo afastá-las, aprofundando as desigualdades sociais no que se refere ao acesso a essas vantagens (Leite, 2013, p. 10).

Decerto que não se deseja que a tecnologia seja a grande vilã por ampliar as desigualdades sociais que já são bastante visíveis, mesmo existindo uma violência simbólica (Bourdieu, 1997) na sociedade, ao professor cabe, como tem sido destacado ao longo do aprofundamento sobre o seu *habitus*, se capacitar para enfrentar esses novos desafios (Sampaio, 2013), em que nesses tempos de cibercultura os investimentos em políticas de inclusão digital sejam proporcionados tanto para os alunos como para os professores na sua formação inicial e continuada (Santos, 2010).

Por conta desse posicionamento não linear, mas de reposicionamento do professor, é que autores acabam destacando uma alfabetização tecnológica (Leite, 2013), que ganha um forte impulso para aquele que está envolvido pela tecnologia e mudanças, tendo como responsabilidade a formação de cidadãos que sejam capazes de lidar com o avanço tecnológico.

Essa alfabetização tecnológica não diz respeito meramente ao uso mecânico dos aparatos tecnológicos que estão presentes em algumas escolas pelo professor, mas vai mais profundo ainda, encaminha-se para que o uso dos recursos tecnológicos seja dominado de forma crítica (Sampaio, 2013).

Em relação à alfabetização tecnológica para o professor, Sampaio e Leite (2013, p. 16) comentam que:

> A ideia de alfabetização tecnológica do professor não pode ser compreendida na sua plenitude sem antes ser contextualizada, e para isso nada melhor do que perceber que nesse último século o mundo vem se desenvolvendo com tamanha rapidez que em poucos anos transformou-se, em termos de produção material e cultural, mais radicalmente do que nos séculos já passados.

No posicionamento de Castells (2003) há uma combinação entre o paradigma da tecnologia da informação e das formas dos processos sociais que acabam transformando o espaço e tempo, nessas estruturas encontra-se a escola, um dos agentes que proporciona a mudança de comportamentos da sociedade.

Não podemos fechar os olhos diante de tudo que está ocorrendo e das necessidades existenciais, mas devemos ter a direção ocular e postura para andar pelo caminho que a Educação tem que ir, acompanhar o ritmo é extremamente necessário, a criação de um ensino mais significativo (Braga, 2013), ou melhor, com os aparatos educacionais necessários não só ensinar, mas, sobretudo, criar condições de aprendizagem (Aicici, 2014), usar ferramentas de interação pelo professor (Bottentuit Junior, 2011), em que o professor deixa de exercer o papel de suprema autoridade e transmissor do conhecimento para um orientador (Matte *et al*, 2012), sermos mediadores interessantes, competentes e confiáveis (Moran, 2013).

Dessa forma percebo que a mudança no *habitus* na educação não decorre singularmente da instituição física escola, propriedade estática de caráter agregador de indivíduos, mas principalmente do profissional que dela faz parte, "o professor", essa mudança deve acontecer principalmente do "ser" professor, no ato de "professar"[13] do professor, possibilitando as significativas reentrâncias entre os processos educacionais, e uma maior capilaridade na construção indivisível do rebento de engrenagens que se somam para efusivamente responder e corresponder com esse novo momento histórico e tecnológico.

---

[13] Nesse caso utilizei o termo professar para chamar atenção para o ato de professar, que por si mesmo não se valida. Deve haver um sentido que o defina. Algo que o torna *autêntico* para ambos os lados dos termos que encobrem o ato – o mestre e o aluno. O ato de professar, por certo, deve ser algo de "instruir" e de "transmitir" conhecimentos, todavia não se limita pragmaticamente a isso. Não se pode esquecer da atitude humana do reconhecimento, a saber: o sentido do "eu para a instância de uma possível ética em sala de aula. Disponível em: https://maelstromlife.wordpress.com/2010/09/26/ato-de-conhecer-e-professar-na-inspiracao-nietzschiana/. Acesso em: 29 nov. 2016.

CAPÍTULO 3

A IMERSÃO E SUBMERSÃO DOS SUJEITOS NO MUNDO DA TECNOLOGIA

Imersão ou submersão? Inicio esta discussão com o caráter de explicitar que a sociedade alcunhada *Digital Wisdom*[14] conceituada por Marc Prensky (2012) e retratada nessa Era do Conhecimento, como afirma Castells (2013), está imersa ou submersa por uma gama de Tecnologias Digitais de Informação e Comunicação Móveis (TDICM), tais tecnologias nos envolvem de forma que não há mais como retroceder a outros estágios, posso aqui referendar esses estágios àquilo que Toffler (1980) chamou de ondas, portanto não existem mais possibilidades de um retorno para como a sociedade vivia tempos atrás.

Tudo é tão rápido, tudo é tão compacto, que acaba nos deixando ofegante frente a todas as evoluções em que a tecnologia nos apresenta, nesse caso, para acompanhá-la. Com base em Lévy (1996, p. 22): "mas o mesmo movimento que torna contingente o espaço-tempo ordinário abre novos meios de interação e ritmo das cronologias inéditas", acompanhar o ritmo frenético torna-se quase impossível.

São justamente essas conversões tempo-espaço e tecnologias que nos fazem pensar em imersões e/ou submersões, devido ao desenrolar do papel singular das tecnologias da informação e comunicação na constituição de culturas e inteligência dos grupos em que estamos inseridos (Lévy, 1993, p. 15).

Essa busca incessante pelo desenvolvimento de inteligências proporcionadas pelas tecnologias nos direciona para explorar com mais constância o mundo que nos rodeia, nos desprendendo de concepções antigas para adentrar em uma dimensão conceptual que envolva a tecnologia, criando novas identidades pessoais ou mesmo coletivas que modificam os aspectos da nossa cognição.

---

[14] Marc Prensky no ano de 2012 publicou um livro intitulado: *Digital Wisdom is a term coined by Marc Prensky* (2012): "for integrating the technology of our times into our thinking and decision making, doing it wisely, and sharing the results" (p. 47). A partir desse suposto abandono pelo termo que se tornou muito popular a partir de 2001, "Nativos e imigrantes digitais", sua reformulação para o *Digital Wisdom* tenta elaborar um novo entendimento sobre esse universo complexo da tecnologia e as suas imensas classificações.

Na condição conceitual exposta por Bannell *et al.* (2016, p. 57) sobre essas questões, diz que:

> [...] precisamos rever e atualizar conceitos e teorias sobre a cognição e sobre como os seres humanos aprendem. Revisões conceituais nesse campo levam em conta possível impactos do uso intenso das tecnologias de informação no desenvolvimento cognitivo das crianças e adolescentes, em especial no que diz respeito às funções psicológicas superiores.

Os jovens, em afirmação por Moran (1992), têm mais facilidades em lidar com a linguagem imagética dos meios eletrônicos do que com a linguagem escrita. Nessa mesma linha do autor, a sensibilidade que os jovens possuem é identificada pelos meios eletrônicos desenvolvidos pelas tecnologias, por serem rápidos, dinâmicos, capazes de tocar a afetividade em primeiro lugar e depois a razão, são elementos que atraem pela mistura de linguagem assuntos e conteúdos expressando e pluralizando as situações diárias (Moran, 1992, p. 39).

Essas reformulações em que nos enquadramos e que procuramos nos desprender das velhas concepções geram condições das mais possíveis para o novo caminhar da sociedade, seja ela no campo econômico, social ou preferencialmente no campo da educação.

Ancoramos agora no universo das TDICM, para direcionar as novas visões e novas posturas. Ancorados, porém, não no sentido literal de estático, mas de ancorados para o entendimento do funcionamento, da busca pelo domínio e conhecimento do uso das tecnologias, com intenção de romper as barreiras da obsolescência educacional.

A eliminação progressiva das barreiras físicas e temporais promovidas pela tecnologia, que vem facilitando a troca e a migração de ideias, informações e negócios, faz emergir o fenômeno da globalização[15] econômica e cultural (Villa, 1995).

Percebendo que as tecnologias e seu desenvolvimento contribuem para a efusiva expansão do capitalismo global[16], nossa intenção não é tratar sobre as suas consequências diretas ou indiretas no campo econômico,

---

[15] Na concepção aceita pelo estudioso Santos (2001) a globalização é, de certa forma, o ápice do processo de internacionalização do mundo capitalista. Para entendê-la, como, de resto, a qualquer fase da história, há dois elementos fundamentais a levar em conta: o estado das técnicas e o estado das políticas. Sendo ela também produto resultante das ações que asseguram a emergência de um mundo dito global, responsável pelo essencial dos processos políticos atualmente eficazes.

[16] Cf. Furtado, 2001.

mas sim estabelecer o critério da percepção em que ela interfere ou não, no desenrolar educacional, logo, tal processo está intimamente ligado com o desenvolver da globalização, que por sua vez envolve diretamente vertentes do ensino, da aprendizagem e da avaliação.

A presença marcante da globalização e da sua polissêmica configuração se destaca profundamente na educação de modo geral, tanto quanto nas políticas educacionais, na escola e na atividade docente (Bauman, 2012). Dessa forma, há uma necessidade de interpretar os direcionamentos e efeitos desencadeados no cenário educacional.

Retratar sobre os aspectos correlatos ao desenvolvimento amplo das tecnologias com o capitalismo e a globalização como ordem mundial, instiga mais por motivos singulares, a celeridade dos elementos culturais é um desses aspectos que envolvem diretamente o interesse em pesquisar sobre a difusão da tecnologia móvel na sociedade.

Posso assim apontar na perspectiva de Lévy (2011, p. 22), que destaca: "o universo cultural, próprio aos humanos, estende ainda mais essa variabilidade dos espaços e das temporalidades". Acrescento ainda na visão do mesmo autor quando este identifica que surgem assim diversos sistemas de registro e de transmissão (tradição oral, escrita, registro audiovisual, redes digitais) que acabam construindo ritmos, velocidades ou qualidades de história diferentes (Lévy, 1996, p. 22).

Devo aqui apontar baseado em pressupostos do estudo sobre as transições ocorridas e as características da globalização partindo da mudança mecânica para a elétrica e em continuidade a aceleração de velocidade, McLuhan (2007, p. 53) retrata que "as energias de nosso mundo, implosivas ou em contração, entram em choque com as velhas estruturas de organização, expansionistas e tradicionais". Essas mudanças que já ocorreram nas velhas estruturas da expansão do processo supracitado devem ocorrer também no sentido educacional que se continuar com seus cânones atuais de possíveis (des)relações fragmentadas produzirão a partir dos currículos escolares a garantia e manutenção de cidadãos incapazes de entender o mundo cibernético em que vivem (Mcluhan, 2007).

Em consideração à declaração de Braga (2013, p. 17) cito:

> A mudança nas formas de organização econômica (a economia global), e nos modos de comunicação e construção de conhecimento (a cultura global) viabilizados pela mediação das **TIC** têm sido objeto de preocupação das diretrizes oficiais para educação formal (grifo nosso).

Ao observar que a multiplicação contemporânea dos espaços faz com que nós sejamos considerados nômades de um novo estilo: em vez de andarmos em linhas de errância e de migração dentro de uma extensão apresentada, pulamos de uma rede a outra, de um sistema de proximidade ao seguinte, criando mais e mais espaços que aos poucos se metamorfoseiam e se encontram de forma bifurcal a nossos pés, forçando-nos a uma heterogênese, uma espécie de trama elástica dessa nova concepção de tempo-espaço-velocidade-mudança (Lévy, 1996).

A velocidade de transformação é em si mesmo uma estrutura constante, mesmo paradoxal da cibercultura, pois, explicitando de forma parcial as sensações de impactos, como outros elementos, na exterioridade, na estranheza que nos toma sempre que tentamos apreender o movimento contemporâneo das técnicas (Lévy, 1999).

Por estarmos imersos nessa gama de mudanças, devem afetar a educação, Moran (2004) produz pensamento de que o processo de educar é algo que demanda complexidade, logo, porque a própria sociedade que produz e necessita do conhecimento evolui também de forma rápida. Tal premissa nos faz pensar que não basta apenas desenvolver as antigas habilidades na produção do conhecimento, baseadas em uma ditadura velada, mas encorajar os alunos a se tornarem empreendedores do saber, com capacidade de inovação, e criação, sendo acompanhados para ter um conhecimento de si mesmos, e que possam aprender a ser cidadãos (Moran, 2004).

E o universo que tem se despontado e que motiva a pesquisa do desenvolver tecnológico digital da informação e comunicação móveis pode agregar e fazer com que possamos nos aproximar de tais objetivos prescritos, saindo do zoneamento de conforto.

Vale ressaltar nesse apontamento inicial que novas metodologias no processo de educação são realizadas ou produzidas por professores e não por recursos de tecnologia digital. Os recursos em si somente não desempenham a função de cruzar formas para possibilitar o ensino e a aprendizagem, mas são a oportunidade que se esperava de inclusão nesse processo.

Ao se utilizar os dispositivos, recursos de forma adequada com o escopo de alcançar os objetivos previstos para o ensino e a aprendizagem promovem uma interação auxiliadora, sendo necessária sua inclusão nos projetos educacionais (Machado, 2010).

Convém salientar que nesses novos tempos em que acredita-se ser importante retomar algumas ideias como a de que mesmo com todas essas possibilidades deve-se perceber que o processo de informatização da sociedade, vinculado fortemente aos sistemas midiáticos de comunicação, não deve se estabelecer *per se*[17], como se fosse apenas mais uma das muitas atualizações dos meios tradicionais de comunicação, de envio e recebimento de dados, informações e imagens (Pretto, 2006).

Ao apontar as possibilidades de aliar a tecnologia à educação, que ao longo do texto tem sido a minha proposta, não posso me furtar de expor a necessidade de que o professor possua o conhecimento e o domínio do meio que possa ser utilizado, apresentando criatividade para desenvolver atividades entretenimentos para os seus alunos (Pereira *et al.*, 2012).

Esse posicionamento é retratado pelas percepções empíricas que ainda presenciamos, a de que muitos professores não sabem utilizar os recursos tecnológicos digitais para uma nova forma de procedimento em sala de aula ou fora dela com o que está disponível. Devido a isso a singular ideia de incorporar as tecnologias digitais, principalmente as móveis, para promover a mobilidade na educação, por meio de aplicativos específicos e recursos disponíveis.

---

[17] Não se trata de uma palavra, mas sim de uma locução (isto é, uma expressão) latina. A forma {correta} é *per se*, que significa «por si só» (cf. **Dicionário da Língua Portuguesa**, da Porto Editora). Disponível em: https://ciberduvidas.iscte-iul.pt/consultorio/perguntas/o-significado-de-per-se/21604. Acesso em: 25 dez. 2016.

CAPÍTULO 4

RETROSPECTIVA HISTÓRICA DA TECNOLOGIA MÓVEL: PARA ALÉM DE UM ALÔ!

Por ter uma ampla abordagem sobre o tema Tecnologia, esse espaço versará sobre uma retrospectiva histórica da Tecnologia Móvel, sustentada em estudiosos sobre o assunto. Para Moura (2010), "a tecnologia é uma invenção do passado", acompanhando o homem desde sempre, sua demarcação sobre a humanidade provoca efeitos profundos, desde a descoberta da tecnologia do fogo, da escrita, da imprensa, do telefone até chegar ao computador a operação dessas evoluções ou revoluções tecnológicas, que ocorrem no âmago da sociedade.

A posição de dependência do homem em relação às tecnologias é notoriamente antiga, mas nunca antes ele tinha estado tão integralmente ligado a ela em seu quotidiano (Moura, 2010).

A comunicação via computador ou o uso do telemóvel se estende por todas as camadas sociais, e a influência da tecnologia por meio desses dispositivos altera os mais variados domínios das nossas vidas, destaco aqui o que Moura (2010) produz em sua tese sobre o assunto da tecnologia móvel "em particular as gerações mais novas", que por mais uma vez afetam o quotidiano de todos.

Por ter características peculiares a tecnologia digital e móvel não mais reproduz formas, mais constrói novas identidades e culturas em redes e *bits,* em qualquer lugar e em mobilidade o que é mais interessante, saímos de fixos para móveis.

Sobre a questão dos aspectos históricos e sua cronologia dos conceitos da mobilidade retratada, seja no cerne da educação, ou para a história, não é uma terminologia considerada nova (Moura, 2010). Contudo, necessita das observações ocorridas em sua evolução, advindas também da redução dos dispositivos operacionais. Como destaca sobre essa exposição cronológica em Castells (2003, p. 80):

> Nos últimos vinte anos do século XX, o aumento da capacidade dos *chips* resultou em um aumento impressionante na capacidade de microcomputadores. No início dos anos

90, computadores de um só *chip* tinham a capacidade de processamento de um computador IBM de cinco anos antes. Além disso, desde meados da década de 1980, os microcomputadores não podem ser concebidos isoladamente; eles atuam em rede, com mobilidade cada vez maior, com base em computadores portáteis.

A minha intenção não está voltada para a análise de processadores ou da avaliação de microcomputadores, mas possibilitar a discussão cronológica partindo de premissas em Castells (2003) constitui uma necessidade para o entendimento do desenvolver da Tecnologia Móvel, que por sua vez sua fase embrionária está calcada nesses princípios, tanto quanto a questão principal da mobilidade dos aparelhos móveis.

A partir da década de 90 (Rieffel, 2003), temos assistido a uma diversidade nas mudanças dos aspectos centrados na mobilidade e portabilidade e marcados pelo multimídia off-line e on-line.

Demarcado pela remodelação da sociedade em mobilidade e ubiquidade proporcionadas pelas tecnologias emergentes, tais avanços das tecnologias móveis refletem diretamente no aumento da utilização delas, em diferentes áreas da sociedade, sem imiscuir o setor educativo (Moura, 2010).

Aponto o que Saccol *et al.* (2011) consideram como sendo característica da tecnologia móvel a sua relevante portabilidade, envolvendo ainda conceitos como uso sem fio ou *wireless* dentro da tecnologia da informação.

Corso (2013) mostra que as tecnologias da informação móveis e sem fio são novas aplicações que surgiram em conjunto com as melhorias da tecnologia e da infraestrutura para a aplicabilidade, tanto para a troca de informações como o aumento das relações interpessoais.

Ling (2008, p. 03) corrobora em dizer que "estamos perpetuamente acessível aos amigos, familiares, conhecidos e até mesmo com quem talvez não queremos falar naquele momento. Com a comunicação móvel, nós chamamos aos indivíduos e não aos locais".

Essa acessibilidade que a Tecnologia móvel nos oferece tornou-se elemento indiscutivelmente necessário no ambiente escolar, e não apenas para os negócios no âmbito da economia, mas para a difusão, produção, colaboração e compartilhamento de saberes, haja vista que todas as mudanças em apresentação alcançam os professores e, mais que isso os alunos, o que se faz premente utilizar não tão somente para relações pessoais e interpessoais.

4.1 Breve histórico da evolução do telefone dos primeiros aparelhos telefônicos aos celulares móveis

Fazer um destaque para o *corpus* teórico-conceitual desta pesquisa com dados da evolução histórica sobre o tema gerador é deveras importante, nesse caso, a história nos presenteia com os fatos deixados em relação ao telefone.

Por volta de 1870, nos Estados Unidos, os telégrafos já estavam incorporados à vida cotidiana. Entretanto, deve-se salientar que esse veículo não era socialmente utilizado em larga escala. Talvez seja porque a sociedade necessitava de outro modelo de linguagem mais complexo, mas ao mesmo tempo mais leve e simples de ser utilizado. Em um determinado momento, surge a demanda de um novo artefato técnico capaz de enviar mensagens múltiplas pelo mesmo fio telegráfico.

Dessa forma o telefone nasceu meio por acaso, na noite de 2 de junho de 1875. Alexander Graham Bell, um imigrante escocês que morava nos Estados Unidos e era professor de surdos, fazia experiências com um telégrafo harmônico, quando seu ajudante, Thomas Watson, puxou a corda do transmissor e emitiu um som diferente. O som foi ouvido por Bell do outro lado da linha.

A invenção foi patenteada em 7 de março de 1876, mas a data que entrou para a história da telefonia foi 10 de março de 1876. Nesse dia, foi feita a transmissão elétrica da primeira mensagem completa pelo aparelho recém-inventado. Graham Bell se encontrava no último andar de uma hospedaria em Boston, nos Estados Unidos, Watson trabalhava no térreo e atendeu o telefone, que tilintara. Ouviu, espantado: "Senhor Watson, venha cá. Preciso falar-lhe." Ele correu até o sótão de onde Bell havia telefonado. Começava uma longa história. A história das telecomunicações, que iria revolucionar o mundo dali em diante.

Por volta de 1947 a empresa americana Bell Company desenvolveu um sistema que permitia a utilização de telefonia móvel dentro de uma determinada área utilizando o conceito de células, ou áreas de cobertura, derivando deste o nome celular. Naquele ano, nos Estados Unidos, a AT&T e a Bell propuseram à FCC (Federal Communication Commission) a alocação de um número de frequência de rádio especificamente para comunicação móvel, entretanto a FCC disponibilizou apenas poucas frequências, possibilitando que somente 23 pessoas se conectassem simultaneamente ao sistema de uma determinada área de cobertura (Maxwell, 2014).

Outras reformulações foram sendo realizadas em relação à melhoria do alcance das frequências e seu maior alcance. Por volta de 1968 a FCC reconsiderou seu posicionamento. A AT&T-*Bell Labs*, então, propôs um sistema de telefonia celular que consistia em diversas torres de transmissão de baixa intensidade capazes de cobrir áreas progressivamente maiores (Levacov, 2003).

Conhecer e se aproximar mesmo que em forma de texto de como eram os primeiros aparelhos móveis é considerado neste estudo necessário, pois são os passos que apresento como aproximação da contribuição da ciência e da tecnologia para a vida da sociedade, logo, a evolução dos aparelhos telefônicos móveis sobre-eleva a compreensão da nossa necessidade dele.

Os primeiros aparelhos tinham duas funções básicas, que não podiam ser realizadas ao mesmo tempo, ou se ouvia ou se falava. Seu uso era limitado, contudo esse magnífico objeto mudou a realidade social de forma considerável.

Em exposição[18] gratuita no Boavista Shopping, em São Paulo, levou ao conhecimento de muitos curiosos a trajetória do aparelho no Brasil, em que o telefone chegou com um ano de atraso, e no mundo. Essa mostra conta com 50 peças que vão de 1900 a 2010.

Nessa exposição no ano de 2015 foram apresentados diversos aparelhos de telefonia no estado de São Paulo. Os aparelhos apresentados na matéria "Exposição traz história do telefone, veja a evolução dos aparelhos em 06 modelos" são um resgate importante da história e que indubitavelmente nos permite perceber como a tecnologia teve um grande salto, em que a busca por reduzir o tamanho do aparelho e seu formato sempre esteve na vanguarda desse processo.

O primeiro aparelho apresentado na matéria e conhecido como "O castiçal", devido ao seu formato, o telefone de mesa da marca Western Electric era conhecido dessa forma por se aproximar da forma de um castiçal de mesa. Ao girar a manivela, um sinal era enviado para a mesa operadora e uma telefonista completava a ligação. Na caixa de madeira existia uma espécie de bateria.

---

[18] Texto modificado a partir da matéria expedida pela **Folha de São Paulo**. Matéria: Exposição traz história do telefone, veja a evolução dos aparelhos em 06 modelos. Disponível em: http://www1.folha.uol.com.br/asmais/2015/04/1620189-exposicao-traz-historia-do-telefone-veja-a-evolucao-do-aparelho-em-6-modelos.shtml. Acesso em: 20 dez. 2016.

Em 1940 surge o telefone batizado de "o tanque", levando em consideração o seu formato robusto e forte como um tanque de guerra. Clássico, esse era o modelo 500 da Western Electric, foi o telefone padrão dos lares americanos entre 1950 e 1984, muitos filmes que tratam desse dos anos 50/60/70 e 80 apresentam esse tipo de telefone muito utilizado pelos americanos.

Outro destaque na exposição foi marcada pelo telefone chamado de "O Ericofon", um telefone sueco que ficou conhecido como "telefone cobra" no seu país de origem. Criado pela marca Ericsson, é considerado um marco na história do design industrial do plástico por ter sido feito a partir de uma única peça. Em 1967, foi introduzida uma versão com teclas.

Conhecido também como telefone "Grillo", o abre e fecha é um clássico do design italiano. O "flip" que abre para que a pessoa fale era a grande novidade da década futurista de 1960, demonstrando o que estaria por vir.

A mostra de aparelhos em São Paulo trouxe para todos perceberem como a evolução dos aparelhos foi extremamente significativa do ponto de vista de mobilidade, já que diversos aparelhos possuíam diferentes características desde o tamanho e peso, contudo a sua principal função – a comunicação entre as pessoas – era realizada integralmente.

4.2 O primeiro celular do mundo e do Brasil

O cientista Martin Cooper liderou o time de desenvolvimento da empresa que desenvolveu a tecnologia de telefonia móvel e criou o primeiro telefone celular do mundo tornando-se uma lenda da indústria digital e da Motorola. O dia 3 de abril de 1973 é considerado um marco histórico, pois nesse dia Martin Cooper entra para os anais da história ao fazer a primeira ligação mundial pública em um telefone celular, na época um fantástico "tijolão" branco (Idgnow, 2013).

Antes de entrar na coletiva de imprensa que faria o anúncio do primeiro celular, Cooper fez a chamada histórica usando o aparelho Motorola DynaTAC – um equipamento "móvel" que pesava 997 gramas e tinha bateria com autonomia para apenas 20 minutos de chamada de voz, no meio da Sexta Avenida, em Nova Iorque, o que mudaria a cena das telecomunicações no mundo. Importante frisar que esse momento foi considerado revolucionário para a época, mesmo hoje sendo bem presentes os *smartphones*.

Alguns anos depois, Cooper comentaria que: "o primeiro modelo de telefone celular pesava praticamente um quilo e você só podia falar 20 minutos nele antes que a bateria se esgotasse. Mas era tempo suficiente, porque você não aguentaria segurar o aparelho por mais tempo que isso." (Idgnow, 2013).

Referente ao episódico dia que entraria para a história e vendo como a evolução é bem presente no cotidiano das pessoas com a diversificação existente nos modelos dos celulares, com baterias que duram horas e não minutos, dentre os componentes internos presentes em nossos celulares devido ao progresso científico, temos a conjunção de funções que antes eram separadas que se fundiram em um único aparelho.

Destacado esses princípios da evolução dos aparelhos de comunicação e como a mudança foi e é considerada radical, que os complementou para além de apenas servir como um comunicador, mas que hoje serve para a informação, veremos que esses modificaram a sociedade com a sua riqueza de incrementos, o cotidiano e a cultura social não são mais os mesmos devido ao uso dos aparelhos modernos.

Em relação à novidade do aparelho móvel não poderia deixar de destacar o celular que em 1990 a Motorola lançou o seu primeiro modelo de celular do Brasil. Ele foi vendido antes no Rio de Janeiro e só depois em São Paulo, mas se popularizou rápido. No visor, cabiam apenas oito dígitos. Muitos o chamaram durante muito tempo de "tijolão" por conta do seu formato, rígido e muito pesado. Entretanto, destaco que poucos indivíduos da sociedade tinham esse tipo de aparelho, devido ao seu alto custo.

A descrição dos aparelhos de celulares reflete a clara expressão da evolução da comunicação por meio de diferentes aparelhos, os formatos se modificaram ao ponto de tornarem-se móveis e com alto valor agregado na sua produção, facilitando a vida dos seus usuários, de tamanhos com mais de 20 cm de altura e com pesos acima de 1 kg, os aparelhos evoluíram não apenas nesses itens tamanho e peso, mas principalmente na sua funcionalidade, agregando em um único objeto funções de captação de imagens e vídeos, gravador de áudios, processadores que elevam a uma categoria de pequenos computadores, como é o caso dos *smartphones,* que utilizam-se das redes de internet e do mundo virtual para levar o sujeito humano a lugares possíveis pela interferência que seus componentes possuem.

4.3 Dos aparelhos fixos aos móveis: o que mudou na sociedade com os modernos aparelhos?

Desde a descoberta de Alexander Graham Bell com o telefone fixo para a condição móvel da transmissão e comunicação que envolvia aparelhos dessa natureza, o ponto de partida constatado da primeira transmissão envolvendo uma única plataforma móvel ocorreu em junho de 1898, quando Marconi transmitiu um sinal de rádio há mais de 42 milhas entre um navio da Marinha francesa e a estação da costa *Wimereux*.

A primeira transmissão entre um transmissor e um receptor móvel celular ocorreu em julho de 1898, quando, a bordo de um navio de guerra da Marinha Real Juno, Marconi recebeu mensagens de navios de guerra em intervalos de até 45 milhas (Ricardo; Silveira, 2016).

Contudo, ao se debruçar sobre esses históricos surgem controvérsias sobre a primeira chamada telefônica móvel que se apresentam de forma diversas.

Ricardo e Silveira (2016) consideram que a primeira transmissão ocorreu em junho de 1946, quando um motorista de caminhão em St. Louis, Missouri, fez uma chamada telefônica usando um aparelho que ficava embaixo do painel de seu veículo. As diferentes datas que mostram o uso do celular e da transmissão pela primeira vez são bem variadas, sobretudo por ser uma descoberta essencial para a comunicação da sociedade. Dessa forma, não é minha pretensão alargar a discussão sobre a data exata da primeira transmissão do aparelho móvel celular.

Ao considerar a importância do aparelho móvel celular em nossas vidas e a forma de como a mobilidade é facilitadora em dias de celeridades diárias, Ricardo e Silveira na produção do artigo que trata sobre a ubiquidade e evolução comunicativa do celular comentam que:

> A utilização das Tecnologias da Informação Móveis e Sem fio (TIMS) traz diversos atributos da mobilidade ao contexto empresarial, como a liberdade de movimento, conveniência, conectividade instantânea, personalização e acessibilidade. Os sistemas de comunicações móveis revolucionaram a forma como as pessoas se comunicam, unindo comunicação e mobilidade e com o passar dos anos, o acesso por meio da tecnologia sem fio teve grandes evoluções relacionadas ao desempenho e eficiência (Ricardo; Silveira, 2016, p. 01).

Essa é a realidade que nos acompanha extremamente importante. Suscetivelmente vemos que a comunicação entre os sujeitos na sociedade mudou para melhor, considerando a mobilidade e a possibilidade de levar o aparelho para o local que a pessoa desejar, contrariando com os primeiros aparelhos de telefone que por sua vez eram fixos, pesados, presos por fios, e com limitada transmissão.

O aspecto que os antigos aparelhos tinham foi superado para melhorar as condições de usabilidade, a razão apresentada não é apenas a sua mobilidade como destacado, ou a diminuição nos custos e o avanço de rede sem fio, mas também o desenvolvimento e melhoria de telefones inteligentes em conjunto com um enorme aumento do número de aplicações (Lee; Trimi; Kim, 2013).

Considerando que as redes sem fio e, consequentemente, móveis são a tônica da onda tecnológica do momento, convergente a um novo tipo de comunicação conhecida como ubíqua, pervasiva e, ao mesmo tempo, corporificada e multiplamente situada que está começando a se insinuar nos objetos cotidianos com tecnologia embarcada, a tão falada internet das coisas (Santaella, 2013, p. 15).

Usando a conceituação de Souza e Silva (2006, p. 179) sobre o contexto da ubiquidade vemos que:

> O conceito de ubiquidade sozinho não inclui mobilidade, mas os aparelhos móveis podem ser considerados ubíquos a partir do momento em que podem ser encontrados e usados em qualquer lugar. Tecnologicamente, a ubiquidade pode ser definida como a habilidade de se comunicar a qualquer hora e em qualquer lugar via aparelhos eletrônicos espalhados pelo meio ambiente. Idealmente, essa conectividade é mantida independente do movimento ou da localização da entidade essa independência da necessidade de localização deve estar disponível em áreas muito grandes para um único meio com fio, como, por exemplo, um cabo *ethernet* evidentemente, a tecnologia sem fio proporciona maior ubiquidade do que é possível com os meios com fio, especialmente quando se dá em movimento. Além do mais, muitos servidores sem fios espalhados pelo ambiente permitem que o usuário se mova livremente pelo espaço físico sempre conectado.

Essa ubiquidade, "estar em qualquer lugar" da tecnologia, mostra a grande diferença do início da ideia dessa comunicação pelos aparelhos telefônicos e outros aparelhos, que evitam a utilização de fios, desse "cordão umbilical" que era a maneira que os aparelhos fixos tinham para se comunicar.

Na concepção de Moura (2010, p. 28) diversos termos são usados para classificar a sociedade nesse momento de transição, ela em seu estudo que é também base do meu estudo toma emprestadas expressões como "Sociedade das Comunicações Móveis", utilizada por (Castells, 2004), "Cultura do Telemovel" (Goggin, 2007), "Thumb Culture" (Glotz *et al.*, 2005) e "Mobile Age" (Sharples *et al.*, 2005), estudiosos do universo da tecnologia que consideram que há nesse momento transicional o surgimento de um novo paradigma social que as tecnologias moveis vieram trazer ao nosso cotidiano. Considero que o padrão apresentando seja de interatividade crescente e dependente, usabilidade e maleabilidade, como a ubiquidade caracterizada pela onipresença garantida pela *internet.*

Na observação feita por Bottentuit Júnior (2003), "a informação é de vital importância, tanto para as pessoas como para as organizações, pois está presente em todos os momentos da nossa vida". A transferência dessas informações em nossa "Sociedade do Conhecimento" (Castells, 2004) é necessária, haja vista que se estabeleceu uma nova cultura, aquela em que os pronomes pessoais "eu", "tu", "ele" e "nós" podem se comunicar de qualquer lugar e a qualquer momento.

Em consonância com Lemos (2007b), as tecnologias sem fio estão transformando as relações existentes entre as pessoas e os espaços urbanos e criando novas formas de mobilidade.

A ubiquidade no campo da educação com o uso do tecnologia móvel--celular é importante no que concerne para o professor e alunos a possível conexão com o mundo virtual para os fins necessários de qualquer lugar.

Ancorado então nessas observações permito-me assim questionar o porquê de aqueles que utilizam da tecnologia móvel-celular se fascinarem cada vez mais por esses aparelhos. Encontrando parte dessa resposta em Santanella (2013, p. 23):

> Porque para eles convergem jogos, vídeos, fotos, música, textos e, ao mesmo tempo, manter uma comunicação ubíqua com seus contatos via msm, mms e chamadas. Não são mais simplesmente dispositivos que permitem a comunicação oral, mas sim um sistema de comunicação multimodal, multimídia e portátil, um sistema de comunicação ubíqua para leitores ubíquos, leitores para os quais não há tempo nem espaço para a reflexão, a reflexão, este tipo de habilidade mental que precisa da solidão paciente para se tecer e que, por isso mesmo, é característica primordial do leitor contemplativo.

Convencido de que é extremamente amplo os traços históricos deixados por uma gama de visionários do mundo da tecnologia, ao nos brindar com a tecnologia móvel, com a ubiquidade dos artefatos da comunicação e informação, a mobilidade considerada comum em nossos dias, que produz diferentes formas de se estar no mundo, bem como viver nele e com todas essas transformações nos diferentes espaços.

O Colóquio histórico nos permite descrever parte desse movimento que está longe de parar, em retornar ao estágio inicial. Apenas em um sentido. Olhando para o que ainda nos reserva nesse universo.

CAPÍTULO 5

A TECNOLOGIA MÓVEL NA EDUCAÇÃO: SEU USO NA CONSTRUÇÃO DE CONHECIMENTOS

Pode a Tecnologia Móvel gerar conhecimento? Desejo iniciar com uma pergunta esta sessão para tentar chegar a um posicionamento teórico--conceitual, dentro das necessidades ainda previsíveis para a compreensão desse universo.

De forma ampla sobre o tema Tecnologia e partindo do meu interesse de beber em diferentes fontes a entrevista de Jonh Daniel[19] no livro *Educação e Tecnologia num mundo Globalizado,* que é uma coleção de muitas outras de suas entrevistas e reuniões com a Unesco entre os anos de 2001-2002, me chamou a atenção, com o tema: Tecnologia é a resposta, mas quais são as perguntas dos ministros da Educação?

Ao fazer o destaque inicial sobre o questionamento, Jonh Daniel (2003, p. 151) estabelece três metas que ele chama de "eterno triângulo", referindo diretamente se há necessidade de aumentar o acesso à educação como meta número 01, melhorar a qualidade do ensino meta de número 02 e, por fim, a meta 03 desse triângulo, reduzir os custos ou impedir que o orçamento seja afetado.

Todas as metas estão interligadas e umas mais voltadas para um debate na esfera das políticas públicas educacionais. A meta desse triângulo proposto por Jonh Daniel (2003), que está conectado com a temática, é a da melhoria da qualidade de ensino, o que supostamente incide na qualidade e desenvolvimento do conhecimento.

A redefinição desse triângulo é considerada importante, pois ao mesmo tempo que a tecnologia pode melhorar o acesso, a qualidade de ensino e os custos, contudo, pode também inverter essas posições podendo reduzir o acesso ao ensino, piorar a qualidade e aumentar os custos e tudo ao mesmo tempo (Daniel, 2003, p. 151).

---

[19] John Sagar Daniel (United Kingdom) was appointed Assistant Director-General for Education in 2001. Born in 1942, Mr. Daniel obtained an undergraduate degree in Metallurgy in 1965 from Oxford University. Disponível em: http://www.unesco.org/new/en/education/aboutus/whoweare/history/assistantdirectorsgeneral/john-daniel/. Acesso em: 23 jan. 2017.

O que não desejamos é que ocorra uma inversão da possibilidade positiva de alcançarmos os benefícios com a tecnologia móvel, para um quadro lastimável de negatividade nos diferentes contextos. A tecnologia móvel nos últimos anos, bem como as instituições educativas, vem facilitando a integração das tecnologias digitais, com o objetivo de melhorar as experiências educativas dos sujeitos envolvidos (Moura, 2012).

Na concepção de Moura (2012, p. 127):

> Com a evolução das tecnologias móveis têm vindo a desenvolver-se diversos projetos e atividades relacionadas com o *mobile learning*. A evolução deste conceito tem acompanhado o desenvolvimento das próprias tecnologias móveis.

Considerando que as transformações na sociedade da informação são protagonistas em nossos tempos modernos, e já destacado ao longo da evolução deste texto, abriu-se uma porta larga, que impulsiona maior interatividade, sem limites geográficos ou mesmo culturais, o que leva a deixar o espaço antes como uma variável decisiva, agora vista como elemento que se rompe facilmente (Marques, 1998).

Dessa conspiração do bem que a tecnologia móvel está inserida, eclode a terminologia do *mobile learning,* ou seja, o formato de aprendizagem que ocorre com a presença e utilização dos dispositivos móveis no campo educativo (Moura, 2012).

Mesmo em fase inicial o *Mobile Learning* ou *m-learning* vai sendo definido de forma diferente dependendo dos estudos, devido à falta de consenso entre os estudiosos (Costa, 2013, p. 50), a evolução que presenciamos com as tecnologias móveis tem contribuído com o aparecimento de um novo paradigma educacional designado como *m- learning* (Moura; Carvalho, 2010, p. 01).

Mesmo não havendo consenso entre os pesquisadores referente à conceituação, sabe-se que a efusiva quebra de paradigmas no que concerne à forma de ensinar para se alcançar a aprendizagem tem sido uma constante busca por outros tantos quinhões de envolvidos com o uso da tecnologia móvel.

Estudiosos sobre o assunto como Moura (2010, 2012), Carvalho (2010, 2012), Coscarelli (2016), Bottentuit Junior (2011, 2016), Coutinho (2006, 2007) e Prensky (2001) apontam a importância sobre o assunto amplamente discutido no que concerne a tecnologia móvel e seus dispositivos e a produção de conhecimento.

Dessa forma, Prensky (2011, p. 03) expõe:

> Certamente, os resultados do ensino de uma forma moderna que se conecta com os estudantes do século 21 pode excitar e estimular os educadores. Recebo muitos e-mails de professores que se afastaram de minhas palestras e escritos recém-energizados e exaltados. Muitos dizem agora, como um professor bem colocou, que "eu costumava ensinar o meu assunto. Agora eu ensino os meus alunos". "Vários têm expressado que minhas idéias, especialmente em torno de conectar-se mais profundamente com os alunos, têm trazido de volta para as razões que eles entraram em ensino, em primeiro lugar". Estou emocionado ao descobrir isso acontecendo (tradução nossa)[20].

E onde está a base teórica capaz de assegurar que a produção do conhecimento dos alunos não passa de mais um conto de fadas, malfadado, que pode levar a mais e maiores descontentamentos por conta do corpo universal de educadores que deverão estar preparados para conduzir esse processo?

Tomando emprestados os grandes debates acerca das teorias do conhecimento, a fim de dar prosseguimento e expressar as ilimitadas possibilidades com a tecnologia móvel, vistas como fulcrais para que se possa compreender como os sujeitos nesse processo aprendem e como a aprendizagem acontece, para que se possa criar estratégias suportadas pelas tecnologias móveis (Moura; Carvalho, 2010, p. 01-02). Considero que o estudo sobre o assunto é inevitável, haja vista que se discute ou se pergunta: como é que se tem essa construção?

E o que são apresentados como teorias nesse campo?

As teorias Behaviorista, Cognitivista e Construtivista são consideradas como grandes teorias da aprendizagem e que frequentemente são utilizadas na criação de ambientes instrucionais, entretanto tais linhas teóricas foram sendo desenvolvidas em um tempo em que a tecnologia ainda era incipiente e a aprendizagem ainda não via as condições de usufruir dela nesse processo. Nos últimos 20 anos a celeridade dos

---

[20] *Recorte extraído de From Digital Natives to Digital Wisdom: Certainly, the results of teaching in a modern way that connects with 21st century students can excite and stimulate educators. I receive many emails from teachers who have come away from my talks and writings newly energized and exhilarated. Many now say, as one teacher nicely put it, that "I used to teach my subject. Now I teach my students." Several have expressed that my ideas, particularly around connecting more deeply with students, have brought them back to the reasons they went into teaching in the first place. I am thrilled to find this happening.*

processos tecnológicos reorganizou a nossa sociedade em diversos âmbitos, desde a comunicação, como nas formas que aprendemos (Siemens, 2004).

A velocidade que toma conta do processo de aprendizagem é percebida claramente, aprendemos em menos tempo que antes as informações são mais propaladas do que tempos atrás, se mede atualmente a duração do conhecimento não mais em décadas, mas em meses ou anos, há uma durabilidade mínima, pois a todo instante surgem novos caminhos, estudos e teorias.

Para Driscoll (2005, p. 11):

> Uma teoria de aprendizagem, portanto, consiste em um conjunto de construções que ligam as mudanças observadas no desempenho com o qual é considerado para trazer tais mudanças. Construções referem-se aos conceitos teóricos inventados para identificar variáveis psicológicas. A memória, por exemplo, é uma construção implicada em perspectivas cognitivas na aprendizagem. Em outras palavras, nós procuramos o fato em que pessoas podem demonstrar o mesmo desempenho de tempo em tempo e a razão pela qual elas fazem isso é porque elas se lembram dele. Nós inventamos o conceito de memória para explicar este resultado (tradução nossa)[21].

Ainda com base em Driscoll (2005, p. 14-17) a autora apresenta a complexidade em definir aprendizagem, sua exploração é formatada em três tradições epistemológicas que têm estreita relação com o conhecimento: o Objetivismo, o Pragmatismo e o Interpretativismo.

A proposta de Driscoll (2005) sobre a aprendizagem parte dos pressupostos básicos que vão desde a concepção do estímulo como formato clássico para o condicionamento, permeando pela forma de aprendizagem alicerçada naquilo que o sujeito já possui e que possa agir numa perspectiva interdisciplinar, e por fim a aprendizagem desenvolvida em conjunto, um processo contínuo, em construção. Apresento a seguir o Quadro 1 com uma síntese das principais características das teorias em referência.

---

[21] Recorte do texto original: *A learning theory, therefore, comprises a set of constructs linking observed changes in performance with what is thought to bring about those changes. Constructs refer to the concepts theorists invent to identify psychological variables. Memory, for example, is a construct implicated in cognitive perspectives on learning . In other words, we look at the fact that people can demonstrate the same performance time after time and reason that they do so because they haver remembered it. We have invented the concept of memory to explain this result.* Fonte: DRISCOLL, Marcy. P. **Psycology of learning for instruction**. Pearson, 2005. Disponível em: http://ocw.metu. edu.tr/file.php/118/Dris_2005.pdf. Acesso em: 21 jan. 2017.

Quadro 1 – Teorias do conhecimento e suas principais características

Teorias	Características
Behaviorismo	Prega que a aprendizagem, é difícil de conhecer, possivelmente não consiguimos entender o que se passa dentro de uma pessoa (a teoria da caixa preta).
Cognitivismo	Vista como um processo de *inputs* guardados na memória a curto prazo, e codificados para serem buscados a longo prazo
Construtivismo	Sugere que as/os aprendizes criem na medida em que tentam entender suas **experiências**.

Fonte: elaborado pelo autor a partir de Driscoll, 2017

Para Siemens (2004, p. 02):

> Todas essas teorias da aprendizagem sustentam a noção de que o conhecimento é um objetivo (ou um estado) que pode ser alcançado [...] ou através do raciocínio ou das experiências. O behaviorismo, cognitivismo e o contrutivismo (construídos na tradição epistemológica) tentam explicar como é que uma pessoa aprende.

As peculiaridades que cada teoria apresenta formam a teia da explicação de como cada individuo aprende, entretanto algumas teorias não conseguem captar as características distintas que a tecnologia móvel é capaz de gerar, supostamente por acreditarem que a aprendizagem ocorre em ambiente fechado, se reduzindo a uma sala de aula mediada pelo professor (Moura; Carvalho, 2010).

Romper com essas concepções neste século é *conditio sine qua non*, para que tenhamos sucesso em todo o processo de aprendizagem, todas as teorias que tentaram responder a diversas questões, hoje, servem para percebermos a chance que temos em uma construção do conhecimento com aquilo que está acessível. Imprimindo o desejo de alcançar as respostas iniciais para a produção do conhecimento com a tecnologia móvel, o *mobile learning,* Moura e Carvalho (2010, p. 02) apresentam como enquadramento teórico proposto pelas pesquisadoras e refletidos amplamente nas concepções didáticas apostando na efetividade de que os dispositivos que andam nos bolsos dos alunos façam parte das práticas pedagógicas e que tenham as proibições excluídas desse ato.

Dessa forma, no que diz respeito a uma teoria da produção de conhecimento, as autoras tratam do modelo ARCS que tem como centro o paradigma educacional da aprendizagem móvel, conjugado a uma cíclica aliança o sujeito (aluno), que atuando com o dispositivo móvel (ferramenta), mediado pela intenção da ação pedagógica (atividade), de forma intencional e interativa, leva à modificação do motivo ou objeto, levando às melhorias de competências prévias, destacando aqui a interiorização do novo conhecimento – a aprendizagem (Moura; Carvalho, 2010).

Nessa perspectiva na produção do conhecimento a natureza intrínseca da portabilidade dos dispositivos móveis, como o telefone celular, que por sua particularidade pode ser considerada como uma ferramenta real e factível no processo de aprendizagem, devido ao seu uso em qualquer lugar, contribuindo com essa produção.

Para Moura e Carvalho (2010, p. 03):

> Sendo a mobilidade uma das características das tecnologias móveis, é preciso equacionar a aprendizagem que ocorre [...], mediada por dispositivos móveis. As abordagens construtivistas e a Teoria da Actividade (TA) ajudam a: i) analisar e representar situações formais e informais de aprendizagem; ii) analisar o contexto dinâmico da aprendizagem, iii) teorizar a aprendizagem como um diálogo construtivo e actividade social. Por seu lado, o Modelo ARCS evidencia a motivação no processo de ensino e aprendizagem. Estes alicerces teóricos, que sustentam a integração das tecnologias móveis em contexto educativo dentro e fora da sala de aula, interagem entre si e influenciam-se mutuamente.

As autoras apontam elementos que identificam o modelo de estudo que reflete sobre a cognição adquirida pelo sujeito com o uso da tecnologia móvel, corroboram com o sentimento de que a utilização desse importante instrumento para a educação é indubitavelmente substancial.

O contexto que nos impulsiona às mudanças está também nessas possibilidades de discussão das teorias que levam às melhores práticas escolares, as revisões dos estudos teóricos apresentam que essas mudanças são reais, e podem ser replicadas.

O mapa mental a seguir reproduz sucintamente as estratégias fundamentais para criar a motivação necessária. Os quatro eixos apontados por Moura e Carvalho (2010) são: a atenção, a relevância, a confiança e a satisfação.

Contudo, para que as tecnologias se tornem essencialmente significativas, não basta apenas os alunos acessarem os conteúdos, ou as informações, é necessário que eles construam habilidades, bem como o desejo de utilizá-las, sabendo relacionar, sintetizar, analisar e avaliar. Assim sua aplicação está de forma mais importante para o ambiente fora da sala de aula, em que a aplicação dela com fins práticos para a aprendizagem deva ser mais direcionada (Seabra, 2017).

Portanto, tendo por base as concepções discutidas, acredito que a tecnologia móvel pode polarizar elementos diversos, a fim de gerar novas formas de ensino e de aprendizagem, alicerçada nas teorias da aprendizagem, desde as mais tradicionais como o construtivismo aos aspectos em que a produção colaborativa gera nessa vasta imensidão da construção do conhecimento. A linha teórica serve para dar configuração do caminho que está sendo trilhado, o que ainda temos para desvelar com o auxílio da tecnologia na educação é questão de tempo.

CAPÍTULO 6

TECNOLOGIA E GEOGRAFIA: O ENSINO DA GEOGRAFIA NO UNIVERSO DA CIBERCULTURA

A tecnologia não alcançou apenas a sociedade, isso já é notório. Ao discutir esse tema, vale ressaltar que na cibercultura, no ciberespaço, as alterações a que estamos submersos pelas constituições reestruturais da sociedade em rede Castells (2003) envolvem também o ensino, e nesse caso singular especificarei com o ensino da Geografia absorvendo os incrementos dos dispositivos e das conhecidas novidades tecnológicas na produção do conhecimento geográfico na Educação Básica.

Os PCNs (2015) tratam que a Geografia escolar deve ser ensinada com o propósito de abandonar aquela antiga visão da Geografia apoiada de forma simples na descrição e memorização da "Terra e o Homem", associada às informações sobrepostas do relevo, do clima, da população e da agricultura. Superar a velha forma doutrinária sensivelmente percebida por uma sociedade pronta, em que todos os indivíduos já tivessem os seus problemas resolvidos.

A atual discussão da BNCC (2017) apresenta destaques importantes, nesse apontamento é considerável pensar na diversidade humana e da natureza e as relações em que essa sociedade mantém distintamente com a natureza, pode-se afirmar que a própria sociedade é possuidora de diferentes Geografias. Nesse viés, os dados históricos apontam que a partir do século XIX, pautado no contexto europeu, os saberes geográficos alcançaram condições de conhecimentos institucionalizados, primeiramente, como disciplina escolar, em que a intenção era o pleno fortalecimento de identidades nacionais e, após esse longo período, o do campo científico.

Retratando ainda a questão da Geografia na observação de Andrade (2013) quando se reporta ao primeiro período do Estado Novo, em que Geografia sofreu uma profunda despolitização, conduzindo os alunos a uma aprendizagem pautada apenas na análise descritiva da paisagem, sem nenhum critério estabelecido.

Andrade (2013) ressalta ainda que nesse período os encaminhamentos despolitizadores ajudaram então no conhecimento de várias áreas aqui no Brasil, por meio das pesquisas efetuadas pela Associação dos Geógrafos Brasileiros (AGB), e a partir de várias outras pesquisas efetivadas pelo IBGE, e de teses de doutorado defendidas na USP, foram sendo adquiridos conhecimentos enciclopédicos sobre o território brasileiro, sem o elemento crítico, mas de profundo conhecimento à pátria.

Nesse aspecto é que o atual Ensino Médio e seu enfoque curricular têm sofrido mudanças educacionais que se apresentam de forma mais rápida e menos desarticulada, urgentes e integradas, uma vez que o antigo 2.º grau estava pautado na preparação e na formação desvinculada do aluno com os assuntos que pudessem formá-lo como cidadão, mais centrada em uma formação de mão de obra capaz de atender a um mercado restrito a partir de sua formação.

No caso da Geografia brasileira uma renovação tem sido realizada ao longo de mais de 20 anos, sendo muito importante para a construção de balanços parciais de resultados das conquistas adquiridas no campo dessa ciência. É importante ser verificado se tais mudanças conseguiram alcançar o Ensino Médio, mesmo com as inúmeras dificuldades aparentes nessa modalidade de ensino, dentre os elementos da renovação da Geografia tem-se a do seu objeto de estudo, já conhecido por muitos como sendo o espaço geográfico (Oliva, 2013).

Ainda acrescento nessa linha a observação da renovação da Geografia feita por Oliva (2013, p. 42), que questiona:

> Como "pedagogizar" a Geografia renovada? Como lidar com algo enroscado em discussões intermináveis? E, principalmente, como trazer para essa esfera uma nova linguagem que, embora provisória e por vezes improvisada, tem teor e rigor teóricos? Nenhuma das dificuldades até aqui mencionadas justificam a inércia. Não estamos lidando com máquinas ou sistemas frios. **Há muito, os professores, insatisfeitos com o modelo tradicional e pouco produtivo de Geografia escolar e pressionados pela necessidade de ensinar, educar e explicar a realidade que nos cerca, vêm buscando novos referenciais para construir suas aulas.** Mas como enfrentar o estranhamento produzido pelos novos ventos da Geografia? (grifo nosso).

O que me chama atenção na observação feita por Oliva (2013) é quando aparece a figura do professor e o ato de ensinar Geografia, nesse caso a insatisfação com a forma tradicional em que o ensino geográfico escolar está assentado, não tem mais espaço com o nível de desenvolvimento tecnológico que envolve a sociedade, apesar de existirem áreas consideradas anecúmenas[22] do ponto de vista da baixa densidade demográfica, ou por falta de as políticas públicas estarem distantes da realidade dessa sociedade interconectada. O ensino, a escola e o sujeito do processo de ensino mudaram.

Dessa forma, as condições devem acompanhar o processo evolutivo para que ocorra a produção necessária no campo da Geografia. Como retrata Callai (2005, p. 238): "como superar o positivismo da Geografia na educação, em um mundo que está mudado e continua mudando aceleradamente?" O que seria possível fazer para engendrar uma nova forma de "ensinar o mundo"?

Os aspectos pedagógicos-didáticos das propostas de ensino da Geografia ainda se assentam na crença de que para se ensinar Geografia basta ter o domínio de conteúdo e o conhecimento da matéria com a proposição da visão crítica, o que leva a uma preocupação por parte de alguns autores, pois deve-se aproximar a teoria à prática capaz de estimular uma reflexão pedagógica que seja capaz de assimilar os avanços conquistados pela Geografia ao longo dessas décadas, e não apenas pensar que os professores levando para a sala de aula conteúdos críticos baseados em determinados fundamentos metodológicos da Geografia soem como geradores de uma construção da formação crítica no aluno (Cavalcanti, 1998).

Embora algumas mudanças sejam notadas no ensino da Geografia, conforme Straforini (2004), o que persiste na sua imensidão é um ensino pautado na memorização do conteúdo priorizando a velha abordagem da prática didática, em que por sua vez o aluno é um sujeito passivo do processo servindo apenas como um receptáculo de um calhamaço de conhecimentos, muitas vezes apresentados de forma fragmentada, hierarquizada e seguramente seguindo a reprodução conteudista.

Para dialogar com essa questão dos aspectos pedagógicos do ensino da Geografia, Stefanello (2009, p. 19) produz um discurso que segue a mesma compreensão, diz ela:

---

[22] Que é composto por áreas desprovidas de povoamento ou que, devido às suas condições naturais, abrigam pouquíssimos indivíduos. Disponível em: https://educacao.uol.com.br/disciplinas/geografia/povoamento-a-reas-ecumenas-e-anecumenas.htm?. Acesso em: 20 dez. 2017.

A Geografia escolar, por sua vez, considerada uma área de conhecimento que integra a educação geral, abrange os conteúdos da ciência geográfica e, consequentemente, os de outros campos do saber, o que lhe confere muitas possiblidades para a interdisciplinaridade. Por exemplo, o estudo da ocupação do espaço por determinado povo pode compreender saberes em química, sociologia, história, entre outros.

Esses conteúdos da Geografia escolar são selecionados e organizados pelos docentes, num processo de transposição didático, de forma a adequá-los aos objetivos da educação básica, buscando desenvolver no aluno a observação, a análise e o pensamento crítico da realidade e, em particular do espaço onde vive.

Importante que Schäffer (2003) observa sobre essa forma particular que o professor adquire para transmitir esses saberes da Geografia, conhecido como saber escolar, que vai sendo levado ao aluno de forma transformada, adaptada e recontextualizada para que depois possa ser ensinada por meio da transposição didática, passando pela interdisciplinaridade.

Vale acrescentar no contexto da produção do conhecimento em Geografia que a sua construção intercala-se a uma forma de reinventar-se e as descobertas, aquilo que os construtivistas das teorias do conhecimento consideram como não inato, nem apenas dado pelo objeto, mas que a sua formação ocorre na transformação entre ambos, realçando a capacidade adaptativa da inteligência (Stefanello, 2009).

Para Moran (2015, p. 15), um aspecto que ocupa a educação formal é importante de ser analisado:

A educação formal está num impasse diante de tantas mudanças na sociedade: como evoluir para tornar-se relevante e conseguir que todos aprendam de forma competente a conhecer, a construir seus projetos de vida e a conviver com os demais. Os processos de organizar o currículo, as metodologias, os tempos e os espaços precisam ser revistos.

Nos chama atenção, mais uma vez, o que Moran (2015) suscita nesse enredo teórico, em que desde as metodologias, os tempos como os espaços devem passar por (re)modificações no campo de ensino, nesse caso, sua observação é, generalizando, no mesmo contexto a Geografia deve passar pela mesma orientação, pois sua importância no processo de adquirir o conhecimento se torna símile às áreas das exatas, e derivadas, a evolução que alcança a sociedade deve ser utilizada pelo campo das humanas e nesse caso a Geografia escolar tem que se apropriar dessas novidades.

Nesses pressupostos vemos a Internet, as redes, a tecnologia móvel – o celular –, que estão há alguns anos revolucionando nossa vida diária, não obstante essa gama de interconexões temos conseguido resolver nossos problemas a distância.

No campo educacional, é notória a presença dessas dificuldades para que possamos mudar, nessa revisão percebo ainda que é mais fácil a mudança de equipamentos do que os procedimentos de ensino com esses aparelhos, essa inércia aparente, visível, leva a educação a uma prisão, asfixiando-a na monótona forma engessada e previsível em que se encontra (Moran, 2005).

Assim, a Geografia pode se enquadrar, se o seu caso for dissipar de vez com essa inércia terrivelmente ainda presente nas práticas docentes, pois em dado momento vemos que muitos professores ainda não conseguem tratar dos elementos da tecnologia na sala de aula, como já falado, apenas reproduzindo um modelo de ensino, consequentemente não se percebe qualidade, para alguns a tecnologia seria o meio para justificar os fins do ensino, acrescento que sendo o meio possível ela pode melhorar a prática de ensino, sugerindo formatos mais leves que a acompanham, a existência de muitos trabalhos, estudos e novas concepções teórico-conceituais são tratadas dentro e fora do nosso país.

Nos estudos fora do nosso país em um artigo que trata sobre a questão de forma genérica para a educação, apresento nesta pesquisa as colaborações de Moura (2010, 2012) e Carvalho (2012), que contribuem para a análise dos condicionantes da Tecnologia no ensino.

Alguns estudos em nosso país apontam que há um direcionamento para o campo da Geografia, porém, na minha compreensão, considero que ainda são incipientes os estudos, bem como a abordagem, pois após verificar em diferentes bancos de dados os repositórios de ilustres universidades brasileiras, identifiquei no campo da Geografia alguns, que sugerem trabalhos com a tecnologia na Geografia, entre esses trabalhos se encontram: dissertações, artigos e teses, como exemplo artigos: "Ensino de Geografia e aplicativos para smartphones: uma revisão crítica" (IFF), "Aplicativos para smartphones e o Ensino da História e Geografia;

uma revisão crítica" (IFF), "Dispositivos móveis no ensino da Geografia" (IFNMG), desses trabalhos que foram analisados, a presença do ensino em Geografia é abordada como necessidade.

Diversos outros aplicativos, analisados por estudiosos da área, podem ser utilizados para o ensino da Geografia, desde as séries iniciais da Educação Básica até mesmo na formação de novos professores nos cursos acadêmicos ou na formação continuada dos professores que já atuam em sala de aula. O que entendemos não poder continuar é o professor cair no marasmo sem verificar nesse universo tecnológico os incrementos possibilitadores de razoáveis mudanças na prática, no ensino, na metodologia, nos planejamentos, na didática, na aprendizagem, na escola e na educação.

Nessa distinta linha Camacho (2012) destaca:

> La medida que las instituciones comienzan a entender el potencial de las aplicaciones, han ido adaptándolas a las necesidades de los estudiantes ya sea para estós puedan comprovar sus calificaciones, o para estar permanente actualizados (Camacho, 2012, p. 118).

Assim como na interligação de Moran (2015, p. 16):

> [...] o professor precisa seguir comunicando-se face a face com os alunos, mas também digitalmente, com as tecnologias móveis, equilibrando a interação com todos e com cada um.

Atualmente, como o supra enfocado, diversos aplicativos estão disponibilizados em lojas virtuais, em que o professor de Geografia tendo o interesse precípuo de trilhar por novos caminhos, fugindo do tradicionalismo, direcionado pela colaboração da tecnologia, levará o processo de ensino e aprendizagem a um nível de maior interesse dos alunos.

Tomando alguns pontos como exemplificação temos a apresentação nos formatos de diferentes jogos, o professor poderá levar ao conhecimento dos seus alunos inúmeras possibilidades de tratar dos conteúdos geográficos. Ao observar o que está na rede temos o *blog* Canal de Ensino, que expõe 10 aplicativos que podem ser utilizados em Geografia. Todos gratuitos, Geografia Global 3D, Onde é isso?, Capitais de todos os países do mundo, Mundo Geografia etc., são alguns disponíveis para que o professor possa baixar e trabalhar com eles em sala de aula, aplicando o conteúdo.

Dessa forma, se o professor ainda está tratando das questões educacionais como em séculos passados, utilizando-se apenas do quadro, e do material didático, suas aulas podem se tornar, do ponto de vista dos alunos, sem motivação. Logo, o tempo que os alunos têm com a tecnologia diária, nos aplicativos de redes sociais, vídeos e outros, faz com que eles reduzam a importância de metodologias tradicionais de ensino. O professor é a ponte para articular a tecnologia móvel capaz de gerar conhecimentos com os agentes sociais que estão na escola. Uma dessas formas de produção de conhecimento por meio das imagens que aproximam mais das compreensões no processo de ensino.

6.1 As imagens no ensino

Imaginemos uma turma de alunos estudando um determinado assunto geográfico com o suporte do livro didático. O livro está repleto de figuras e imagens que representam os assuntos de destaque daquele assunto, tais representações podem contribuir com o ensino? A aprendizagem que se requer para aquela etapa ou assunto é alcançada com a visualização de imagens? Quem produziu tais imagens? De onde elas são? Qual a finalidade de elas estarem presentes no corpo do livro? Tais questionamentos suscitados são oriundos das inquietações que ocorrem internamente na atividade docente?

Para respondê-las é necessário realizar uma pesquisa teórica desse campo imagético no contributo do ensino e da aprendizagem. Se os alunos, devido às suas especificidades de aprendizagem, podem absorver o conteúdo de forma diferente, as imagens podem servir para aqueles que apenas por meio dos textos são incapazes de alcançar os objetivos propostos no processo e em muitos casos apresentam desinteresse pelo assunto.

A imagem pode prender a atenção do aluno? O que os estudos apontam sobre o uso das imagens nesse processo da aprendizagem e ensino? Vantagens existem? Desvantagens? Por meio de quais instrumentos pode-se obter imagens para desenvolver o processo?

A variabilidade de funções que as imagens transmitem é relevante, não especificamente movimentando as informações em uma pasta teórica da semiótica com todos os seus integrais critérios para a análise equacional de uma imagem. A função em que procuro envolver o campo conceitual-teórico desta pesquisa é sobremaneira aquela que entrelaça a importância da imagem, da produção pelo sujeito de imagem, e por fim do que ela tem a transmitir, a forma de se comunicar com o espectador com o uso exclusivo nessa investigação do celular, observando as questões da categoria geográfica lugar e as relações que os sujeitos têm com ele.

Tais requisitos, ao serem apontados, me levam a conduzir para a função da comunicação, isto é, o que uma imagem sem movimento reflete para o outro, sendo referenciada a partir de um sujeito, com suas percepções subjetivas, para um outro sujeito que também possui suas subjetividades, uma busca pela intersubjetividade entre esses elementos.

Sabe-se que as imagens têm sido meios de expressão da cultura humana ao longo do tempo histórico, desde a pré-história, as marcas rupestres deixadas nas cavernas, milênios antes de os registros terem a palavra pela escrita, mostram a presença das imagens antecedendo o ato da escrita (Santaella, 2001).

A investigação que nos cerceia a dar as respostas para as questões deve partir da conceituação sobre diferentes prismas do que é a imagem, bem como seus diferentes tipos classificatórios.

Ferreira (2013, p. 96) expõe que há um élan[23] vibrante e que se manifesta metamorfoseante da imaginação, e a imagem não seria mais do que um objeto ou uma representação sensível da realidade. Não se confunde com uma reprodução, mas uma produção criadora, em que a imagem apresenta um duplo aspecto: o interior e o exterior.

Bachelard (1958) procurou estudar as imagens na sua forma objetiva de representação, mas sem, no entanto, deixar de se preocupar com um elemento importante que é a subjetividade. Percebido em seu estudo sobre "A poética do espaço", preocupou-se em analisar a imagem em sua subjetividade, que por sua vez vem à tona, emerge das profundezas, que tem como ponto inicial de partida a consciência do sujeito (Ferreira, 2013).

Para Cunha (2007, p. 425), sobre os conceitos de imagem:

> Imagem sf. "representação de um objeto pelo desenho, pintura, escultura etc". "reprodução mental de uma sensação a ausência da causa que a produziu" "reflexo de um objeto no espelho ou na água" "figura, comparação, semelhança".

Comunicando com a exposição em Joly (2007, p. 13) sobre esse destaque conceitual da imagem temos:

---

[23] Arroubo súbito e passageiro, entusiasmo; disposição. Disponível em: https://www.dicio.com.br/elan/. Acesso em: 23 jan. 2017.

O termo imagem é tão utilizado, como todos os tipos de significados sem ligação, aparentemente, que parece muito difícil apresentar uma definição simples e que abarque todas as maneiras de a empregar. De fato, numa primeira abordagem, o que haverá de comum entre um desenho de uma criança, um filme, uma pintura rupestre ou impressionista, *graffits,* cartazes, uma imagem mental, uma imagem de marca, falar por imagens e por aí a fora? O mais notável é que, apesar da diversidade dos significados desta palavra compreendemo-la. Compreendemos que ela designa algo que, embora não remetendo sempre o visível, toma de empréstimo alguns traços a visual e, em todo o caso, depende da produção de um sujeito: imaginária ou concreta, a imagem passa por alguém, que a produz ou a reconhece.

A existência das imagens ocorre devido aos nossos sentidos, se elas existem isso se dá pelo simples fato de termos olhos de forma evidente para contemplá-las. Sendo elas artefatos que se apresentam em nossa sociedade de forma abundante, <u>são de alguma forma objetos visuais como outros</u>, regidos por leis perceptivas (Aumont, 2002).

Esse sentido tem como pontos as observações fenomenológicas da percepção do sujeito, mesmo na sua produção, ou aquilo que alguns apontam como a realidade que já existe, o sujeito na sua subjetividade com o fenômeno tende a recriá-lo da sua maneira, pois é por meio da sua observação que esse levantará as essências que constituem esse fenômeno. Nesse caso, partindo para o campo geográfico, o lugar é um fenômeno a ser descrito, como assim estabelece a Fenomenologia, sua presença na vida do indivíduo produz diferentes relações, que podem ser estudadas com as imagens.

Se os nossos sentidos manifestam-se para perceber o que já existe e tem a capacidade de reproduzir o existente ou mesmo produzir a partir do existencial, a ponto de deixar pegadas, marcas, trilhas manifestadas em diferentes tempos históricos, bem como utilizar-se de meios instrumentais para os sentidos de reprodução e de produção, seus significados e escolhas manifestam-se dentro de variáveis muito pessoais.

Ainda conforme a autora Joly sobre as imagens e suas formas de produção:

[...] uma das mais antigas definições de imagem, dada por Platão, esclarece-nos: Chamo imagens, em primeiro lugar às sombras; em seguida, aos reflexos nas águas ou à superfície dos corpos opacos, polidos e brilhantes e todas as representações deste gênero. Imagem, portanto, no espelho é tudo aquilo que utiliza o mesmo processo de representação; apercebemo-nos de que a imagem seria já um objeto segundo, em relação a uma outra que ela representaria de acordo com algumas leis particulares (Joly, 2007, p. 13-14).

Diferentes linguagens das artes visuais, como pintura, fotografia, escultura, *performance*, vídeo, entre outras modalidades, assim como diferentes temáticas, conforme sugerem os títulos, podem ser evidenciadas pelas imagens (Silva; Schlichta, 2015).

No tocante às imagens, partem da premissa de que são polissêmicas e de que são sínteses na visão de Samain (2013, p. 58-59): "[...] uma história e um tempo singulares, os quais não podem ser confundidos com o tempo de nossa história enquanto sequência de acontecimentos".

As investigações sobre as imagens se distribuem por várias áreas das ciências voltadas para a pesquisa, podemos ter a história da arte, as teorias antropológicas, sociológicas, psicológicas da arte, a crítica de arte, os estudos que têm como referência a mídia, a semiótica visual e as teorias da cognição. Assim percebe-se uma interdisciplinaridade no estudo da imagem (Santaella; Wört, 2001).

Para o escritor espanhol Cortázar sobre as imagens, o seu destaque: *"Entre las muchas maneras de combatir la nada, una de las mejores es sacar fotografías, actividad que debería enseñarse tempranamente a los niños pues exige disciplina, educación estética, buen ojo y dedos seguros"* (Cortázar, 1970, p. 203).

Ao se produzir as imagens deve-se ter em mente que elas jamais são gratuitas, sua fabricação está ligada a determinados e diferentes usos, sejam eles individuais ou coletivos. Nesse caso, ao se perguntar: por que olhamos para uma imagem? Devemos antes de responder a essa questão ter uma outra, como forma de inquietação: para que servem as imagens (para que queremos que elas sirvam)? É conveniente salientar que para todas as sociedades a maioria das imagens tem uma finalidade produzida para certos fins, sejam eles propaganda, para a informação, religioso, ideológico em geral (Aumont, 2002, p. 78).

A imagem torna-se uma das formas de o ser humano expressar um meio de se comunicar com o mundo, as imagens que movimentam o mundo real têm significados distintos, assim como suas finalidades. Outro destaque se apresenta para que possamos compreender essa dimensão da imagem.

Vivemos em uma sociedade da(s) imagem(ns). Mas de que imagem se fala? Manifestado de forma polissêmica o termo por si representa diferentes noções que a ele se relacionam. O campo fértil de significação apresenta-se como húmus para os usos mistificados do termo, de forma particular quando se trata da ideia de imagem-conceito (objeto/sistema deste estudo), que é empregada em enunciados e procedimentos reveladores de uma concepção (configuração compreensão) condensada ou mesmo equivocada das tantas existentes. Com grande frequência, a despeito de qualquer sustentação epistemológica, teórica e mesmo prática, o termo é materializado em expressões do tipo "passar imagem" e "vender imagem" (Baldissera, 2000).

Logo, para Aumont (2002), se as imagens produzidas pelos sujeitos que por sua vez não têm uma definição simples de ser observada, com características variadas e determinações contraditórias, capazes de interferir nas suas relações com as imagens, que vão além da sua capacidade perceptiva, levando esse indivíduo a manifestar o saber, suas crenças, que representam o seu vínculo a uma região histórica (uma classe social, uma época ou uma cultura), para que sejam assim produzidas ao espectador determinada imagem.

Contudo, é necessário destacar que a representação imagética antecede as formas da fala e da escrita, não é a toa que as primeiras representações comunicacionais foram por meio de imagens, nesse caso temos mais exemplos como as primeiras manifestações que evocam a criatividade humana exteriorizada, como as apresentadas nas cavernas de Lascaux, na França, dessa época para os dias atuais as representações imagéticas se multiplicaram bastante, até as formas que elas se apresentam na atualidade em imagens com formatos digitais (Nova, 2003).

Dessa forma, é conveniente acrescentar que a imagem é a principal (além de ser a primeira) forma de ver e expressar o mundo, seja este o universo endógeno de cada ser humano ou o mundo exterior dos objetos que nos aparecem oticamente desde que nascemos (Nova, 2003).

Assim, Joly (2007) acrescenta que a imagem contemporânea vem de longe, e que seu surgimento não vem de hoje, do aqui e agora, seja com a televisão ou com a publicidade. Aprendemos ainda a forma associativa ao termo imagem que vai da sabedoria humana ao divertimento, da imobilidade ao movimento, da religião à distração, da ilustração à semelhança.

Essa nova sociedade que tem despontado ao logo do surgimento das inovações tecnológicas usufrui dos dispositivos que esses aparatos podem conceder. Atualmente vê-se a evolução da nanotecnologia, e das fusões em pequenos aparelhos. Utilizam-se em um único aparelho câmeras fotográficas de alta resolução, câmeras de vídeo, dentre outros dispositivos que auxiliam o indivíduo.

O trabalho com as imagens no ensino da Geografia pode se tornar mais atraente quando o próprio sujeito detentor dessas tecnologias móveis se torna o produtor, com base nas discussões e conceituações apresentadas, a produção de novas imagens aproxima das realidades que o sujeito conhece, a contextualização não se dá apenas dessa forma na sala de aula discutida pelo professor, mas tal contextualidade é sentida no ato produtor.

6.2 Imagens sobre o "lugar": A tecnologia móvel como forma de novas produções

Ensinar e ler criticamente imagens são alguns dos atributos que a Geografia e seus profissionais carregam desde a sua formação. As representações imagéticas presentes nos materiais didáticos mostram a extrema necessidade de trabalhar com as imagens para compreender melhor essa disciplina. Martins (2014, p. 430) deixa uma colaboração sobre essa questão nos dizendo que "a imagem é um recurso didático de extrema importância para o ensino, nomeadamente no ensino da Geografia, pois ela permite e é entendida como representação primordial para a compreensão do espaço geográfico".

Sabemos que a escola tem uma atribuição peculiar àquela que diz respeito ao processo de conhecimento e de apropriação da imagem, como também a própria difusão desse conhecimento e da sua produção, em se tratando da primeira atribuição a utilização das imagens como suporte de informação e toda a sua diversidade tem se apresentado cada vez de maneira mais intensa e frequente no cotidiano escolar, deveras inúmeros autores defendem a presença e a singular importância da linguagem visual nos currículos escolares, e nessa relação pedagogizante, o papel do educador frente ao conhecimento científico e a concepção dos elementos visuais são necessários (Pimentel, 2002).

As leituras de mundo para a Geografia iniciam-se desde que o processo escolar começa na vida de uma criança. No que concerne à leitura do espaço, esta demanda maiores condições, sendo aqui resumidas na necessidade da "alfabetização cartográfica", um processo que inicia logo que a criança reconhece lugares e identifica paisagens (Castellar, 2000).

No que tange aos elementos das imagens nesse contexto, Martins (2014, p. 431) assim se posiciona:

> Falamos das imagens como analogia do real como as imagens de satélite, a imagem mediática associada à televisão, ao cinema, à internet, aos telemóveis, IPADS, etc., falamos das imagens virtuais cada vez mais em expansão e complexificação.
>
> Mas quando nos reportamos ao campo pedagógico da Geografia falamos também de mapas, gráficos, fotografias, desenhos, *cartoons*, banda desenhada, caricaturas, pinturas. É comum denominá-las "imagens fixas". Por outro lado, quando nos reportamos ao cinema, ao vídeo, ao documentário, à televisão, à internet, aos CD-ROM e DVD-ROM, entramos no campo dos *media* e é comum classificá-los em "imagens em movimento".

A autora Martins (2014) apresenta os diversos tipos de imagens que são utilizados no campo da Geografia, evocando a diferença entre as "imagens fixas e imagens em movimento", que chama atenção, pois a presença nos materiais didáticos em sua grande maioria é de imagens do tipo fixas. Contudo, vale ressaltar que independentemente de fixa ou em movimento as imagens são um recurso auxiliar de substancial importância para a aprendizagem geográfica.

No aprofundamento para a promoção dessa educação e aprendizagem geográfica desencadeadora de destrezas espaciais, o visionamento de forma espacial dos fatos, a interação e a diferenciação da superfície terrestre, as imagens conduzem a Geografia a um papel formativo para a promoção do desenvolvimento para a cidadania (Martins, 2014).

Pimentel (2002) em sua dissertação, que trata das questões das imagens no ensino da Geografia, relata as atividades em que os professores descrevem a imagem como sendo um recurso muito utilizado, e que por sua vez pode beneficiar o trabalho pedagógico, além de contribuir para uma aprendizagem, o que pode permitir visualizar um fato ou algum fenômeno; apresentar um texto diferente de um escrito; e seguramente chamar atenção pela presença de cores e composição das formas.

Nessa esteira a vida e o mundo são percebidos como imagens, a terra, os rios, o mar, os objetos e mesmo as concepções mais abstracionais da vida encontram-se direta e associativamente ligadas à nossa mente (Nova, 2003).

Assim, a mente concede-nos a cocriação do universo que nos rodeia por meio das imagens, e na complementação de Aumont (2002), em que as imagens que se olha não estão distanciadas da realidade concreta, por sua vez, a visão na forma efetiva dessas imagens acontece em um contexto multiplamente determinado, abordando diversos contextos: social, institucional, técnico, ideológico, que fatorialmente esse conjunto de elementos regula a relação do espectador com a imagem.

É indubitável que para essa presença significativa do campo imagético, sua produção, bem como a sua significação semiótica, decorre dos interesses que atuam incluindo o processo de visualização. Penso que ocorra tal processo primeiro do produtor para o espectador, mesmo o produtor sendo primariamente um espectador, demonstrando que há uma intencionalidade que irá incidir sobre outros espectadores.

Refiro-me insidiosamente a esse entendimento em Aumont (2002), que leva em consideração quando trata da percepção visual daquelas que se configuram modos de relação entre homem e o mundo que o cerca, um dos mais conhecidos. E que desde a antiguidade existe um vasto *corpus* de observações empíricas, de experimentos, de teorias.

Ao então observar as figuras, imagens e fotografias contidas nos livros didáticos de Geografia temos o entendimento das necessidades e dos porquês de se fazerem presentes no *corpus* do material, que é instrumento de grande utilidade pedagógica para o professor e consequentemente para a aprendizagem do aluno.

Dessa forma nos acrescenta Callai (2005) sobre os aspectos da aprendizagem com imagens como forma de aprender a ler o mundo:

> Uma forma de fazer a leitura do mundo é por meio da leitura do espaço, o qual traz em si todas as marcas da vida dos homens. Desse modo, ler o mundo vai muito além da leitura cartográfica, cujas representações refletem as realidades territoriais, por vezes distorcidas por conta das projeções cartográficas adotadas. Fazer a leitura do mundo não é fazer uma leitura apenas do mapa, ou pelo

> mapa, embora ele seja muito importante. É fazer a leitura do mundo da vida, construído cotidianamente e que expressa tanto as nossas utopias, como os limites que nos são postos, sejam eles do âmbito da natureza, sejam do âmbito da sociedade (culturais, políticos, econômicos) (Callai, 2005, p. 228).

Essa leitura de mundo é dada inclusive por meio das imagens, pois, quando se tem a referência dos fatores que interferem e que as fazem surgir decorrentes dos seus diferentes contextos (Aumont, 2002). E que marcam a vida dos homens em âmbitos diversos (Callai, 2005). São essencialmente profícuas conforme os autores destacam para o professor e aluno.

Retornando a Callai (2005, p. 228) sobre essa leitura de mundo temos a seguinte afirmação:

> Consideramos que a leitura do mundo é fundamental para que todos nós, que vivemos em sociedade, possamos exercitar nossa cidadania. Queremos tratar aqui sobre qual a possibilidade de aprender a ler, aprendendo a ler o mundo; e escrever, aprendendo a escrever o mundo. Para tanto, buscamos refletir sobre o papel da Geografia na escola, em especial no ensino fundamental, no momento do processo de alfabetização.

Devemos atentar que é justamente mediante a construção de sentidos que conhecemos o mundo, dessa feita, o ser humano por meio dos seus sentidos recria as coisas, isto é, inicia-se um processo de ressignificação, elementos que antes considerados insignificantes retomam para um novo contexto, o de objetos carregados com significação cultural, o sentido de mundo para o sujeito humano é parte do seu próprio mundo (Ruiz, 2003).

Posso dizer que a tarefa de ensinar a ler o mundo do homem e que envolve o homem faz parte da construção de uma reflexão própria, que é baliza geográfica, quando se requer o levantamento da criticidade do sujeito que se envolve com a percepção das imagens.

Ao professor que sempre teve o hábito tradicionalmente pautado na transmissão dos conteúdos, com o processamento pedagógico condicionado a essa forma, pode ter seguramente com o trabalho visual um meio de explorar a criatividade dos seus alunos (Pimentel, 2002).

Na dissertação de Pimentel, sobre as imagens no ensino da Geografia, vemos que:

> As imagens são utilizadas, nas aulas de Geografia, principalmente como um recurso que ilustra o tema de estudo. Muitos materiais, principalmente os livros didáticos, têm reforçado essa postura, que, ultimamente, tem sido questionada por teóricos que defendem o uso da imagem como linguagem. Estes entendem que a imagem apresenta estrutura e configuração próprias, e, portanto, fornece informações e possibilita a construção do conhecimento mediante um trabalho de análise e interpretação (Pimentel, 2002, p. 03).

Atualmente, o uso da imagem no ensino da Geografia está associado na sua grande maioria aos livros didáticos. Contrariando o que se observava há pouco tempo, as imagens fotográficas parecem que perderam a função apenas ilustrativa, compondo com os textos informações importantes conectadas com o conteúdo (Filizola; Kozel, 2009).

Essa mudança no corpo do instrumento didático – o livro – contribui com o entendimento das discussões dos conteúdos nos materiais didáticos. As leituras das imagens sem movimento ajudam os alunos em observações mais profundas sobre as questões geográficas, facilitam ainda a compreensão, descrição e as interpretações contextuais das categorias geográficas.

É o que acrescenta Callai (2000) quando mostra que existem diferentes formas de explorar o estudo dessas categorias, há inclusive em seu artigo "Estudar o lugar para compreender o mundo" um método simples com base nas "Aventuras de Alice" e em seus textos. Contudo, os textos literários podem ser uma metodologia para estudar o lugar, embora as imagens possam assegurar maior percepção visual.

Em confluência com as colaborações de Callai (2000) tenho a certeza do que está sendo levantado quando ela diz que:

> O estudo do lugar pode se estender para muito além do texto. E pode-se utilizar outros recursos como a observação de uma paisagem ao vivo ou uma figura desta mesma paisagem, fotografia, vídeos, filmes, etc. Esse estudo pode situar-se no início do desenvolvimento de uma determinada unidade, assim como nos eu fechamento, mas pode também ser a unidade de estudo (Callai, 2000, p. 89).

Espera-se que tanto os alunos quanto os professores possam absorver por meio das imagens a aprendizagem necessária, perfazendo um caminho diferente de observações, de descrições e decodificações sobre as categorias que sustentam o estudo da Geografia. Ao analisar as imagens geográficas que estão representadas em diversos livros didáticos junto aos materiais utilizados pela Educação Básica, podemos observar que existe um número considerável de representações fotográficas de caráter um tanto duvidoso, de um viés estereotipado.

Sendo assim, podemos comentar algumas representações visuais que apresentam características semelhantes em uma abordagem de cunho cultural e espacial, onde se tem representações sempre dos mesmos elementos naturais, transformados e culturais de um espaço geográfico, e que por sua vez acabam excluindo outros elementos importantes, gerando uma concepção de espaço equivocada e indutiva sobre a questão que se refere à Geografia (Ribeiro, 2013).

Para responder a tais questionamentos alguns destaques em imagem de materiais didáticos utilizados por professores no Ensino Médio são convidativos para endossar esse levantamento.

As imagens a seguir retratam um pouco dessa produção que está presente nos livros didáticos do Ensino Médio que são ainda usados, as representações visuais que os livros atestam e trazem para oferecer aos alunos as suas interpretações e redefinições conceituais são essencialmente produzidas distantes das realidades de inúmeros alunos.

Figura 1 – Sacada de uma casa em Diamantina, Minas Gerais, 2000

Fonte: Terra, 2005

Temos, portanto, uma imagem representando, segundo a autora Terra (2005), o espaço ambientado, ou seja, o lugar, a caracterização da imagem, sua produção e o autor dela não são expostos, os porquês que se traduzem em significados da autoria para o espectador sobre a categoria geográfica também são escusos.

Uma imagem sem movimento, inserida no corpo de um livro, com texto, mas que dependendo do local que seja tratado tal assunto o aluno poderá encontrar dificuldades na analogia didática, caso não ocorra uma interferência de autonomia na produção das imagens que identifiquem o conteúdo.

A imagem produzida em outro livro didático está a seguir retratada e tem como autora Lúcia Almeida (2005), trata-se do material didático "Geografia: Geografia geral e Geografia do Brasil" muito utilizado nos Ensino Médio, um material didático único, em que também há forte presença de imagens sem movimento, as imagens apontam para os textos.

Figura 2 – Região da Avenida Nove de Julho, São Paulo, diferentes momentos

Fonte: Almeida, 2005

Na imagem supra temos a comparação entre dois tempos distintos, com abordagem sobre o lugar, contudo há um distanciamento dessas produções para os leitores que utilizam os livros. Não são eles os produtores de tais imagens. Entretanto, a presença dessas imagens é de grande significado, deixando apenas de existir textos extensos, para a visualização de cores, posições e informações que essas imagens possam gerar para quem as contempla.

Como sustenta Joly (2007, p. 48):

> Demonstrar de fato que a imagem é uma linguagem, uma linguagem específica e heterogênea, que, nessa qualidade, distingue-se do mundo real e que, por meio de signos particulares dele, propõem uma representação escolhida e necessariamente orientada, distinguir as principais ferramentas dessa linguagem e o que a sua ausência ou presença significam relativizar sua própria interpretação, ao mesmo tempo em que se compreendem seus fundamentos: todas garantias de liberdade intelectual que a análise pedagógica da imagem pode proporcionar.

Nessas observações temos que ver o cruzamento entre Geografia e educação, torna-se sobremodo importante num mundo em crise, crise expressa, entre outros modos, nas concretudes do espaço vivido por meio das quais as relações sociais se geografizam (Rego, 2000).

Compreender as relações que o sujeito tem com o lugar é uma tarefa que parte exclusivamente do sujeito, as suas experiências são capazes de desvelar as descrições, análises e formatações conceituais que se transformam em conhecimento geográfico escolar.

E justamente sobre essas abordagens presentes nos livros, são realizadas com o intuito de decodificar os elementos presentes nos espaços, por meio das imagens, bem como os processos que se encerram no sentido da sua produção que gera uma importância para o ensino da Geografia (Callai, 2000).

Como aborda Callai (2000) devemos estudar, descrever e compreender o lugar sendo razões primeiras de entender o que ocorre no espaço onde se vive e que por sua vez vai muito além de apenas condições naturais e humanas. É considerável verificar que muitas vezes as explicações estão fora, sendo até mesmo necessário buscar motivos tanto internos quanto externos para que se possa compreender o que ocorre em cada lugar.

O celular que é considerado uma tecnologia móvel não carrega consigo apenas a função de um indivíduo se comunicar com outro, seja por meio de uma ligação, da comunicação via internet, via redes sociais, ou mesmo por *SMS*. Moura (2010, p. 62) trata dessa questão: "enviar SMS e ouvir música são duas práticas na vida quotidiana de muitas crianças e jovens". Uma situação tão comum em nossos dias. Entretanto, o *homo zapiens* (Veen, 2009), que são as crianças e os jovens desta geração, não apenas utilizam seus aparelhos para um único fim de comunicar-se, vão além, conseguem se ressignificar, ressignificar sentidos, dar materialidade ao simbólico que aparentemente não teria o mesmo valor para outras gerações, difíceis de compreender e acompanhar essa geração.

A ressignificação que essa geração busca ultrapassa as barreiras do tempo e espaço, logo, o tempo cronológico é ubíquo, imediato, constante, fluido, e as barreiras espaciais antes existentes já não existem, se dissiparam, pontes virtuais foram criadas e favorecem a rede existente que alcança diferentes pontos.

A referência diz respeito aos meios como as imagens criadas, observadas, imaginadas pelos sujeitos, um desses meios são as fotografias que surgem dos aparelhos móveis, os celulares muito utilizados diariamente. Tudo é motivo para documentar.

Os momentos não podem ser mais esquecidos, mas são registrados, e vão mais além, chegam a qualquer lugar e a qualquer hora, com curtíssimo espaço de tempo. São os átomos se transformando em bits (Negroponte, 1995).

As imagens indexadas aos processos de busca pelo sujeito por meio da tecnologia móvel – o celular – representam significados individuais ou coletivos, mas são utilizadas com uma função de propiciar a passagem de uma informação, de um sentimento, de uma memória, o termo imagem é tão utilizado que parece muito difícil apresentar uma definição simples capaz de abarcar todas as maneiras de empregá-la (Joly, 2007).

A imagem por si só não é capaz de ser reproduzida com significados, conforme as observações de Joly (2007), percebe-se que a figura do "sujeito" no processo de produção imagética deve ter profunda a presença de sensíveis informações pessoais.

Neste estudo, a imagem tem uma grande relevância, pois a imagem pode proporcionar conhecimento, sobre as diferentes relações que temos com o espaço que estamos inseridos, descrevendo a compreensão de como evoluímos ao longo do tempo e espaço. Ler uma imagem é ter singularmente a capacidade de interpretar o espaço geográfico por meio dos nossos diferentes tipos de representações e signos visuais que nos acompanham ao longo da nossa história da humanidade (Ribeiro, 2013).

Segundo Martins (2014, p. 431):

> O uso dos recursos tecnológicos, tais como os aparelhos de reprodução de som e imagem, tem um papel principal que é o de reforçar a ação comunicativa e permitem aos professores trazerem para a sala de aula as vivências do quotidiano dos alunos. Ocupam, portanto, um lugar fundamental e são uma ferramenta que facilita o processo de ensino-aprendizagem.

Considero que a partir da exposição do uso de recursos tecnológicos dentro ou mesmo fora da sala de aula surge um caminho de grande relevância para se seguir tendo nessa observação a sua contribuição para o processo de ensino e aprendizagem, seja em Geografia ou em outras áreas.

Outro importante destaque é o que Aumont (2002, p. 77) fala sobre a concepção do que é produzido: "as imagens são feitas para serem vistas, por isso convém dar destaque ao órgão da visão". Dessa forma, o autor acaba tecendo um estudo denso trazendo à tona o olho que vê. E surge um questionamento: "Por que se olha uma imagem?".

Na tese de doutoramento da pesquisadora e professora Adelina Maria Carreiro Moura (2010), uma parte da sua pesquisa traz importantes compreensões para a abordagem que está sendo exposta, diz ela:

> Segundo dados avançados pelo Jornal Econômico e pelo Diário de Notícias Online58, no primeiro trimestre de 2010 notou-se um aumento de 21% das vendas de telemóveis, comparado com o mesmo período de 2009, sendo o segmento dos smartphones a apresentar maior dinamismo. Estes dados mostram como os telemóveis e as comunicações móveis continuam a crescer em Portugal, com os jovens cada vez mais incluídos na rede de utilizadores. As gerações mais novas vão se socializando e crescendo numa realidade que já faz parte das suas práticas quotidianas e o telemóvel tornou-se num acessório indispensável nas suas vidas (Moura, 2010, p. 70).

O que mais me chama atenção é que nas práticas do dia a dia das gerações mais novas, o telemóvel – celular – é um acessório indispensável nas vidas dessas pessoas e que por sua vez não nos leva a pensar que haverá um retrocesso no uso.

É sustentável que a difusão das tecnologias da informação e de comunicação no formato de multimeios é muito mais que representar apenas um conjunto de mudanças nas relações sociais e produtivas, essa por sua vez invadiu as vidas e rotinas das pessoas, tornando-se uma linguagem operacional que leva para a interação do "ser" com o mundo, com os fatos, com as informações e dados, instalando, assim, um novo padrão de integração social a partir do acesso e do uso de forma consciente e crítico do ferramental que encontra-se disponível (Soares, 2006).

O que proponho discutir desde o início é a real significação que surge com o que o sujeito classifica como definição, mesmo que de forma inconsciente, há um definir que é feito pelo sujeito encaminhado para o espectador que também produzirá suas subjetivas significações, e nesse caso a tecnologia móvel tem sido um aliado fundamental nessa produção contemporânea.

E ainda Barthes (1984, p. 129) diz que: "toda fotografia é um certificado de presença. Esse certificado é o gene novo que sua invenção introduziu na família das imagens". Nesse viés, onde o ato de fotografar confia ao sujeito sua relação com o mundo e certifica sua presença nesse mesmo ambiente, as imagens digitais têm contribuído com a maior propagação dessa representação.

No que concerne à leitura da paisagem, do conteúdo escrito da Geografia e das fotografias associadas às novas tecnologias de informação e comunicação, são capazes de despertar maior interesse do aluno sobre a aprendizagem, ajudando a estabelecer a "autonomia do pensar e do fazer." (Schäffer, 2000, p. 88).

O lugar então observado pelo aluno-sujeito de produções visuais, de suas imagens, cria em si autonomia para estabelecer inicialmente concepções sobre o seu mundo, seu espaço e o seu lugar, ao suspender as percepções sobre os conceitos estabelecidos em sala de aula, este poderá refletir e descrever por meio das imagens as suas relações, suas afinidades produzindo conhecimento.

A partir desse contato que o sujeito tem com seu lugar, as representações subjetivas sobre o fenômeno desencadeiam de maneira real a aproximação dos conceitos, não mais apenas contextualizados com a observação de figuras, ou fotografias produzidas por outros nos materiais didáticos, mas quando trazidas pelo aluno a aprendizagem mudará de perspectiva, pois ele será o produtor confiável das suas descrições imagéticas. O celular que agrega diversos dispositivos é um meio indispensável no uso didático para o ensino da Geografia.

A busca pela percepção que o aluno possui sobre o seu lugar com o auxílio da Tecnologia móvel, com possibilidades de fotografar registrando essas experiências, pode ser utilizada como meio didático para que o professor não apenas possa utilizar o material que já é produzido nas grandes redes editoriais, mas conduzir o aluno à pesquisa, à autorreflexão do seu lugar e das suas lugaridades. Tais lugaridades surgem do contato em que o próprio sujeito tem com novos espaços de vida (Holzer, 2013).

Como o nosso interesse é tentar confluir perspectivas que possam convergir para a compreensão das tessituras particulares, mas que se coletivizam na tecnologia móvel, as imagens e a condição de ver o lugar sobre o prisma pautado na Topofilia, contudo com o aporte necessário da Fenomenologia da Percepção, na gestão do ensino da Geografia, é que temos ensaiado por meio do levantamento teórico observar o material empírico a partir de uma ação de pesquisa ou de uma pesquisa em ação, que promova maiores discussões, sem se fechar nessa base introdutória.

Nesse caso a Fenomenologia aplicada com o importante método na Geografia tem servido como forma de compreender tanto o lugar como as lugaridades que se constroem na vida do sujeito, estas lugaridades compõem os espaços de vida, "noção que permite operacionalizar o habitar, potencializando a descrição da mobilidade ao longo da biografia da pessoa." (Marandola, 2006 p. 17).

A importância que os lugares possuem para os diferentes sujeitos sociais é que fortalecem a noção de lugaridade destacada por cada indivíduo. Apontar teoricamente a construção de sentimentos pelo lugar é fator preponderante para a Geografia.

Considerando o destaque citado por Cavalcanti (2010), quando diz que:

> Partindo dessa ferramenta intelectual, há, atualmente, uma diversidade de perspectiva da análise geográfica (que estão basicamente fundamentadas na perspectiva fenomenológica, dialética e sistêmica, ou em algum modo de inter-relação entre elas) que contribuem, cada uma a seu modo, para a compreensão da espacialidade contemporânea; a meu ver essas perspectivas de análise geográfica possuem algumas bases comuns, como por exemplo, o fato de colocarem-se como uma ciência social de relevância e

de investirem na busca de um marco teórico conceitual consistente e articulado (Cavalcanti, 2010, p. 19).

Na atualidade que estamos vivendo se faz necessário buscar novas formas de compreensão das categorias que sustentam o discurso geográfico, buscando apoio em teorias consistentes em que podemos articular com a Geografia escolar.

Essa medida em romper com padrões é característica do professor que não está acomodado, seguem-se linhas metodológicas que possam desenvolver um ensino com o protagonismo do aluno, o seu conhecimento prévio e as novas possibilidades de ensino.

Dessa forma, conhecer a Fenomenologia e Topofilia como apontamentos teóricos para se fazer uma Geografia Humanista é necessário. No capítulo posterior serão apresentados a construção teórica com as concepções de uma atitude fenomenológica, das impressões topofílicas e o entendimento sobre o amor ao lugar, que atualmente ganharam força no ensino da Geografia ao longo de vários anos.

Esses estudos têm sido bem recebidos na esfera da Geografia de forma mais intensa como referência para se estabelecer condições em que os aspectos qualitativos sejam considerados elementos de extrema importância.

SESSÃO II

LUGAR, TOPOFILIA E FENOMENOLOGIA:
encontros na Geografia Humanista

CAPÍTULO 7

LUGAR, TOPOFILIA E FENOMENOLOGIA: ENCONTROS NA GEOGRAFIA HUMANISTA

> *A geograficidade trata do conteúdo existencial do homem com o espaço terrestre e, na medida em que o homem se apropria desse espaço, ele se torna "mundo", a partir da fixação das distâncias e das direções, onde os marcos referenciais são o corpo e a matéria onde ele se apoia, um espaço primitivo que, uma vez apropriado pelo homem, se torna "lugar".*
> (Holzer, 2012, p. 291)

Ao buscar o entendimento de uma geograficidade, que ajude a descrever o sentido existencial do homem com o ambiente em que se encontra, considera-se então um encontro entre três composições que ao se unirem representadas pelas suas peculiaridades conseguem ser um "só". Complexo de entender essa chamada vocativa, mas consciente de que empreender é arriscar, coloco também na posição de alvo para que conduza *a priori* essa complexidade a fim de responder aos apontamentos que sugere esta pesquisa.

Não é de agora que estão tratando de Geografia, Topofilia, Fenomenologia e Lugar, entretanto esse caminhar nessa estrada que consiga levantar um diálogo, entre todas elas de uma vez, é a intenção do diferente, ao apontar que muitos tratam desses campos do saber, do método ou filosofia e da categoria geográfica, mas na maioria produzem sentidos separados uns dos outros.

A intenção dessas primeiras linhas que antecedem a proposta teórico-conceitual, com vistas a não adentrar totalmente nas ontologias, mas transitar por entre, leva-me a crer que sempre há possibilidade de um novo discurso, fundamentado em estudos fidedignos de se completarem.

A sinopse deste capítulo do nosso livro tem como objetivo caminhar por entre as afirmações da Geografia Humanista, como um modelo a contribuir para o estudo do lugar, das relações dos sujeitos com base em uma perspectiva topofílica que sugere dentro da fenomenologia da percepção uma abordagem mais subjetiva sobre o mundo vivido em que os sujeitos se encontram.

Para a Educação Básica bastaria, então, apenas estar apoiado nos manuais e compêndios cedidos pelas estruturas representacionais do sistema educativo ou nos materiais didáticos que são usadas pelos alunos em sala de aula, como dispositivos de transformação, sob o enfoque tradicional de utilizar-se dos conceitos já existentes.

Devido às colocações de diversos autores sobre o desejo de perceber como se pode conduzir essa aproximação, a fim de que se faça uma Geografia mais próxima do sujeito, que esteja intencionalmente voltada para fortalecer a concepção de que é necessário romper com os pressupostos paradigmáticos que ficaram para trás, em um determinismo que afastava o homem do seu ambiente produzido, é que exponho concepções que discutem sobre as reais possibilidades de que isso possa ocorrer.

A contribuição de Holzer (2012) nessa perspectiva do trabalho revela: "a introdução da fenomenologia na Geografia, pelo coletivo humanista norte-americano, foi responsável pela valorização do conceito/essência de 'lugar' até então marginal nas discussões da disciplina." (Holzer, 2012, p. 293).

Assim, conhecer o lugar na Geografia, seu conceito e sua essência para que o professor da Educação Básica possa conduzir um novo formato nas suas discussões escolares, bem como na produção do conhecimento do aluno, poderá envolver os aspectos de atitudes fenomenológicas auxiliadas pela tecnologia como suporte, logo, nosso trabalho está diretamente envolvido com esse aspecto.

O capítulo se apresenta da seguinte forma: em 7.1 "O LUGAR" NA GEOGRAFIA: descomplicando a categoria, verifico os conceitos do termo na Geografia e sua importância, no 7.2 A TOPOFILIA DE YI-FU TUAN *VERSUS* A RELAÇÃO COM O LUGAR: reflexões necessárias, levanto a teoria de Tuan relacionando com o fenômeno desse estudo o lugar e as relações humanas, e por fim no 7.3 FENOMENOLOGIA DA PERCEPÇÃO: sua presença na Geografia, apresenta-se uma nova atitude para se estudar os conceitos com a Filosofia.

7.1 "O lugar" na geografia: descomplicando a categoria

Considerado a abertura do título que destaca "o lugar" como objeto deste estudo epistêmico, as muitas reentrâncias do vocábulo conceitual que tratam sobre o termo são condutores para que sejam, por conseguinte, apontados sentidos e diferenças plurais da palavra.

A verificação do termo ou do conceito de lugar na ciência geográfica é considerada uma representação polissêmica que requer uma observação mais aprofundada, a fim de gerar uma compreensão conceitual que se aproxime do elemento científico e não apenas de uma observação empírica da essência do termo.

Na observação de Oliveira (2012, p. 04) sobre a etimologia do termo:

> [...] começamos com uma consulta ao dicionário. [...] o verbete "lugar" é um substantivo masculino oriundo do antigo latim *lôgar, lócus* e local como adjetivo. Para nosso espanto, nos deparamos com nada mais nada menos que dezoito vocábulos para designar lugar.

Sobre a definição do termo, Oliveira (2012) diz ainda que:

> [...] lugar se mescla, se confunde com espaço ocupado (aqui empregamos esse termo), com sítio. Em outras vezes significa povoação, localidade, região e até país. Em ocasiões diversas quer dizer posição, categoria, situação, origem, sendo empregado também como oportunidade, ensejo e vez.

Dessa forma, se o termo "lugar" é possuidor de múltiplas apresentações, não que levem a uma confusão, mas a diferentes interpretações, que conduzem a diversos debates, entretanto, convém salientar a possiblidade de o ensino da Geografia no espaço escolar celebrar as tantas formas que esse termo se apresenta para que o aluno possa então considerá-lo referencial da base dos conceitos que são apreendidos na escola.

Conforme novos estudos vão surgindo, as visões do que antes era percebido como verdades únicas começam a ser questionadas. Na observação de La Blache (1982), a Geografia teria essencialmente, e por excelência, como seu campo de estudo a superfície terrestre, sendo o conjunto de fenômenos que ao entrarem em contato com as massas sólidas, líquidas e gasosas formam o planeta. Deveras, uma visão um tanto quanto em desuso para o formato que a nova Geografia propõe estudar. Não apenas os traços físicos de uma Geografia opaca, mas a observação de fenômenos em que o sujeito social encontra-se inserido.

É importante observar que como toda ciência, a Geografia possui no seu cerne de estudo alguns conceitos básicos considerados conceitos-chave, que por sua vez são capazes de sintetizar a sua objetivação, ou seja, o prisma específico de como a sociedade é analisada, esse ângulo confere à Geografia sua identidade e a autonomia frente às ciências sociais. Sendo então a Geografia uma ciência de caráter social, essa tem como objeto de estudo a sociedade, que, de forma direta, segue por vias de cinco conceitos-chave, em que todos estão muitos próximos, pois se referem à ação humana: paisagem, região, espaço, lugar e território (Corrêa, 2008).

Os debates que decorrem do estudo dessas categorias, ou conceitos-chave da Geografia, firmam-se nas acepções em que cada corrente do pensamento geográfico tenta mostrar a sua conceituação, indexando ao contexto das discussões tanto geógrafos quanto não geógrafos.

Conforme salienta Corrêa (2008, p. 16):

> Lugar e região, por exemplo, têm sido diferentemente conceitualizados segundo as diversas correntes da Geografia. [...], o embate conceitual não é exclusivo à Geografia: vejam-se, por exemplo, os conceitos de valor entre os economistas, classe social entre os sociólogos e cultura entre os antropólogos.

Percebe-se que esses conceitos não se distanciam de outras áreas do conhecimento, levantando discussões, pois ao envolver a sociedade diferentes manifestações conceituais são apresentadas, contudo com focos diferentes nas suas análises. No contexto da Geografia as várias correntes identificaram fundamentos que servem como aferições das mudanças que envolvem ao longo das décadas essa ciência.

É importante ressaltar Santos (1978), no sentido de discutir as categorias geográficas, pois, ao perceber que as mudanças vão incorrendo sobre o território, bem como a sua organização que o modifica, acabam por modificar a forma de tratar alguns conceitos que foram herdados do passado obrigando a renovação das categorias de análises do espaço geográfico, é a dinâmica da Geografia.

Não se pode então apenas se prender as concepções do passado em termos de analisar as categorias do estudo geográfico, é óbvio que os grilhões da ciência que aprisionam muitos no passado devem ser rompidos pelas novas abordagens dos diferentes conceitos-chave, que fundamentam a Geografia, se a sociedade é fluida, bem como as suas ações, então indubitavelmente as alterações dos termos são viáveis, o que vai levar a polissêmicas interpretações.

As categorias confluem para mostrar a realidade do espaço organizado pelo sujeito humano, e que por sua vez desempenha um papel na sociedade de extrema importância, condicionando-a e compartilhando do que pode ser considerado um complexo do processo de existência e da reprodução social (Corrêa, 2008).

Importante ressaltar que durante muito tempo a Geografia tinha sua abordagem voltada para a descrição da paisagem, uma forma descritiva da relação homem/natureza, com enfoque nas comparações dos lugares e das suas diferenciações ou aproximações, com o tempo os estudiosos do assunto elevam a ciência para outro nível, destacando a necessidade não apenas de descrever, mas de conduzir a uma compreensão na dicotômica abordagem do homem/sociedade devido às transformações que ocorrem.

Considera-se que um padrão foi intensamente estudado para identificar a relação homem/meio como sendo um eixo epistemológico da Geografia, tal padrão é estabelecido conforme a relação entre paisagem, território e espaço – sempre observado no contexto como primazia. Para a análise espacial o fenômeno deveria passar pela descrição inicial da paisagem, sendo após analisada em termos de território e, por fim, a compreensão do mundo como espaço (Moreira, 2013).

Moreira (2013, p. 117), ao expor que "espaço, território e paisagem formam, assim, o rol das categorias de base de toda a construção e leitura geográfica das sociedades", não destaca de forma conclusiva outras observações categorias. Deve-se considerar que não são apenas essas categorias que o autor destaca como parte do rol do estudo geográfico, mas "o lugar" também tem exclusiva participação no processo de produção espacial, esquecer sua importância é ainda viver de forma estanque com uma compreensão parcial do objeto de estudo da Geografia.

Por mais que alguns estudiosos tomem como aporte principal apenas três categorias, como é apontado por Moreira (2013): paisagem, território e espaço, é importante considerar que muitos outros se importam em apresentar "o lugar" como elemento-chave dessa rede que nos levam a compreensões mais intersubjetivas, por sua vez, na concepção de se entender "a noção de espaço [...] intimamente ligada à de tempo, [...] como de movimento e, consequentemente, ao conceito de processo" (Christofoletti, 1982, p. 84). Assim faz entender melhor a concepção espacial. "O lugar" faz parte do processo espacial, não como subcategoria, mas como uma categoria importante a ser contemplada no estudo geográfico em qualquer instância. Não se pode renegar o direito de conhecer as geograficidades que os lugares criam, os espaços vividos e as relações sociais que são instrumentos de produção do ambiente físico ou simbólico do sujeito.

Holzer (2013, p. 20) esclarece que:

> Se o espaço geográfico nasce de uma relação existencial do homem com a Terra, afirmo, com base em aporte fenomenológico, que ele tem como essência a "geograficidade", que expressa a razão do homem no planeta Terra, ou seja, delimita e determina a sua possibilidade de existir como ser no mundo.

Como considerou Dardel (2015) ao analisar essa ampla relação homem/mundo, homem/espaço, homem/lugar, em um entendimento razoável nesse contexto, tal geograficidade acaba revelando ao homem a sua condição humana e seu destino, em um resultado surpreendente da sua relação existencial.

Lugar como conceito geográfico tomou diferentes interpretações, como de existência, de coexistência, de copresença, da solidariedade, do acontecer solidário, da dimensão que envolve o espaço cotidiano, com características que apontam o singular ao subjetivo. Em consonância sua característica ainda gera uma sensatez, em que se apropria ao nosso sentido, sendo um espaço que nos convém, sensível a nós (Souza, 1997).

Vale considerar nesse aspecto o que Holzer (2012) destaca do afastamento do sentido apenas locacional do Lugar quando este considera que o conceito da nova proposta de Geografia é aproximar-se do conceito de mundo, como é observado pelos fenomenólogos.

Considero também que os livros didáticos trazem muitos dos conceitos sobre o lugar e são apresentados aos alunos, vinculados a imagens que mostram lugares não sentidos por esses sujeitos, suas produções são simbolicamente expressões categóricas de locais que supostamente todos conhecem visualmente, mas que nunca sentiram cenestesicamente.

Portanto, na observação de três materiais didáticos que são distribuídos pelo MEC tem-se como conceito do lugar:

1. [...], entendemos o espaço no qual as relações cotidianas entre pessoas, governos e empresas de fato acontecem. Trata-se do espaço próximo aos indivíduos, com o qual eles efetivamente mantêm relações de familiaridade e pertencimento. Nossos vínculos sociais, familiares e profissionais se processam nos lugares (Silva, 2013, p. 16).

2. A categoria de lugar, em geral, é associada à dimensão da existência, ao mundo vivido. O lugar pode ter associado às percepções emotivas ("gosto deste lugar, não daquele"), e também às nossas necessidades práticas, sentimos necessidade de nos localizar, nos posicionar, nos identificar, nos mover, de interagir com objetos e pessoas (Martini, 2013, p. 14).

3. É a porção ou parte do espaço onde vivemos, é onde se desenvolve a existência real. É nele que ocorre o nosso cotidiano, que vivenciamos nossas experiências. Todos criamos uma identidade com o lugar, em que vivemos; isso significa que ele é algo para nós, que a nossa memória guarda sobre ele e determinadas percepções e vivências com os quais nos identificamos (Terra, 2005, p. 16).

Entretanto, mesmo os materiais de apoio didático não apontando imagens fixas – apresento em outro capítulo deste livro –, que retratem realidades dos alunos, muitos já abordam como conceito não apenas o fato locacional, mas com ênfase para as relações que surgem da produção do espaço, da materialidade, da eclosão do entendimento de uma "geograficidade".

Essa condução produz um aluno mais partícipe do processo de aprendizagem da sua Geografia, mesmo havendo ainda nesse contexto a necessidade da sua atuação para especificar o "lugar" de acordo com o seu ponto de vista e até mesmo revelar as simbologias que são por si parte do seu universo. Em dado momento, as *terrae incognitae* que se encontram tanto no interior da alma quanto do coração dos homens são desveladas pelas novas conceituações sobre o lugar (Wright, 1947).

Assim, em seu discurso original Wright (1947) considera que:

The meaning of terra incognita depends no less on the kind of knowledge that we are considering. There are two grades of geographical knowledge: knowledge of observed facts and knowledge derived by reasonable inference from observed facts, with which we fill in the gaps between the latter (Wright, 1947, p. 03, tradução nossa)[24].

---

[24] **Tradução do texto original:** "O significado da terra incógnita não depende do tipo de conhecimento que estamos considerando. Existem dois tipos de conhecimento geográfico: conhecimento de fatos observados e conhecimento derivado por inferência razoável dos fatos observados, com os quais preenchemos as lacunas entre estes últimos".

Conforme essas terras consideradas incógnitas vão sendo conhecidas pela observação dos sujeitos, bem como sobre as suas percepções do ambiente que está inserido, marcante por si e para si e para outros, que mantêm somas intersubjetivas em relações a outros indivíduos, as terras antes vistas como incógnitas, invariáveis, aos poucos dependendo do grau de intencionalidade da demonstração vão se tornando aspectos de compreensão dos lugares. Os alunos quando motivados pelo professor podem de maneira refratável levar a clareza conceitual da categoria geográfica, a partir de uma conceituação particular que substancialmente o levará ao entendimento analítico dessa categoria geográfica.

Bachelard (2013, p. 197) comenta que:

> Depois de seguir os devaneios de habitar [...] lugares inabitáveis, voltamos a imagens que, assim como nos ninhos e nos sonhos, exigem que nos façamos pequenos para vivê-las. De fato, em nossas próprias casas não encontramos redutos e cantos onde gostaríamos de nos encolher? Encolher pertence à fenomenologia do verbo habitar. Só mora com intensidade aquele que já soube encolher-se. Temos em nós, a esse respeito, um estoque de imagens e de lembranças que não confiamos facilmente.

A representação e a importância que "o lugar" tem exercido atualmente, como ideia geográfica, acabam por transcender a própria ciência geográfica, dando permissão para diálogos nos mais diferentes e importantes campos, sugerindo inclusive conexões com demais teorias sociais, a filosofia, a arquitetura, cinema, arte, dentre outras (Marandola Jr., 2012).

Devido a essa representatividade que "o lugar" vai ganhando com vistas a outros vieses de cunho variado epistemologicamente, conduz a expectativas antes não contempladas com o olhar mais holístico e subjetivo dessa categoria, acrescentado de elucubrações que fornecem ao que estuda "o lugar", posição científica, de forma a estar pautado na experiência vivida e nas concepções geradas pelo ser-no-mundo.

Conforme é apontado por Marandola Jr. (2012), os estudos que estão pautados no "lugar" são de origem recente, essa ênfase dada a essa categoria coincide com o ganho em dois importantes processos no decorrer da história geográfica: um sendo aquele em que as abordagens de caráter humanista orientadas pelas diversas fontes filosóficas dão atenção ao espírito, a heterogeneidade e a diferença, e outra calcada na movimentação da mundialização que acabou engendrando uma perceptível oposição entre o global e o local e entre mundo e lugar, sendo nessa ordem o primeiro subjugando o segundo.

Na abordagem de Oliveira (2012), "lugar" não é apenas uma forma, ou mesmo um elemento material, falando de modo filosófico, ou mesmo um intervalo, um vazio espacial que pode ser preenchido de forma sucessiva por diversos corpos físicos, também materiais, ou por si apenas. Essa contribuição tem base aristotélica, por isso se fala em exposição filosófica aqui, em que, por sua vez, essa base, segundo a autora, fez da percepção aristotélica uma moderna teoria da relatividade no aspecto do lugar, que considera como algo imóvel, no sentido figurado. Tem-se então como concepção atual aquela que se conecta ao tempo e no espaço, isto é, "lugar é tempo lugarizado, pois entre espaço e tempo se dá o *lugar*, o movimento, a matéria." (Oliveira, 2012, p. 05).

É perceptível que nessa exposição do "lugar" a contribuição da filosofia contabiliza grande participação no trato da definição e do conceito da palavra. A Geografia vai considerando o que outras ciências levantam sobre o assunto, assim, é notória a presença fenomenológica e de outras filosofias no seu aproximar geográfico.

Apesar de parecer um assunto recente, essa consideração se dá pela forma comparada entre a evidência do objeto de estudo da Geografia e a abordagem essencial da questão do "lugar". Um dos estudiosos sobre "o lugar" de referência no aporte teórico foi Edward Relph (1976), que comenta: "há quarenta anos comecei meus estudos sobre 'lugar', muito pouco havia publicado sobre o tema em qualquer disciplina, tanto como conceito quanto como fenômeno de experiência vivida" (p. 17).

Não existe uma singularidade de interpretações sobre "o lugar", por isso diversas perspectivas, como comportamental, humanistas e fenomenológicas, como já indiciadas anteriormente por filósofos, artistas, poetas, por meio de seus trabalhos, são consideradas aportes compreensivos sobre a formulação do lugar (Relph, 1976).

Assim é compreensível, além de importantes as considerações a respeito dessa dinâmica, com base em Entrikin e Berdoulay (2012, p. 110), que citam:

> Consubstancial ao sujeito, que ele contribui para moldar e que o transforma, o lugar assim compreendido, permite que se lance um olhar novo sobre as recomposições terri-

toriais contemporâneas. O sujeito enfatiza, nas instâncias próprias dessas últimas, os componentes subjetivos. Em outros termos, por intermédio do lugar e de sua redefinição, o sujeito moderno trabalha em sua própria construção e em seu engajamento no mundo que o envolve.

A subjetividade é o componente mais importante para se atestar a importância do lugar para os sujeitos que não apenas produzem um espaço, mas se consideram parte orgânica dele, o mundo em que o sujeito está envolvido é repleto por marcas que são próprias e que se multiplicam a partir das fusões intersubjetivas, transcendendo inclusive a forma do entendimento apenas geométrico desse "lugar".

A percepção é muito mais ampla sobre "o lugar", que é "lugar" de encontros e também de desencontros, responsáveis pela formação da identidade do sujeito, a igreja onde as pessoas que se reúnem manifestam no corpo a sua coletividade, fortalecida a partir de outros lugares onde vão se relacionando sem a necessidade de se explicar. Não apenas a igreja, mas um viaduto, uma praça, uma sala, diferentes lugares e ambientes que se coadunam nessa formação identitárias do sujeito (Marandola Jr., 2012).

Segundo Callai (2000, p. 84):

> O espaço construído resulta da história das pessoas, dos grupos que nele vivem, das formas como trabalham, como produzem, como se alimentam e como fazem/usufruem do lazer. Isso resgata a questão da identidade e a dimensão de pertencimento. É fundamental, neste processo, que se busque reconhecer os vínculos afetivos que ligam as pessoas aos lugares, às paisagens e tornam significado o seu estudo.

Essa forma de ver o mundo, em que a Geografia vai mudando à sua maneira de tratar o conceito de "lugar", em que o campo da Geografia Humanista e o suporte filosófico da Fenomenologia conduzem para o entendimento do lugar, e as relações entre os sujeitos com ele. Conforme vai se estreitando a análise sobre o "lugar", de maneira mais relacional, apresento diversas contribuições dos estudos realizados sobre os aspectos dessa subjetividade, das experiências vividas, considerados fenômenos para abordagens teórico-metodológicas que não se distanciam do fazer científico.

Marandola Jr. (2012, p. 229) comenta que:

> Esse é o sentido geral atribuído pelos geógrafos humanistas que se dedicaram a pensar o lugar como envolvimento do homem com a terra. Tuan, a partir de Bachelard, utilizou

o termo topofilia para expressar esse envolvimento, ao passo que Dardel resgatou o sentido visceral da relação homem-Terra, pensando o lugar como geograficidade. Ambos buscavam um sentido mais profundo para a relação homem-meio e encontraram no seu cerne o lugar enquanto essência da experiência e da existência, respectivamente.

Dessa forma, percebo que a Geografia humanista teve ao longo da sua estruturação diversos estudiosos que trataram de analisar e compreender as relações entre o sujeito e seu envolvimento com o seu mundo, dando ênfase para "o lugar".

A valorização da experiência do indivíduo ou de um grupo de indivíduos é tomada como essencial para a Geografia Humanista, além de buscar visualizar a compreensão do comportamento e as maneiras de sentir das pessoas em relação aos seus lugares (Christofoletti, 1982). Esse foco permite aproximar mais aos significados que são dados aos lugares, de forma simbólica, emocional, cultural, política e biológica (Buttimer, 1982).

Tuan (1982) ao tratar dessa questão da Geografia Humanista retrata que essa tem a capacidade de refletir sobre os fenômenos geográficos com a melhoria de um propósito que alcança melhor entendimento do homem e de sua condição. Para o autor, a Geografia Humanista não é uma ciência da terra em seu objetivo final, mas tem um entrosamento com as áreas de humanidades e das Ciências Sociais no sentido em que todas se abastecem da visão precisa do mundo humano.

Em conclusão, nesse entrelaçar das visões sobre "o lugar" como referência de estudo geográfico, que vai desde a Educação Básica até a educação superior nas licenciaturas ou bacharelados e pós-graduações, confluindo e sustentados nos diálogos dos autores supramencionados, convencidos que a experiência vivida, os simbolismos, a subjetividade dos indivíduos e sujeitos suscitam diferentes "lugares", que despertam inclusive para sentimento de pertencimento ou de repulsas, pois as emoções são consideradas na produção e entendimento dos "lugares". Por sua vez, as concepções de Topofilia com base em Tuan (2012), nos estudos do mundo vivido (Buttimer, 1982), do sentido de "lugar", observados por Oliveira (2012), da experiência e imaginação em Lowenthal (1982), da fenomenologia na Geografia estudada por Relph (1976) e Holzer (2012), são base da construção de uma tessitura essencial para aportar em uma Geografia escolar com capacidade de mostrar sua vestimenta científica teórico-metodológica.

Uma das formas atuais de observar e registrar o lugar está na Tecnologia. Atualmente podemos estar em todos os lugares e criar as lugaridades a partir não de um contato físico, mas por meio de um conhecimento visual que está em rede, divulgada de forma global. A tecnologia móvel oferece mediante sua mobilidade esse conhecimento devido à forma de documentar tudo que o sujeito considera importante do lugar, suas relações com diferentes espaços que produzem o seu espaço de vida.

7.2 A topofilia de Yi-fu Tuan versus a relação com o lugar: reflexões necessárias

Dos mais impressionantes estudos de cunho geográfico do século XX que versam sobre as relações que os sujeitos têm com o ambiente encontramos no teórico Yi-Fu Tuan, pode-se até mesmo acrescentar que uma nova escola de intenção geográfica foi sendo introduzida, a fim de contribuir com as visões dos diferentes discursos sobre os temas que envolvessem uma Geografia mais Humana, ademais, durante um longo período os tratados da ciência geográfica, estiveram concentrados em ordens naturais, verificando de forma singular o planeta, a superfície terrestre, sem atentar para os fenômenos que envolvessem um dos seus principais agentes de transformação: o ser humano.

Na Geografia considerada como ciência social, é evidente que o humano é apresentado como sujeito intimamente ligado ao seu estudo, pois como venho postulando desde o início deste trabalho, ao apresentar "o lugar", como objeto desta investigação, que por sua vez se encontra no espaço geográfico, escolhido pela Geografia para analisar, compreender e interpretar por meio de seus métodos, e que por diversas vezes a sua total compreensão não fora alcançada, devido à ocorrência do distanciamento do sujeito humano nos primórdios da estruturação da Geografia.

As precauções a serem tomadas restringindo a sentir com o homem – a corporificação do homem, o ser-no-mundo, a fenomenologia das imagens, e os sentidos de pertencimento – foram cruciais para apontar novos caminhos para a Geografia.

O autor do livro sobre Topofilia Yi-Fu Tuan tem sua contribuição direta na Geografia capaz de abordar todos os pontos, de forma a entender os fenômenos, é um estudo de cunho humanista que se traduz como uma desestruturação de métodos fechados para se entender a Geografia. Para se aproximar mais do conhecimento geográfico a Geografia Humanista, serve-se como instrumento para alcançar a tarefa do conhecimento à articulação dentro das perspectivas científicas de focalizar as atividades humanas (Tuan, 1982).

Existe no bojo das concepções sobre o estudo do "lugar" e das relações existenciais do indivíduo com o "lugar", bem como na produção dele, uma real necessidade de abordar os estudos de Tuan, haja vista que seguramente sua produção reflete a intenção de uma Geografia mais aberta, de cunho mais humanista e cultural.

Tratar das questões de cunho humanista na Geografia inicialmente é apontar que a ciência não deve apenas se fechar em um cientificismo cartesiano, criticado por muitos ao longo do tempo, desde Relph (1976) a estudiosos brasileiros como Holzer (1993, 1998, 1999), logo, questões como a valorização da intersubjetividade humana, as memórias, da intencionalidade e de outras nuances, vistas antes pelos métodos geográficos e pela ciência tradicional como passível de validação ou não, atualmente, tornaram-se uma forma de desenvolver expressões do real, e assim acrescentar na Geografia descrições existenciais e fenomenológicas.

Dessa forma, como acrescenta Holzer (1993, 1998, 1999), essas inquietações acabaram por originar a Geografia humanista, considerada por ele um campo autônomo desde os anos de 1976. Ainda, conforme acepção do autor, a partir dos anos de 1970 é que os nomes de geógrafos como Tuan e de Buttimer vão em busca de assegurar uma identidade própria da Geografia humanista, são eles os pioneiros na utilização dos conceitos de "lugar" e "mundo vivido", associados ao aporte teórico da fenomenologia existencialista, permitindo mais tarde a identificação como trabalhos de estudos humanistas (Holzer, 2003).

Holzer (2003) faz uma descrição meticulosa sobre o trabalho fantástico voltado para o universo da ciência geográfica, considerando que ainda nos anos de 1970 a investigação conceitual de caráter humanista foi contribuição relevante para a identidade da Geografia humanista, pois desde o final dos anos de 1960 e início dos anos de 1970, os trabalhos de Tuan estiveram voltados a dois principais campos; as análises das atitudes do homem em relação ao ambiente que acabará levando à sua famosa publicação intitulada *Topofilia* nos anos de 1974, e outras frentes de estudo, caracterizada como investigação dos conceitos espaciais adequados para um estudo mais subjetivo e antropocêntrico do que apenas "paisagem", com a adequação do aporte fenomenológico existencialista e estruturalista.

A obra de Tuan (2012) é considerada por estudiosos como Marandola Jr. (2012, p. 09) como: "[...] esperança e um sentido global para pensar o ambiente na forma como é percebido e vivido pelas pessoas, respeitando-se suas tradições e valores culturais".

Marandola Jr. (2012) acrescenta que:

> O livro de Tuan é surpreendentemente coeso [...]. Seu impacto pode ser avaliado pela longevidade de suas ideias (ainda hoje é impossível descrever um texto sobre lugar sem se referir as ideias pioneiras de Topofilia) e o poder emancipador de tais palavras. A partir de Topofilia, uma nova vertente da Geografia então em constituição, a Geografia Humanista, passou a ter um livro de referência, que ajudou a consolidar e a difundir uma Geografia que se voltava para o ser humano, em sua condição própria, e buscava compreender as experiências geográficas em relação à sua dimensão existencial, psicológica, cultural e geográfica ao mesmo tempo (Marandola Jr., 2012, p. 09).

Confluindo a visão de Marandola Jr. (2012), com a abordagem que o livro de Tuan (2012) traz como contribuição para a Geografia, marca o ápice das investigações sobre as atitudes humanas em relação ao ambiente, pode-se inclusive considerar a obra como um "catálogo" que examina diversas formas de investigação, para o autor de Topofilia, um alerta das disparidades entre objetivos, métodos, pressupostos filosóficos, poderiam ser envolvidos sobre uma única perspectiva de estudo, o modo como os seres humanos respondem ao ambiente em que se encontram. Um destaque é que nenhum conceito reconhece essas disparidades, a ponto de unificá-las, assim, a estruturação em torno da Topofilia teria a capacidade de abranger conceitos como "percepção", "atitude" e "visão de mundo" (Holzer, 2003).

Embora a obra não destaque uma orientação metodológica a ser seguida de forma explícita, e nem mesmo tenha a intenção de criar uma Geografia topofílica, tem no seu *corpus* exemplos calcados na bibliografia psicológica, etnográfica, dos mitos e de literaturas como a inglesa e a chinesa, em que essas estão voltadas para o lumiar dos sentidos espaciais básicos da relação homem e meio, em formatos diferentes e contextos diferentes (Marandola Jr., 2012).

A obra de Tuan (2012) revela-se a partir de sugestivas indagações como forma de se aproximar da compreensão de nós mesmos, e sem essa autocompreensão nossa preocupação em solucionar até mesmo os problemas de ordem ambiental é considerada nula, logo, esses são problemas caracterizados pelo indivíduo humano. Dentro dessas indagações que fazem abertura na Topofilia, uma chama bastante atenção, podendo ser apresentada como necessidade de entender o estudo do autor, Tuan (2012, p. 15), ao questionar: "quais são nossas visões do meio ambiente físico, natural e humanizado?", nos aponta o quanto ainda o ser humano não possui total conhecimento dessas estruturas, sobretudo, que temos dificuldades em intercalá-las.

Tuan (2012, p. 15) mostra que: "o cientista e o teórico, por seu lado, tendem a descuidar da diversidade e a subjetividade humana que a tarefa de estabelecer ligações no mundo não humano já é enormemente complexa".

O subjetivismo então mais uma vez é colocado como um dos pontos nevrálgicos para um estudo de interesse geográfico que esteja voltado para aproximar o homem do próprio homem, da sua consciência, da sua percepção.

Na abordagem de Tuan (2012) em Topofilia o autor considera os seguintes pontos para verificar a relação do sujeito com lugar: (1) exame da percepção e dos valores sobre o meio ambiente que o homem possui, em escalas diferentes, as espécies, o coletivo e o individual, (2) a manutenção da distinção entre Topofilia e meio ambiente e cultura e meio ambiente para que se possa compreender como se completam e contribuem na formação de valores, (3) a introdução do conceito de mudança, tendo um deslocar das visões medievais da Europa sobre o mundo para um modelo cientifico, e qual o significado para as atitudes ambientais, (4) de forma dialética examinar a concepção de meio ambiente na cidade, no subúrbio, no campo e no universo selvagem, (5) descrever as características de experiências ambientais distintas.

Para Holzer (2003):

> *Topophilia* explora sistematicamente estes cinco campos: estuda os sentidos e os traços comuns da percepção; aborda os mundos individuais a partir das diferenças e preferências de cada um; investiga as percepções comuns a partir da cultura e das atitudes ambientais; estuda a cidade como síntese desses campos, pois o espaço humanizado seria a materialização das atitudes atuais e passadas para com o ambiente (Holzer, 2003, p. 117).

Constituindo dessa forma um material de estudo para todos os interessados em compreender o relacionamento existencial do homem com o ambiente em que vive suas emoções que são elementos abstratos, como a simbologia que pode identificar aspectos das suas geograficidades. Assim, os geógrafos considerados cientistas sociais devem buscar essa correlação desafiando a ciência hermética de princípios lineares, pois o subjetivismo, a memória e a simbologia podem desvelar sentimentos das suas experiências.

Em Topofilia, Tuan (2012) considera como conceitos-chave do seu trabalho, bem como os seus significados, a percepção, atitude, valor e a visão do mundo, que por sua vez o sentido de cada termo tem seu entendimento com o seu contexto. Assim, Topofilia: "é o elo afetivo entre a pessoa e o lugar ou ambiente físico. Difuso como conceito, vivido e concreto como experiência pessoal" (Tuan, 2012, p. 19).

Portanto, é nesse sentido que este livro apresenta a Topofilia como forma de discutir o conhecimento sobre a percepção e relação do sujeito com o "lugar", entrelaçando os conceitos-chave que Tuan (2012) aponta, não para se chegar a consensos ou dissensos, mas descrever com base na Topofilia que o sujeito humano, suas experienciações e experimentações com o seu ambiente constituem elementos de uma vertente de estudo em Geografia, a ser incluída na educação geográfica.

Dessa forma, Gonçalves (2010) na sua dissertação sobre "O estudo do Lugar sob o enfoque da Geografia Humanista: um lugar chamado avenida paulista" contribui no aspecto de mostrar essa Topofilia do lugar, diz ele que:

> Sobre esses laços, entende-se que a medida que o homem intensifica as experiências vividas nos lugares, ativam-se os sentimentos de pertença e afetividade, bem com seus pares antagônicos, o estranhamento e a rejeição (Gonçalves, 2010, p. 24).

As experiências vividas podem ainda ser consideradas o que Wright (1947) considerou como *terraes incognitae*, mas que os geógrafos humanistas têm se preocupado em explorar, a fim de compreender as questões da mente e das imagens (Buttimer, 1982). Pode-se a partir do conhecimento empreendido se chegar a melhor compreensão dos sentimentos de pertencimento e afetividade que o sujeito possui com determinado lugar. Um processo lento e subjetivo, revelador e interessante.

No que tange às concepções da percepção na obra de Tuan (2012) os objetos que consigo perceber são considerados pelo autor como proporcionais ao tamanho do nosso corpo, tanto quanto à acuidade do nosso aparelho perceptivo e à nossa intenção. Apesar de ocorrer uma variação de cultura para cultura em relação ao tamanho dos objetos percebidos. O que notamos diariamente? Evidentemente que percebemos o que está em nosso entorno, o ambiente que ocupamos que, por sua vez, está repleto de objetos materializados, formando o espaço.

Dessa forma Tuan (2012, p. 91) aponta que: "a cultura pode influenciar a percepção, de maneira que uma pessoa possa ver coisas inexistentes?". É um fato influenciador na forma de perceber o espaço pelo sujeito, ademais, quando em coletivo, tais influências na sua percepção podem ser maiores, e como o sujeito reconhece o lugar em que se encontra parte desses pressupostos.

O foco principal deste livro é alcançar o nível básico da percepção que o sujeito possui com o seu lugar, como ele consegue caracterizá-lo a tal ponto de se aproximar de um viés topofílico, sendo observados os fenômenos que sugerem esse viés para o estudo. A obra de Tuan (2012) como destacado rompe com padrões herméticos tradicionais e dá vazão para se chegar à senda de encontro com as contribuições fenomenológicas.

Na contribuição de Entrikin e Berdoulay (2012) vemos que:

> Nessa perspectiva, o sujeito não pode mais ser posto entre parênteses, nem ser considerado como uma entidade passiva, determinada por circunstâncias exteriores: ele forja sua própria identidade, sua consciência de si mesmo, em interação com o contexto de suas ações. Não há, portanto, fenômenos, ainda que sutis, cujo interesse e mesmo a novidade poderiam escapar a nossa abordagem científica? [...]. Veremos melhor, então, aquilo sobre o que a noção de lugar atrai a atenção. [...], em seguida, voltarmo-nos para a questão da relação que o sujeito e a identidade mantêm com certos aspectos [...]. (Entrikin; Berdoulay, 2012, p. 94-95).

Nessa perspectiva que transpõe a maneira simples de ver a Geografia e a relação que o sujeito vai adquirindo com o lugar, ao lançar mão do aporte teórico-conceitual da Topofilia, e dos aspectos centrados na fenomenologia, ambos tratados que expõem a percepção do sujeito com o ambiente, considerando que o é caminho árduo, mas que trará benefícios para aqueles que desejam imbricar essas frentes para responder questionamentos da Geografia. Ao verificar os fenômenos que envolvem o sujeito ajudando a construir uma identidade que ele não consegue perceber, mas que o envolve promovendo um ser-no-mundo pronto para ser estudado.

Destarte, partindo do princípio de verificar o "lugar", como as relações que se tem com ele, pode-se perceber que há uma avaliação de quem é apenas um visitante, daqueles que já habitam naquele espaço, o reconhecimento ambiental, bem com as percepções dos fenômenos acontecem de forma distintas. Como o foco já comentado deste trabalho é o "lugar", apoiado nas obras de Yi-Fu Tuan, outro aporte que serve para consubstanciar essas análises está no livro *Espaço e Lugar: a perspectiva da experiência*, traduzido para a língua portuguesa em 1983 pela estudiosa Lívia de Oliveira, por sua vez abre um extenso diálogo com os apontamentos que estão sendo discorridos neste trabalho.

Assim, o próprio Tuan (1983) destaca em seu prefácio:

> Escrevi um livro intitulado Topofilia premiado pela necessidade de separar e ordenar de alguma maneira a ampla variedade de atitudes e valores relacionados com o meio ambiente físico do homem. Embora apreciasse observar a riqueza e a amplitude da experiência do homem com o meio ambiente, não pude nessa época encontrar um tema ou conceito abrangente com o qual estruturar o meu heterogêneo material; e, portanto, muitas vezes tive que recorrer a categorias convenientes e convencionais (como subúrbio, vila, cidade, ou tratar separadamente os sentidos humanos) em vez de usar categorias que evoluíssem logicamente de um tema central. Neste livro, procuro alcançar uma posição mais coerente. Para tanto reduzi meu enfoque para "espaço" e "lugar" enquanto elementos do meio ambiente, intimamente relacionados (Tuan, 1983, [s/p]).

As condições epistemológicas que tratam das questões do "lugar" também nos permitem visitar as páginas dos livros *Espaço e Lugar: a perspectiva da experiência,* de Tuan (2013), e obviamente *Topofilia: um estudo da percepção, atitudes e valores do meio ambiente* (Tuan, 2012). Deveras há um diálogo entre as duas maiores obras, em se tratar de condições humanas e subjetivas de enfoque para a compreensão geográfica dessas categorias, tendo em vista o que o próprio autor trata, das experiências que são consideradas complexas (Tuan, 1983).

Portanto, ao entrelaçar precipuamente essas duas grandes obras de caráter humanista, poderá ocorrer uma percepção das relações afetivas que partem das experiências que os sujeitos humanos mantêm com o "lugar". Conforme salienta Mello (2012, p. 56): "no bojo das experiências [...], são formados os laços topofílicos concernentes a todo o tipo de ligação afetiva entre os seres humanos e o meio ambiente".

Tuan (2012) vai considerar que existem diversos tipos de métodos para se estudar as percepções que os indivíduos têm com o "lugar", ao citar um teste realizado por Joseph Sonnenfeld aplicado a residentes nativos e não nativos do Alasca, contemplando no teste paisagens variadas dentro de quatro dimensões básicas, sendo elas: a topografia, a água, a vegetação e a temperatura, indicando que os homens nesse caso preferiam paisagens com topografias mais acidentadas e com indícios de água, diferentemente das preferências das mulheres, sendo essas as paisagens com a presença de vegetação e em meio ambientes quentes.

Nesse contexto apontado em Topofilia, nos aspectos que tratam das percepções e experiências consideradas como categorias abordadas por Tuan (2012), não são apenas os povos do Alasca que servem como exemplo dessa percepção e condição inicial de pertencimento, mas o autor aponta desde os esquimós até a sociedade ocidental, mostrando as discrepâncias geradas por essas categorias.

Existem percepções que vão de imersões mais profundas, como no caso dos nativos de determinado lugar, a percepções daqueles que apenas visitam os lugares, o visitante pode ter um ponto de vista sobre o lugar de forma simples, se confrontando com o novo.

Como se aproximar então das percepções dos fenômenos, das experiências dos indivíduos, da geograficidade criada, do mundo vivido e das subjetividades do sujeito? De que forma pode-se então entrar em uma zona tão pessoal, mesmo sendo criada por uma coletividade, ainda será pessoal o "lugar" para alguns sujeitos? Alcançar a Topofilia pessoal e o conhecimento desta em que apenas o sujeito conhece, pode ser realizado com algum suporte? Tais situações contribuem para a Geografia com ênfase no lugar?

Poderiam ser produzidas dezenas de questionamentos, a fim de explicitar melhor o interesse, ao menos as perguntas que não são poucas estariam presentes, ao tentar aprofundar o estudo sobre o lugar e as relações existenciais percebidas com o uso da tecnologia móvel, o método, a filosofia conhecida como Fenomenologia é uma resposta para as diversas perguntas, pode-se então descrever essas experiências e relações considerando uma aproximação entre Geografia e a Fenomenologia, portanto, o próximo capítulo será voltado para esclarecer essa aproximação necessária.

7.3 A fenomenologia da percepção: sua presença na geografia

Adentrar um campo em que alguns estão se aventurando em investigar me faz ir adiante, reconhecendo as limitações epistêmicas e ontológicas que são apresentadas, mas com uma imensa vontade de absorver elementos de outra área. Seguramente pelo fato de tratar das questões geográficas em sala de aula com materiais didáticos que fogem da contextualização e que manipulam o saber ali contido, que tornaram-se obstáculos de alguns em reconhecer que existem outros pontos de linha filosófica capazes de agregar visões holísticas para a ciência geográfica. Adrede, falar da FENOMENOLOGIA[25] é reconhecer, antes de qualquer coisa, que a própria Filosofia[26] antecessora da Geografia na infindável busca pelo desvelar dos questionamentos que sempre cercaram a humanidade foi a precursora em identificar os fenômenos de forma racional.

Desde os antigos povos helenos que a "Sophia" já se apresentava não apenas como a riqueza de conhecimentos, mas dando a indicação da capacidade de os indivíduos se orientarem de maneira satisfatória os procedimentos que se fazem presentes em nossa vida íntima e social (Lobo, 1979).

Apontar então a Filosofia neste capítulo, com o objetivo de afirmar o compromisso desse trabalho com uma Filosofia considerada pós-moderna[27], como aponta Goergen (2001, p. 25): "um rápido contato com os autores chamados pós-modernos nos mostra que seu pensamento se desenvolve em muitas frentes e envolvendo significativas diferenças [...]", mostra-se o que para alguns poderia ser uma insignificância, entrelaçar

---

[25] Letras maiúsculas, pois penso ter uma válida importância para o campo de estudo geográfico, ora como método, ora como conhecimento filosófico.

[26] A tendência por parte dos homens primitivos em se colocar atônitos frente aos mistérios da vida, ou mesmo recorrer à magia e à justificação animistas, ao se confrontarem diante de determinados fenômenos, na qual não conseguem interferir por vias comuns, as constatações históricas em que o individuo humano, na busca paulatina em sair do refúgio estonteante do mistério, para a elucidação (Lobo, 1979).

[27] Refere-se a uma tendência nova e complexa de pensamento. Começando como uma crítica da Filosofia continental, foi influenciado pesadamente por fenomenologia, estruturalismo e existencialismo, inclusive escritas de Søren Kierkegaard, Friedrich Nietzsche e Martin Heidegger.

duas ciências para tratar de questões das categorias que estão diretamente relacionadas à Geografia, contudo, ao apontar nos capítulos anteriores elementos como: percepção, mundo vivido, experiências, ser-no-mundo, a Filosofia irá contribuir com uma investigação mais subjetivista e intersubjetivista, a fim de descrever os fenômenos que envolvem o estudo.

Destarte, os aspectos filosóficos utilizados de forma coerente com os pontos de vista da Geografia suscitarão entre ambas a construção de uma percepção não atrofiada, mas dinâmica e consubstanciada para essa investigação conduzida por duas grandes áreas do conhecimento.

Dessa forma, Lobo (1979, p. 26) sobre a Filosofia fala que:

> Inicia-se, então, o processo de atividade mental que iria ser denominada de FILOSOFIA: o esforço sistemático de homens em romper, tanto quanto possível, o véu das situações misteriosas ou duvidosas, em melhor conhecer, pela observação comparativa da abstração, as coisas em geral assim como os próprios pensadores.

Essa forma de então iniciar o processo mental, racional, pautado na contribuição das correntes filosóficas, enriquece a forma da valorização sobre a ótica dessa Geografia Humanista, que incide seu olhar para pontos antes esquecidos, interpretando, verificando, analisando e descrevendo o mundo do sujeito, o antropocentrismo é o ponto comum, entre essa Filosofia pós-moderna e a Geografia pós-moderna.

Uma das características inerentes à formulação dessa investigação está abalizada na tentativa de ruptura tradicional de se fazer um estudo cientifico cartesiano, próprio de alguns modelos, na produção destes capítulos ocorre o mesmo que outros estudiosos apontaram em seus trabalhos na busca de tratar dos aspectos da Fenomenologia e Geografia, como ocorre na obra de Marinho (2010, p. 31): "quase tudo na incerteza do nosso caminho nos soa como uma teima que, por insistência, as ideias vão se aprofundando, descortinando o vazio e empurrando para frente".

O sentido de ser projetado para a frente intencionado a apresentar uma construção teórica capaz de confluir a metodologia com o recurso celular, o lugar próprio da ciência e os métodos para se produzir novos conceitos como no caso da Fenomenologia.

É justamente nessa forma de pensamento que enveredamos para corroborar a nova proposta da Geografia, levando para a Educação Básica a fundamentação teórica, ontológica e epistemológica, que agrupadas fortalecem o foco no objeto de estudo, as consequências são incertas, todavia tudo é passível de tentativas e dessa forma perceber a Fenomenologia e os trabalhos que já foram produzidos são acréscimos capazes de multiplicarem-se.

Assim, nas observações de Cerbone (2014, p. 11): "[...] introduzir a fenomenologia, não é coisa fácil, em parte porque há inúmeros modos de começar e nenhum ideal", como começar a tratar então diretamente da Fenomenologia, sem se prender ao método diretamente?

Das tantas maneiras que supostamente podem ir direcionando a aproximação do conhecimento fenomenológico, a base pode ser da sua conceituação, como a descrição resumida dos seus precursores, usando a terminologia para identificar as nuances decorrentes de uma ressignificação dos aspectos da tradição da Fenomenologia do espírito de Hegel, da Fenomenologia transcendental de Husserl[28], da fenomenologia existencial em Heidegger, da fenomenologia do subjetivismo em Sartre, da fenomenologia da percepção em Merleau-Ponty, dentre muitos outros fenomenólogos que poderiam contribuir com o imbricar entre Geografia e Fenomenologia.

As diversas contribuições que os tratados desses estudiosos trouxeram para a Fenomenologia nos fazem decidir inicialmente que podemos então partir das observações conceitual e etimológica do termo, como ponto inicial, para o entendimento da escolha do fenomenólogo e do seu estudo no direcionamento das observações decorrentes dessa Geografia que se deseja compreender. Portanto, a respeito da fundamentação etimológica do termo Fenomenologia: vem do grego *phainómenon,* que podemos traduzir como "aquilo que se manifesta", e vem também de *logia,* que é traduzida como "estudo", e assim num primeiro momento, etimologicamente, fenomenologia pode ser entendida como o estudo daquilo que se manifesta (Cerbone, 2014).

Para Husserl e sua definição sobre fenomenologia: "uma ciência de fenômenos puros, encaminhadas a formular claramente o problema do conhecimento e assegurar com rigor a possibilidade do mesmo." (Husserl, 2012, p. 05).

---

[28] Edmund Husserl nasceu em 1859, estudou na Universidade de Leipzig, se concentrando especialmente na área de matemática. Somente a partir de 1980 o seu foco de interesse mudou para o campo filosófico, pois nesse período teve um encontro com Franz Brentano em que seu trabalho revivia a noção central de "intencionalidade", ao assistir as aulas de Franz Brentano, seu curso de desenvolvimento intelectual foi totalmente alterado, colocando-o no caminho da Fenomenologia.

Ainda, na observação de Cerbone (2014, p. 11): "a palavra 'fenomenologia', significa, o estudo ou ciência dos fenômenos". Colocando-se na "perspectiva de mostrar, e não de demonstrar, de explicitar as estruturas em que a experiência se verifica, de deixar transparecer na descrição da experiência as suas estruturas universais" (Capalbo, 2008, p. 18).

Para Merleau-Ponty (2006, p. 01) a Fenomenologia:

> É o estudo das essências, e todos os problemas, segundo ela, resumem-se em definir essências: a essência da percepção, a essência da consciência por exemplo. Mas, a fenomenologia também é uma filosofia que repõe as essências da existência, e não pensa que se possa compreender o homem e o mundo de outra maneira senão a partir da sua "facticidade".

Acrescenta ainda Merleau-Ponty:

> É ambição e uma filosofia que seja uma "ciência exata", mas é também um relato do espaço, do tempo, do mundo "vividos". É a tentativa de uma descrição direta da nossa experiência tal como ela é, e sem nenhuma deferência a sua gênese psicológica e as explicações causais que o cientista, o historiador, ou o sociólogo dela possam fornecer (Merleau-Ponty, 2006, p. 01).

Partindo desses pressupostos a escolha em tratar do entrosamento da fenomenologia da percepção de Merleau-Ponty (2006) na Geografia deve-se à verificação de estudos que podem conduzir a esse alinhamento entre as duas áreas, a fenomenologia da percepção coaduna com as principais linhas de intencionalidade descritas pela obra Topofilia de Tuan (2012), os tais registros de confluências entre essas vertentes de apontamentos investigativos, mais a descrição das imagens dos sujeitos e suas relações com o "lugar" conferidas pela Topofilia, fazem desta investigação um aprendizado.

Ao direcionar a pesquisa para o ponto-chave da percepção do sujeito com o "lugar" em que este se encontre, temos a condição de entrar em um universo pessoal, não para compreender os fenômenos, mas descrever um encontro. Capalbo (2008) explicita que Husserl teve suas tentativas em mostrar o encontro partindo da consciência transcendental, contudo afirma que "Heidegger, Sartre e Buytendijk[29] que mostrarão que o fenômeno do encontro só pode ser interpretado numa estrutura existencial." (Capalbo, 2008, p. 66).

---

[29] *Frederic Jacobus Johannes Buytendijk, su nombre a veces abreviado como F. J. J. Buijtendijk (Breda, 29 de abril 1887- 21 de octubre 1974, Nimega) fue un naturalista, antropólogo, fisiólogo y psicólogo neerlandés del s. XX. Para Buytendijk, el camino que conduce a la comprensión del misterio humano ha de partir de la realidad de su existencia y de la relación con el mundo constituido por el propio hombre.* Disponível em: https://es.wikipedia.org/wiki/Frederik_J._J._Buytendijk. Acesso em: 26 jun. 2017.

É justamente nesse contexto o ponto de partida daquilo que é considerado fenômeno-encontro estará em uma consciência engajada, isto é, o que a fenomenologia vai intensificar em descrever, o mundo, o estar nesse mundo, que é por sua vez um estar com o outro no mundo, sugerindo um mundo "inter-humano" (Capalbo, 2008).

A fenomenologia como discorre Merleau-Ponty (2006, p. 02): "[...] se deixa praticar e reconhecer como maneira e como estilo; ela existe como movimento antes de ter chagado a uma inteira consciência filosófica". Tal apontamento é voltado para aqueles que consideram como um mito ou uma moda de caráter filosófico, como já mencionado, ela está voltada para descrever, não explicar nem analisar (Merleau-Ponty, 2006).

Mas descrever o quê? Quais aspectos então ou fenômenos a fenomenologia está interessada em descrever? Como ela, por meio das suas descrições, pode contribuir com a perspectiva geográfica?

Os questionamentos são para que possamos compreender a fenomenologia no campo educacional da Geografia. As condições que sustentam o texto formalizado são de renomados membros da ciência fenomenológica, já com bases fixas de experimentações com o método fenomenológico. Convém salientar que tentarei responder a essas perguntas, pois há uma intenção, não velada, mas clara de entender seu uso no âmbito das aprendizagens geográficas.

Nessa concepção aberta Lobo (1979) sustenta que:

> A percepção de qualquer objeto, a consciência imediata a nós proporcionada por uma dor, um susto, um desejo, são fatos que se relacionam com diversos outros. Mas, são por nós experimentados diretamente. Antes de relacioná-los com outras coisas, nós os sentimos, como fenômenos. Nós os experimentamos, como dados da consciência, independentemente de suas possíveis causas. Seja qual for sua proveniência, eles, os fenômenos puros, tais como se tornam imediatamente se tornam conhecidos, são, por assim dizer, "coisas de si". Em outras palavras: conhecemo-los como fenômenos, em sua essência de fenômenos.

A descrição inicial que podemos apontar refere-se ao que Lobo (1979) nos revela sobre os fenômenos que a nossa consciência nos faz voltar às "coisas mesmas", apontando aqui como tudo aquilo que eu sei do mundo, sei não devido à ciência, mas principalmente por causa da minha visão com o mundo, ou da minha experiência com ele (Merleau-Ponty, 2006).

Merleau-Ponty em sua obra *Fenomenologia da Percepção* aponta sobre o retorno às "coisas mesmas":

> Retornar as coisas mesmas é retornar a esse mundo anterior ao conhecimento do qual o conhecimento sempre fala, e em relação ao qual toda a determinação científica é abstrata, significativa e dependente, como a Geografia em relação à paisagem-primeiramente nós aprendemos o que é uma floresta, um prado ou um riacho (Merleau-Ponty, 2006, p. 04).

A partir do entendimento de Merleau-Ponty (2006) sobre esse movimento distinto de um retorno idealista à consciência, e da exigência de uma descrição pura, que tende a excluir procedimentos pautados em análises reflexivas de pensamento, ou mesmo das explicações científicas que já se encontram prontas e fazem parte da tradição científica.

Dessa forma é necessário perceber que uma análise reflexiva, a partir da experiência do sujeito com o mundo, leva a uma condição de possibilidade distinta dessa, e mostra uma síntese universal como aquilo sem o que não poderia haver o mundo em que o sujeito se encontra, "o mundo está ali antes de qualquer análise que eu possa fazer dele, e seria artificial fazê-lo derivar de uma série de sínteses que ligariam a sensações [...]." (Merleau-Ponty, 2006, p. 05).

Consoante à observação de Capalbo (2008), a autora exemplifica algumas dessas questões na forma de entender as ocorrências dos fenômenos--encontro, pois a escolha do encontro não acontece de forma livre, absoluta; antes está condicionada a história de cada homem, de forma individual, que participa de uma estrutura em comunidade. Nesse sentido o sujeito humano vai perceber inicialmente situações que o impressionam, como um violão desafinado, uma luz que surge em meio ao lúgubre, dentre outros. Decerto, "a coisa se oferece a comunicação perceptiva como um rosto familiar cuja expressão é logo em seguida compreendida." (Capalbo, 2008, p. 66-67).

Dessa forma, para esclarecer melhor esse vocativo filosófico, o direcionamento será para a Fenomenologia da Percepção de Merleau-Ponty, a fim de que não seja tratada ou confundida a formatação do *corpus* teórico com tantas outras fenomenologias. Apesar de ser apenas uma, mas com visões diferentes.

Na própria observação de Merleau-Ponty sobre a percepção, diz ele: "a percepção não é uma ciência do mundo, não é nem mesmo um ato, uma tomada de posição deliberada; ela é o fundo sobre o qual todos os atos se destacam e ela é pressuposta por eles." (Merleau-Ponty, 2006, p. 06).

Merleau-Ponty sustenta ainda que a consciência perceptiva de forma natural vai se direcionar para as coisas autônomas, essa consciência perceptiva do sujeito apresenta os fenômenos das coisas, como a manifestação de um mundo dela de forma independente, sua defesa parte do princípio de que não há um ser objetivo puro, mas um ser inseparável das estruturas perceptivas pelas vias de onde tudo se manifesta (Ferraz, 2009).

A partir da visão de Merleau-Ponty em sua obra quando este por sua vez busca retornar a questão acerca do que é fenomenologia, buscando, então, iniciar de tal forma voltar-se aos próprios fenômenos, para redespertar em nós um sentido tanto da temática exposta como da importância da fenomenologia (Cerbone, 2014).

Nessa direção a Fenomenologia da Percepção vai nos direcionando a entendermos a gama de complexidades que a forma perceptual que intentamos conhecer não é tão simples assim, ir construindo uma base fenomenológica para o estudo geográfico é uma audácia ontológica dentro dos parâmetros fechados que sustentam a própria primazia geográfica, a aproximação em conhecer o mundo do sujeito a partir das suas percepções fortalece um estudo de base interdisciplinar epistêmico.

Considerar um redespertar não só da verificação dos fenômenos, apontado pelo autor, mas um romper da indolência cognitiva, dando importância a todos os pilares de se criar uma visão holística do sujeito humano em seu próprio ambiente, o conhecimento dos aspectos da fenomenologia cadencia para essa finalidade.

Como o próprio Merleau-Ponty destaca referindo-se a essa questão: "a ciência não tem e não terá jamais o mesmo sentido de ser que o mundo percebido, pela simples razão de que ela é uma determinação ou uma explicação dele" (Merleau-Ponty, 2008, p. 03).

Como destaca o autor em outra fala:

> O algo perceptivo está sempre no meio de outra coisa, ele sempre faz parte de um campo. Uma superfície verdadeiramente homogênea, não oferecendo *nada para se perceber*, não pode ser dada a *nenhuma percepção*. Somente a estrutura da percepção efetiva pode ensinar-nos o que é perceber (Merleau-Ponty, 2008, p. 24, grifo do autor).

É essa busca pelo algo perceptivo que este trabalho se assenta, conduzindo diálogos entre as vertentes de estudo já apontadas ao longo do texto, os questionamentos levantados vão sendo respondidos com base nas incursões dos apontamentos desses fenomenólogos, Merleau-Ponty é uma resposta para a saída de um método mais rigoroso com base em Husserl. Uma renovação ontológica com instrumentalização fenomenológica (Ferraz, 2009).

Percebe-se então que nas observações introdutórias a fenomenologia e suas direções tomadas evoluíram para tratar de questões referentes a propostas abandonadas, como saúde, alimentação e tantos outros de interesse social, mas nem por isso tais temas deixam de serem considerados fenômenos sociais que estão presentes na vida concreta das pessoas, e que por sua vez podem ser descritos tal como são vividos (Capalbo, 2008).

Assim, a Fenomenologia não se basta somente no olhar, mas, também, no pensar que nasce e se organiza por meio da percepção adquirida no vivido. Ao contrário do que possamos imaginar a fenomenologia não é a exclusão total da transcendência (o Ser pensado), mas a exclusão do transcendente *a priori,* puro, estritamente ideal em sua origem, universal, ou seja, dos modelos fechados no racionalismo (Marandola Jr.; David, 2016).

Como nosso interesse também está abalizado em uma abordagem que considere um (re)construir do referendo geográfico, às vezes insensível diante das sentimentalizações, advindas das experiências entre o sujeito e o seu lugar. Nesse momento as subjetividades são pontos de discussão necessária, entendo que essa abertura para o profissional da educação que trata da Geografia é deveras necessária para se fazer uma Geografia mais humana.

As experiências são pontos cruciais nesse caminhar. Para Tuan (2013):

> A experiência é constituída de sentimento e pensamento. O sentimento humano não é uma sucessão de sensações distintas; mais precisamente, a memória e a intuição são capazes de produzir impactos sensoriais no cambiante fluxo da experiência, de modo que poderíamos falar de uma vida de sentimento como falamos de uma vida do pensamento (Tuan, 2013, p. 19).

Dessa maneira, são essas correlações que garantem o conhecimento do espaço individualizado, de abrangência sentimental, capaz de proporcionar visões mais reais, devido ao próprio pensamento.

Logo, tratar do lugar com as questões que envolvem diretamente a condição fenomenológica da percepção com auxílio da tecnologia no estudo da Geografia se apresenta como uma forma de observar melhor os espaços que o sujeito tem com suas vivências e convivências.

No momento em que esse documenta, trata desses espaços por meio de imagens produzidas, primeiramente tendo a produção na consciência e depois no envolvimento da tecnologia em captar o que se passa na consciência do sujeito, para mim é uma forma de deixar de ser um agente passivo ao receber informações, e passar de coadjuvante do conhecimento para produtor e executor desse conhecimento, instigando outras subjetividades para quem tem acesso às imagens.

O fenômeno lugar estudado dessa maneira na Educação Básica suponho que deverá levar a *práxis* de todos os envolvidos em descrevê-lo, pois discute-se a teoria partindo para a prática absoluta, usando o que se tem de mobilidade tecnológica, nesse caso o celular e seus dispositivos.

A compreensão que se pode adquirir vai condicionar a uma Geografia de caráter mais próximo com os dados da realidade, as imagens que o sujeito que deseja conhecer diferentes realidades espaciais poderá adquirir com o foco nas subjetividades pessoais formatará intersubjetividades desveladoras sobre os lugares e supostamente o conhecimento de geograficidades, como abordado no capítulo.

CAPÍTULO 8

REALIZANDO UM LONGO PERCURSO

Ao longo da pesquisa em que houve estrita entrega, quero aqui apontar o caminho que chamo de procedimentos metodológicos. Doravante aqui apresentados e que tiveram como objetivo principal propor entendimento sobre o "lugar" presentes no estudo da Geografia, percepções geradas por meio de imagens audiovisuais com o uso potencial da tecnologia móvel por alunos do 1.º ano do Ensino Médio de uma Escola Estadual no município de São José de Ribamar no estado do Maranhão.

A pesquisa tem como forte presença os encaminhamentos da abordagem qualitativa. É justamente nesse aspecto que a abordagem na pesquisa social de enfoque qualitativo recebeu na sua utilização investigativa o espírito do método da Fenomenologia da Percepção Merleau-Pontyana, não na sua dimensão genérica, mas com a ênfase na descrição das relações de pertencimento que os sujeitos possam apresentar no estudo se aproximando para uma observação concentrada na Topofilia de Yi-Fu Tuan (2013).

Ainda como procedimento metodológico por se tratar de uma investigação que parte das concepções teórico-conceituais no campo da intervenção, além da observação fenomenológica na percepção, outro suporte metodológico presente neste estudo, tem foco na abordagem da pesquisa-ação, essa orientação metodológica leva o pesquisador à produção de informações e novos conhecimentos de uso mais prático, a partir da aproximação de microssituações que envolvem o ensino e a escola, bem como transformações mais abrangentes ganham forte destaque (Thiollent, 2011).

Convém salientar que a Fenomenologia da Percepção é, antes de toda interpretação científica, uma exploração do que subjaz à nossa experiência do mundo, e a percepção é o melhor caminho para acessarmos essa camada básica, sem omitir seus sentidos e ausência de sentido, suas claridades e ambiguidades. O que é a percepção ou a experiência perceptiva para Merleau-Ponty? A percepção se dá, ele afirma, não por uma operação intelectual, mas quando retomamos por nossa conta o modo de existência das coisas oferecidas a nós com nossa maneira de tratar o mundo (Merleau-Ponty, 2006).

No que diz respeito à pesquisa qualitativa essa opção é destacada pelo que Chechuen Neto e Lima (2012, p. 134) comentam: "A pesquisa qualitativa está para a as ciências humanas e sociais quanto à pesquisa quantitativa está para as ciências naturais [...]". Nessa perspectiva de pesquisa o envolvimento dos dados descritivos que o pesquisador terá com o contato direto com os sujeitos sociais e o objeto da pesquisa, mantém seu olhar para retratar a perspectiva dos participantes.

Para que os objetivos da pesquisa qualitativa sejam alcançados deve-se compreender que existe um conjunto de diferentes técnicas de interpretação com a função de descrever e decodificar os componentes de um sistema e significados, traduzindo e expressando o sentido dos fenômenos do mundo social (Chechuen Neto; Lima, 2012).

Para o alcance dos objetivos gerais e específicos desta pesquisa, diferentes técnicas foram utilizadas para a construção do documento e do produto final. Utilizei *a priori* a base de dados de diversas Universidades para identificar produções de autores considerados autoridades no assunto para compor o referencial teórico da pesquisa, os repositórios confiáveis para a produção do enlace teórico foram afixados nos sítios da Scielo, Capes, Google Acadêmico, Unicamp, Uneb, USP, dentre outras instituições, esse é o material que foi colhido na *WWW*, e que compuseram o *corpus* teórico da pesquisa, como também materiais impressos.

São inúmeras as informações que estão acessíveis na internet, há enorme quantidade e variedade que estão pulverizadas em milhões de computadores que estão conectados naquilo que ficou denominado de rede mundial – *WWW* –, organizadas em arquivos eletrônicos (Andrade, 2010). Nesse caso específico o banco de dados da internet foi um ancoradouro para a realização da fundamentação teórica das análises/interpretações.

Os teóricos considerados essenciais do ponto de vista dos dados epistêmicos foram divididos, porém não separados totalmente, pois as leituras decorrentes da bibliografia consultada e recomendada pela orientadora desta pesquisa possibilitaram a triangulação direcionando os diálogos entre os tratados dos teóricos apresentados, consultados e interpretados, movendo uma intersecção desse conjunto para o resultado analítico-interpretativo dos dados coletados.

O aporte teórico da pesquisa apresenta-se em três principais frentes coadunadas. Uma sobre a Tecnologia de forma geral concentrada para a Tecnologia Móvel do uso específico do celular – seu uso, enfrentamentos, possibilidades pedagógicas –, a Geografia na questão do ensino e a produção de imagens: Bottentuit Junior (2010), Braga (2013), Castells (2003), Lévy (1993, 1996, 1999), Moran (2013), Callai (2000, 2005), Carlos (2003), Castrogiovanni (2011, 2009), Santos (2009), e por fim uma visão mais proximal da Geografia Humanista, imbricando a Topofilia que se encontra conceitualmente destacada em capítulo próprio da pesquisa e também nos procedimentos metodológicos, o suporte esteve centrado nos estudos de Buttimer (1982), Tuan (2013), Holzer (1998) Marandola Jr. (2016), Merleau-Ponty (2006) com a contribuição da análise fenomenológica, sendo ainda estudados outros autores.

Para a revisão de literatura esses foram os autores, dentre outros, que apresento nas discussões dos capítulos, e que conjuntamente com a coleta de dados reforçam por meio de seus estudos as compreensões das análises realizadas.

Importante ressaltar os sujeitos-participantes da pesquisa, sendo os alunos do Ensino Médio, em um total de 40 colaboradores. Essa extração que serve como amostra dos alunos do 1.º ano teve como finalidade envidar a pesquisa e validar o aspecto da quantidade dos sujeitos que foram partícipes diretamente, contudo como critério inicial realizei uma triagem dos alunos que possuem celulares, para que assim fosse efetivada a pesquisa que contou aproximadamente com 30% do total de alunos do 1.º ano.

Os alunos são residentes de bairros que fazem parte do município de São José de Ribamar e foram matriculados no ano de 2017. Após ser apresentada a proposta a toda a comunidade escolar, foi apresentada para os alunos do 1.º ano, sendo filtrado a partir de quem tinha maior contato com o celular.

Outros sujeitos envolvidos como participantes foram alguns membros da comunidade local, pessoas consideradas pelo grupo como conhecedores do local pesquisado, em um total de 10 sujeitos, de idades variadas, colaboradores na descrição das questões referentes à temática trabalhada quando tratada a atividade relacionada à produção de vídeos com as narrativas sobre a importância do lugar, dentre outros aspectos relevantes que se fizeram necessários, o que foi realizado pelos alunos. Foram indicados pelos alunos e pesquisador em reunião pré-campo.

A verificação do "lugar" e dos elementos que essa categoria de estudo transmite, como a pesquisa procura evidenciar, esses sujeitos – a comunidade – tiveram um papel de destaque, o conhecimento do seu bairro e locais específicos que pudessem revelar dados para o estudo sendo considerados locais que os alunos escolheram para serem visitados. Esses sujeitos que por meio de sua relação com "o lugar" narraram fatos sobre o fenômeno considerado importante para a pesquisa. Entretanto, nem todos da comunidade conseguiram desenvolver suas falas, o que não prejudicou os resultados da pesquisa.

Sobre a teoria de amostragem, quando usada na pesquisa social, Andrade nos aponta (2010, p. 130):

> Como é praticamente impossível estudar uma população inteira, ou todo o universo dos elementos, escolhe-se determinada quantidade dos elementos de uma classe de objeto de estudo. Os sujeitos de uma pesquisa, ou seja, os elementos que serão investigados compõem uma *amostra* da população e do universo.

A seleção dos participantes da pesquisa no campo da amostragem partiu daqueles que tivessem o celular e que o pudessem utilizar como instrumento da proposta apresentada. Esse foi o critério inicial, em que foi alcançado totalmente o número de interessados em participar da pesquisa com o uso dos seus aparelhos de celulares.

É desejo na exposição da metodologia de captação dos fenômenos referenciar o conjunto de instrumentos e técnicas para a coleta dos dados. Na oportunidade utilizei questionários, entrevistas e observações, que apresentaram perguntas estruturadas e semiestruturadas para o caso das entrevistas, e questões abertas para os questionários, conforme indica Richardson (2008, p. 189), são duas as funções que os questionários cumprem: "descrever as características e medir determinadas variáveis de um grupo social".

Richardson (2008, p. 207) destaca que a técnica "é importante que permite o desenvolvimento de uma estreita relação entre as pessoas", foram realizadas entrevistas individuais com os professores de Geografia, com duração de 1 hora (aproximadamente), quando responderam questões sobre suas didáticas e metodologias usadas em sala de aula, a abordagem conceitual sobre Geografia e a forma como são ensinados aos alunos, e o retorno desse processo de ensino e aprendizagem, bem como as questões sobre o uso, e possíveis problemas do celular em sala de aula pelos alunos, e se conhecem esse universo do ensino-móvel.

A técnica de observação foi usada inicialmente para verificar como os alunos e professores tratavam os conceitos ministrados da área de Geografia e o acompanhamento fora da sala de aula referente à intervenção do pesquisador no andamento da pesquisa na coleta de dados.

Para Richardson (2008, p. 25), "As observações diretas que são técnicas, sendo imprescindível em qualquer processo de pesquisa científica, pois, ela pode conjugar-se a outras técnicas de coleta de dados". Dessa forma, o uso das técnicas correlatas ao processo da pesquisa qualitativa e do método utilizado na investigação, entremeado a outras técnicas, foram as tentativas de alcance dos objetivos e da melhor elucidação do problema.

Quanto aos levantamentos de informações junto à comunidade, foram realizadas entrevistas que tiveram a função de encorajar e estimular os sujeitos pesquisados a narrarem algum fato importante no contexto social em que estão envolvidos (Bauer, 2002).

Importante que ao trilhar pelo campo metodológico da fenomenologia, esta predispõe o pesquisador a entrar em contato com o conteúdo da vivência pré-reflexiva, deixando de lado paulatinamente tanto o posicionamento prévio de uma ciência e suas teses como aquilo que define e valora o objeto de estudo, como pré-conceitos ou pré-juízos. Essa redução eidética é característica do rigor científico utilizado pela Fenomenologia.

Dessa forma, os alunos envolvidos na pesquisa utilizaram três principais dispositivos presentes no celular: a câmera fotográfica, a câmera de vídeo e o gravador de voz, uma vez que a intersubjetividade dos sujeitos sobre o lugar foi referência neste estudo.

No que compete à análise dos dados coletados das entrevistas e questionários abertos utilizei o aporte teórico das observações da fenomenologia da percepção de Maurice Merleau-Ponty (2006) que subsidiaram a descrição do lugar vivido dos alunos em forma de texto com a análise em categorias e as verificações abalizadas na Topofilia de Yi-fu Tuan (2013) como condições representacionais de um estudo categórico e conceitual.

Importa acrescentar que a intenção desta pesquisa não foi de analisar as imagens produzidas pelos sujeitos com o foco da semiótica (Penn, 2002), mas descrever o visível a partir da percepção subjetiva ancorado em Merleau-Ponty (2006).

É justamente nesse ponto que o elemento crucial se apresenta, pois em se tratando de análise das informações, há uma interpretação referente a essas fontes coletadas, ou seja, principalmente das entrevistas, mas no que diz respeito à apropriação do método utilizado nesta pesquisa as análises estão mais interessadas em descrever o lugar vivido pelos sujeitos.

Contudo, para tratar dessas entrevistas elaborei categorias e subcategorias temáticas condizentes com os objetivos desta investigação, apresentadas em formato de quadros, das transcrições das entrevistas, possibilitando a combinação das categorias e subcategorias com as informações colhidas.

Importante ressaltar para melhor compreensão do leitor que as categorias, subcategorias ou unidades de análise foram identificadas devido à sua relevância, sendo estas similares a uma teia, que, entrelaçadas, conduzem a verdadeira tecelagem de encontros entre falas, opiniões, imagens, teoria e interpretação empírica dos fenômenos.

A partir desse ponto, diversas e diferentes categorias empíricas e unidades de análise serviram *a priori* para discussão do material coletado, pontuadas de forma lógica e descritas pelas falas e respostas que os envolvidos na pesquisa deram de forma livre, informal, sem a construção ortográfica coesa, mas de uma substancial corporificação de sentimentos, experiências, como parte de um vir-a-ser que Husserl evoca em sua proposta fenomenológica.

As etapas iniciais voltadas para a intervenção ocorreram por meio do contato com a comunidade escolar, principalmente nesse caso a gestão, professores e alunos de forma ampla. Foi apresentado o projeto em auditório, seção plenária para todos, em forma de apresentação do projeto e dos objetivos gerais e específicos. Em outra etapa os alunos selecionados como sujeitos da pesquisa tiveram maiores esclarecimentos sobre ela.

Antes de efetivar as incursões da investigação sobre o lugar, "eu" na condição de investigador apresentei aos sujeitos algumas questões referentes aos temas centrais da pesquisa: a tecnologia e as diferenças conceituais do termo "lugar". Assim, foram apresentados textos e discutidos com os alunos, e facultado o direito de suas manifestações, sendo assim observado o grau de entendimento sobre o tema.

Vale acrescentar que a investigação foi dividida em tempo/aula, dessa forma ao ser apresentado ao corpo de gestores e do efetivo de alunos, o projeto de pesquisa a partir daí foi incorporado como disciplina eletiva, da base diversificada da BNCC, em que os alunos têm aula sobre: **O estudo do lugar com o auxílio da tecnologia móvel: usando o celular para aprender Geografia**, sendo que as aulas ocorrem uma vez por semana em dois horários.

Foram criados grupos com o aplicativo *WhatsApp,* um grupo geral e depois subgrupos para que os sujeitos e pesquisador mantivessem contato para sanar possíveis e eventuais dúvidas que aparecessem ao longo da pesquisa.

Também foi criada uma página no *Facebook* evidenciando a pesquisa, bem como os passos que foram seguidos como forma de deixar a pesquisa mais pública.

Conforme o andamento dado na pesquisa, os sujeitos produziram imagens sobre a importância do lugar individualmente, por meio da utilização dos seus aparelhos. Ainda nessa fase de intervenção os alunos se reuniram para que, em grupos, pudessem compor seus conceitos e trechos de entrevistas, bem como escolher as imagens e vídeos, os quais foram compartilhados com todos os outros alunos, sob a orientação direta do pesquisador.

Os vídeos produzidos pelos sujeitos tiveram um tempo de 60 a 90 segundos de duração, esse formato garantiu a apresentação real e em movimento do que eles produziram com os seus celulares, expondo para toda a turma.

Tratei de apresentar, em formato de oficina para os alunos, aplicativos que tinham a função de editar fotos e vídeos, para que pudessem, por meio do celular, desenvolver essas habilidades, os aplicativos apresentados foram: *Viva Vídeo, Vídeo Show, Photo Grid, Quik-Editor de Vídeos, Foto Rus, Cymera, Picsart, Photo Editor, Vídeo Editor, Flipagram, Magisto, Vid Trim, Andro Vid-Editor de Vídeos,* que foram escolhidos pelos alunos para a edição de suas imagens e seus vídeos.

Em seguida, foi oferecida uma oficina de produção e criação de *slides* no programa *PowerPoint* ou de edição de vídeos, para que todos os alunos pudessem elaborar seus *slides* ou vídeos na apresentação geral em forma de minisseminário, no laboratório de informática da escola. Os alunos foram também convidados a apresentarem suas percepções e seus *slides* em sala de aula.

Dessa maneira, já estamos produzindo material diferenciado para o estudo das categorias em Geografia, bem como outros assuntos relevantes da área, abordando questões da Geografia Geral e Geografia Humana, com imagens e vídeos nos diferentes aplicativos elaborados pelos alunos.

No decorrer do processo, tive que elaborar um produto final capaz de condensar toda a pesquisa, uma forma de concentrar no campo da teoria, mas resguardando o real valor do envolvimento da pesquisa desvelando assim para outros interessados, sobretudo para que os professores possam adquirir suporte teórico para suas investigações nesse mesma linha, portanto é considerável que esta obra e a apresentação dos seus resultados sejam configuradas como um produto final de acordo com a Portaria da Capes n.º 966/Ger-5, de 22 de junho de 2009:

> § 3o o trabalho de conclusão final do curso poderá ser apresentado em diferentes formatos, tais como dissertação, revisão sistemática e aprofundada da literatura, artigo, patente, registros de propriedade intelectual, projetos técnicos, publicações tecnológicas; desenvolvimento de aplicativos, de materiais didáticos e instrucionais e de produtos, processos e técnicas; produção de programas de mídia, editoria, composições, concertos, relatórios finais de pesquisa, softwares, estudos de caso, relatório técnico com regras de sigilo,[...], projeto de aplicação ou adequação tecnológica, [...], projetos de inovação tecnológica [...].

Dessa forma, além de toda a trama teórica, o produto final teve um infográfico detalhista que se assemelha a um manual para os professores de como trabalhar a questão da tecnologia móvel no ensino da Geografia, com base de estudar as categorias geográficas, nesse infográfico, as imagens produzidas pelos alunos são mostradas, bem como um DVD com os vídeos produzidos pelos sujeitos da pesquisa.

Foi desenvolvido o mesmo infográfico em campo virtual para que todos os profissionais possam ter acesso, a conversão do material será para o formato de um pequeno e-book para sua divulgação ampla na rede, sendo disponibilizado o material e ofertado a comunidades que tratam sobre as questões das inovações tecnológicas e metodologias de ensino em Geografia.

A construção do infográfico parte da exposição mais simples de como se pode realizar um caminho didático para auxiliar o professor no desenvolvimento do conteúdo sobre o lugar de forma específica e com o auxílio da tecnologia móvel, apresento personagens próprios, além do passo a passo para que o professor consiga obter resultados. Outro elemento importante a ser destacado é que nossa intenção também está em transformar o material dissertativo em livro, como um material de suporte teórico físico para auxiliar os interessados nas pesquisas que tratam do mesmo direcionamento, a tecnologia, a Geografia, imagens e os métodos da Fenomenologia e Pesquisa-ação, que atualmente estão presentes nos debates científicos.

CAPÍTULO 9

CONFLUÊNCIAS ENTRE DIÁLOGOS NA PESQUISA: FENOMENOLOGIA, TOPOFILIA, IMAGENS E A TECNOLOGIA MÓVEL

O interesse em demonstrar como a pesquisa presente neste livro elaborou os seus resultados confluiu de uma forma que pudesse entremear os pontos dos elementos centrais da perspectiva fenomenológica com as suas características não pormenorizadas, mas a largo, entretanto em suas entrelinhas a subjetividade dos aspectos imagéticos e as falas que descrevem o objeto de estudo e o alcance dos objetivos que permearam a pesquisa com o uso do celular.

Dessa forma, ao tomar conhecimento na tabulação das repostas, o Quadro 2 a seguir foi elaborado com a finalidade de sintetizar ao máximo a pesquisa, pois se não houvesse uma delimitação a pesquisa teria uma produção textual ainda maior. As realidades que se transformam em confluências, em tessituras, são ocorrências dos interdiálogos, dos pressupostos que antecipei da fenomenologia da percepção, da base da compreensão topofílica e da produção metodológica com o uso da tecnologia móvel para o ensino da Geografia.

Considerando que na categoria teórica investiguei abalizado em diversos autores, o que está se corporificando e sendo denominado como uma nova Geografia mais humanizada. Foram assim evocadas questões introdutórias nesse campo de partida, sendo inicialmente os sujeitos da pesquisa (alunos) questionados sobre "O que a Geografia representava para sua formação?". Delimitado a partir da categoria "Conhecimento sobre a Geografia", ficaram divididas algumas unidades de análises a partir da fala dos alunos sujeitos da pesquisa.

Sobre as categorias que essencialmente a Geografia estuda e que compõem a sua estrutura curricular, tanto os alunos apresentaram diversas concepções como os professores que identificaram as possíveis categorias conceituais. Essas, por sua vez, se entrelaçam com as categorias gerais, as subcategorias ou unidades de análise representadas no Quadro 2, para facilitar esse deslocamento das descrições e das interpretações das falas nos apoiamos na Topofilia e na Fenomenologia da Percepção.

Quadro 2 – Categorização da pesquisa

CATEGORIAS EMPÍRICAS	SUBCATEGORIAS
CATEGORIAS GEOGRÁFICAS NA ABORDAGEM EMPÍRICA E EPISTEMOLÓGICA: confluências e suas tessituras	O mundo Economia e política Espaço geográfico Lugar
RELAÇÃO COM O LUGAR: pessoais, individuais e sentimentais, as imagens dos sujeitos e seus lugares	O lugar Meu bairro
AS IMAGENS DO LUGAR: o meu lugar	O açude A Prainha O Parque da cidade de São José de Ribamar
PERCEPÇÕES SOBRE O LUGAR:	Memórias, Topofilia e Subjetividades
USANDO A TECNOLOGIA MÓVEL	Realidades da intervenção

Fonte: elaborado pelo autor, 2017

Com uma base disposta de forma organizada para ir além, decidi tratar das representações na análise da pesquisa, a partir de pontos, formalizados por uma categorização de temas centrais com as unidades de análise com a intenção de mostrar o que os sujeitos retratam em suas concepções pessoais, intransferíveis e subjetivas.

O Quadro 2 mostra algumas categorias que os sujeitos da pesquisa evidenciaram ao longo do processo. São informações pautadas nas suas observações em sala de aula, ou do que acreditam ser a Geografia para si como disciplina escolar.

De antemão algumas imagens dos encontros que ocorriam nos dias de sexta-feira como forma de intervenção direta, e da participação-ação, serão mostradas ao longo deste capítulo, esses foram os momentos de maior contato com o grupo de alunos e em que todas as discussões eram realizadas. Destaco que para muitos o novo conhecimento sobre a Topofilia e tratar do estudo como celular foi uma grande novidade que ainda não tinha sido realizada por professores de Geografia.

Figura 1 – Sujeitos da pesquisa

Fonte: dados da pesquisa, 2017

As quatro imagens supra traduzem de forma clara como foi desenvolvida a pesquisa, após todos os alunos tomarem conhecimento do que se tratava, conhecendo o objetivo principal da proposta de descrever inicialmente as suas relações com os seus lugares, de maneira muito responsável e concentrada desenvolveram as atividades que se assimilavam a uma sequência didática que se iniciava na escola e tomava rumos extra sala de aula.

Para aproximar mais os sujeitos da pesquisa o acompanhamento também era realizado pelo grupo de *WhatsApp*, manifestações em um *blog* e grupo de um *Facebook* voltados para divulgar a pesquisa, como apresento nos procedimentos metodológicos desta investigação, a forma de estar em contato direto com eles, o que não se prendia apenas nas sextas-feiras, mas era incorporado quase que diariamente.

Vale ressaltar que por meio do *WhatsApp* consegui ter mais *feedback* com os envolvidos na pesquisa, dessa forma, com retorno rápido não estipulamos dia e nem horário de uso, a criação do grupo teve caráter único e exclusivo para dirimir dúvidas e às vezes até mesmo para precisarmos quanto ao andamento de algumas tarefas extraescola.

Por meio das redes sociais algumas situações que ocorriam no andamento da pesquisa eram compartilhadas entre todos os participantes em uma forma de discussão ampla com a finalidade que houvesse retorno dos alunos, contudo muitas foram as dificuldades, uma delas diz respeito diretamente à forma de se expressarem, suas manifestações estavam mais para as famosas "curtidas" rápidas do que para comentar sobre determinado tema, como era sugerido. Esse foi um problema, logo expor uma opinião ocorria apenas quando eram bastantes instigados. Outro problema apresentado foi a questão do acesso à internet, que muitos não tinham e ainda não têm em suas casas, considerado um dos maiores problemas. Já que a escola não possui logística adequada.

9.1 O ensino da Geografia escolar e as suas categorias

A literatura da área constata que a forma de ensinar nas escolas ainda se apresenta de maneira bem tradicional, assim não é estranho ver ainda profissionais que utilizam de metodologias e procedimentos didáticas ultrapassados.

Ao pontuar sobre o tema refiro-me a uma necessidade que todos os facilitadores do conhecimento devem buscar nesse período em que vivemos sob a égide da tecnologização, ao tratar dessas questões de uma imersividade, pós-submersividade do conhecimento virtual, capazes de gerar um novo *habitus* na vida desse facilitador, que logrará novos êxitos no processo que importa para a educação, o ensino e o retorno com a aprendizagem.

De início aponto o que os professores apresentaram sobre as questões do ensino da Geografia na etapa do Ensino Médio, seus posicionamentos variam de um para o outro profissional, discorrendo a perguntas sobre: Como você pode descrever o ensino da Geografia no Ensino Médio?

> *Um tanto complicado, pois existem alguns fatores que dificultam o trabalho. A exemplo temos a escolha do livro didático, que nunca é o mesmo para todas as escolas e há ainda, falta de compromisso por parte das editoras na parte da encadernação do material (Professora 1, 2017).*

> *A Geografia do ensino médio ela precisa sofrer modificações por causa da inovação tecnológica que está cada dia mais se modificando cada dia mais. (Professor 2, 2017).*

> *Como uma ferramenta essencial de estudo e percepção do espaço geográfico de forma crítica e prática, já que nessa fase de aprendizagem o adolescente possui uma **visão de mundo** mais madura e o professor como mediador, possibilita para os mesmos uma ideologia de que toda e qualquer construção e modificação do espaço é resultado do aprimoramento e desenvolvimento da ciência e da técnica ao longo dos anos. (Professor 3, 2017).*

Para esses profissionais suas abordagens são díspares, contudo acabam se aproximando quando a questão principal envolve o ensino da Geografia, apesar de a primeira entrevistada apresentar que existe uma complicação no fator que poderia ser uma unidade de análise no contexto em que se deu sua observação sobre o livro didático, aponta que existe dificuldades em se trabalhar conteúdos no ensino médio, em que por sua vez os materiais são diferenciados entre as escolas, entretanto o Professor 03 considera que a prática de se tratar de Geografia na escola torna-se essencial, logo ele alude a disciplina a uma ferramenta que estuda a questão espacial entrelaçando a essa percepção o elemento criticidade, não obstante a visão de mundo que ele pontua que os alunos possuem nessa etapa de ensino é tratada mais à frente pelos sujeitos da pesquisa.

Nessa triangulação das falas dos professores um destaca a necessidade de transformação estrutural no ensino médio, o Professor 02 considera a inovação tecnológica como um elemento a ser introduzido de vez nas escolas e ao alcance dos seus usuários.

Entretanto, o Professor 03 em entrevista levanta questões importantes na sua visão em descrever a Geografia no Ensino Médio. O entrevistado reflete da seguinte maneira:

> *[...], a gente descreve a Geografia como disciplina importante no ensino médio, a partir do momento que ela conduz o aluno, futuro profissional para obter uma visão técnica e qualificada principalmente com as habilidades tecnológicas, porque a Geografia no ensino médio nós sabemos que ela é um aperfeiçoamento da base fundamental e que prepara o aluno trabalhar com ferramentas tecnológicas para a sua futura profissão no mercado de trabalho (Professor 03, 2017).*

A concepção de que a importância do ensino da Geografia se dá devido à formação do aluno para o mercado de trabalho, preparar o sujeito é a premissa principal defendida, inclusive pela nossa Constituição, que em seu artigo 205 traz claramente o que o Professor 03 considera como importante na formação do aluno. Sendo descrito o artigo da seguinte maneira:

> Art. 205. A educação, direito de todos e dever do Estado e da família, será promovida e incentivada com a colaboração da sociedade, visando ao pleno desenvolvimento da pessoa, seu preparo para o exercício da cidadania e sua qualificação para o trabalho (Brasil, 2009, p. 89).

Na mesma proporção em que a qualificação do aluno não está apenas interconectada à aprendizagem tem-se um outro documento institucional, que é a Lei de Diretrizes e Base da Educação (LDB), que por sua vez no seu artigo 2.º aborda como princípio que:

> Art. 2º. A educação, dever da família e do Estado, inspirada nos princípios de liberdade e nos ideais de solidariedade humana, tem por finalidade o pleno desenvolvimento do educando, seu preparo para o exercício da cidadania e sua qualificação para o trabalho (Carneiro, 2011, p. 23).

Para mostrar como os alunos têm essa concepção muito forte do seu preparo para as atividades econômicas e que todo o conhecimento adquirido em Geografia se transforma em um elemento de profissão.

> *Geografia pra mim é aprender sobre os países conhecer novas coisas, aprender algo novo, o que ela representa; ela representa futuro conhecimento e profissão (Aluno 02, 2017).*

É considerável que não apenas o aluno seja capaz de se desenvolver com os elementos do conteúdo, mas sua preparação para o mercado de trabalho é necessária, é o que preconizam as duas leis que institucionalizam a educação brasileira, dessa forma os próprios alunos já sentem a obrigação do Estado em promover sua formação plena com os conhecimentos também da Geografia que venham favorecer a sua participação no mercado de trabalho.

Percebe-se que os professores limitam-se a manifestar seus posicionamentos diante do que ocorre realmente com o ensino da Geografia. Vale ressaltar que eles não consideram a sua própria prática no contexto em que se dá o questionamento se furtando de aparecer como protagonista no processo de ensino, apontando como complicador o fato do material didático, do descompasso existente entre a escola e o universo da tecnologia.

Dessa forma, um professor consegue denotar que a sua posição enquanto mediador do conhecimento faz com que a Geografia tenha significado e importância.

Com o intuito de compreender mais a forma em que o conhecimento geográfico é tratado em sala de aula pelos professores, levantou-se outra questão atrelando-se a primeira: de que forma o conteúdo acadêmico está articulado com a Geografia ministrada na sua escola?

> Vejo que essa articulação acontece quando o professor procura de fato mostrar a relação daquilo que está sendo estudado como o cotidiano do aluno. Mas, acredito que alguns conteúdos deveriam vir nos livros didáticos mais voltados para a região o discente vive, pelo menos a nível de estado ou divisão regional, no caso do Brasil (05 regiões) (Professora 01, 2017).

> Na forma da Geografia arcar com as modificações do mundo atual continua quase da mesma forma precisa sofrer novas alterações nesse conteúdo ministrado em sala de aula (Professor 02, 2017).

> De forma complementar e significativa, já que todos os conteúdos ministrados pelos professores são frutos de uma investigação científica discutida e desenvolvida na comunidade acadêmica; e isso norteia as escolas como palco de pesquisa e objeto de estudos. Portanto essa parceria é de fundamental importância para a sistematização do conhecimento geográfico (Professor 03, 2017).

As revelações aparentemente parecem ser confusas, pois o distanciamento que os professores tomaram do universo acadêmico fez com que não observassem aquilo que o Professor 03 indica quanto ao conteúdo acadêmico estudado na graduação, sendo dado sequenciamento com novas descobertas e novas pesquisas na comunidade científica, podendo levar a Geografia escolar a uma forma de ensino com novas posturas por parte do professor e do aluno.

Os Professores 01 e 02 tratam sobre a necessidade de haver contextualizações capazes de levar o conteúdo didático à forma escolar, uma leve confusão do conteúdo didático do livro com o conteúdo acadêmico adquirido ao longo da formação individual de cada um, ademais nesse mesmo lastro as próprias leituras científicas podem complementar o ensino da Geografia no ensino médio. O Professor 02 também considera confluindo ao que o Professor 01 manifesta, a questão são os materiais didáticos que devem sofrer maiores alterações para que seja significativo o conteúdo em sala de aula. Essas falas dos professores são mais do que esclarecedoras, são manifestações reais de uma limitação ou de parte do afastamento que muitos têm no processo pós-formado, pós-concursado e pós-estabilidade.

Referindo-se a essa mesma linha argumentativa a Professora 01 na sua entrevista expõe que:

> [...], devido algumas situações você acaba no comodismo, querendo ou não e isso vai atrapalhando, mas o fato é que precisa, a gente precisa aprimorar aquele conhecimento que veio da graduação, porque senão, não dá certo! Mas, uma coisa é, muito real, também na graduação, a gente não aprende nem um assim, um milésimo do que a gente precisa realmente praticar em sala de aula. Eu senti isso! Do conhecimento, do que eu posso dizer, do meu conhecimento em Geografia hoje, é mais do que eu estudo para preparar as aulas do que da própria graduação e da pós-graduação também (Professora 01, 2017).

A fala da professora mostra categoricamente seu descontentamento com os princípios apreendidos nas etapas da sua formação e do seu aprimoramento profissional, manifestado pela forma do seu discurso, considerando que o comodismo é um obstáculo que atrapalha seu desenvolvimento na busca de novos conhecimentos teóricos. É revelador quando de forma estatística traduz que está distante milionesimamente da aprendizagem de conteúdos na universidade, o que advém posterior à sua graduação, com as leituras dos livros didáticos.

Em relação às grandes discussões no cenário nacional sobre as propostas curriculares de ensino para a Geografia temos um documento sendo desenvolvido, a BNCC, tal documento esclarece que estudar geografa é uma possibilidade para compreender o mundo em que a pessoa vive. A partir da observação que esse componente curricular se propõe a abordar, incluiu-se as ações humanas que são construídas em distintas sociedades existentes nas diversas regiões do planeta.

Concomitante a isso a educação geográfica contribui para que ocorra a formação do conceito de identidade, sendo expresso de formas variadas, na compreensão perceptiva da paisagem que vai ganhando significado, à medida que, ao ser observado, notar-se-á a vivência dos vários indivíduos e das coletividades que se apresentam, nas relações com os lugares vividos, na observação dos costumes que são pontes de resgate da nossa memória social como na formação de identidade cultural advindas dessa memória, na consciência de que todos nós somos sujeitos atuantes da história, diferentes uns dos outros, mas convictos dessa distinção (BNCC, 2017).

Existe uma forte intenção transitória nos materiais didáticos, contudo há uma mudança muito mais questionável, assentada na função dos livros em informar ao invés de formar, e um problema muito mais drástico, que é o abandono da paisagem como uma das categorias da leitura geográfica do mundo real (Moreira, 2014).

Considerando a importância do ensino da Geografia, para quem está em plena formação não é interessante apenas informar o aluno que uma vastidão de conteúdos é algo primoroso, a formação da identidade e de aspectos de uma compreensão mais existencial dele no universo em que ele se encontra é sobremaneira relevante, convém salientar que embora tenhamos sofrido influências clássicas europeias em nossos materiais didáticos (Moreira, 2014), e na própria formação do aluno, com um forte impacto da relação homem-meio, atualmente a relação homem-homem e homem-meio torna-se necessária de ser apresentada e fortemente discutida nessa formação de um novo aluno que consiga perceber e questionar os conteúdos que lhe são apresentados.

9.2 Categorias geográficas na abordagem empírica e epistemológica: confluências e suas tessituras

9.2.1 O Mundo vivido

O contexto em que ocorreram as informações dos sujeitos sugere que alguns aspectos da proposta fenomenológica tenham aparecido involuntariamente, haja vista que como unidade de análise o mundo pode ser considerado o início da representação geográfica, contudo se um dos princípios fenomenológicos é a intencionalidade, seu empenho está claramente envolvido em desbravar os meandros dos significados diversos e da qualidade da vida humana no mundo vivido (Buttimer, 1979).

Esse mundo vivido é o que revela os aspectos da experiência e da consciência sobre o ambiente em que o sujeito se encontra e ao mesmo tempo produz, sua consciência sobre os fenômenos que ocorrem no mundo conflui para um encontro com outros mundos que partem primeiramente de subjetividades da formação do mundo, entretanto a base do mundo, destacado pelos sujeitos, revela o que a Geografia e o seu ensino fornecem inicialmente no seu revelar teórico.

Se a Geografia estuda o mundo, é importante esclarecer que os mundos não são totalmente iguais, não existem similitudes no mundo do sujeito, o mundo transferido para o conhecimento didático é um mundo físico analisado por interesses, sobretudo interesses pautados nas manifestações culturalmente produzidas e com uma exclusividade em passar adiante um legado cultural. Destarte, as respostas dos sujeitos convocam-nos a atentar a esse princípio.

> *A Geografia para mim é um meio da gente saber do nosso **mundo** saber de muitas coisas, ela fala de coisas que a gente (sic) nunca imaginaria que existia. Ela representa o **mundo**, o Brasil, várias coisas, tipo representa tudo etc. (Aluno 03, grifo meu).*

> *Geografia é quase tudo o que existe no **mundo** por ela estar presente em quase tudo mesmo que a gente não perceba como nas paisagens. Ela representa muita coisa, um território, por exemplo, as mudanças que ocorrem etc. (Aluno 04, grifo meu).*

> *Pra mim Geografia é o estudo de tudo que tem no **mundo**, por exemplo, características do clima e sobre o turismo, também aprendemos muito sobre a questão da economia (Aluno 06, grifo meu).*

> *Geografia é a matéria que nos ensina sobre os acontecimentos do **mundo**, uma matéria sobre o conhecimento do **mundo**, ela é uma matéria que nos faz conhecer o **mundo** como ele é e como era (Aluno 07, grifo meu).*

> *A Geografia é um estudo muito interessante e importante, gosto de Geografia, ela representa praticamente o **mundo**, o ensino da Geografia é demais (Aluno 08, grifo meu).*

> *É uma matéria que estuda o **mundo** em torno de nós seres humanos. Ela representa muita coisa. Por que através dela posso descobrir o mundo sem sair de casa ou da escola (Aluno 12, grifo nosso).*

> *A Geografia é o estudo de conhecimento de tudo o que está dentro do conceito de cidadania e Geografia estudo acontecimentos dentro e fora do nosso continente. A Geografia é a representação que todos temos que conhecer o **mundo** a fora, a Geografia estuda tudo aquilo que é presente (Aluno 25, grifo meu).*

As observações feitas pelos alunos participantes da pesquisa são pontuais e praticamente demonstram doutrinação geográfica, pois a importância na leitura do mundo, de maneira exclusiva em tratar de questões destacadas pelos alunos, tratadas pela Geografia, como a economia dos países, as características que envolvem os aspectos climáticos e a própria evolução do mundo, vale acrescentar que as falas desses sujeitos giram em torno do universo da transmissão didática.

Saliento ainda que devido aos postulados geográficos, desde a sua etimologia "Geo" (Terra) e "grafia" (escrita), as percepções que os alunos têm sobre a importância dessa Geografia para sua vida, bem como a sua conceituação, giram em torno de uma descrição de mundo, embora tal descrição ainda não seja realmente compreendida pelo sujeito quando esse faz uso exclusivo do material didático, ou seja, enquanto manifesto que a Geografia visa estudar e descrever os elementos presentes no mundo, apoiado apenas em questões estruturadas, não percebo que no mesmo contexto o "mundo sou eu", que o mundo só existe por existir um eu, um ser nesse mundo.

Dessa forma, quando os sujeitos expõem que o mundo é um dos princípios de estudo da Geografia, possivelmente devido às intensas atividades de fenômenos que nesse mundo ocorrem, Lowenthal (1982, p. 110) considera que: "para ver o mundo mais ou menos como os outros veem alguém deve, acima de tudo, crescer; [...]", tal crescimento não é apenas no sentido fisiológico, mas seguramente na condição de perceber esse mundo, de sentir o mundo que a Geografia visa estudar.

O mundo antes conhecido pelos nossos pais não é mais o mesmo que o atual, seu sentido é transitório, e a visão que é compartilhada também é, pois muda com o passar do tempo, é um fluxo constante que novas gerações se deparam com novos fatos e constroem novos conceitos (Lowenthal, 1982).

Possivelmente essa análise ganhou destaque, devido às inúmeras modificações que o mundo atravessa, logo, a importância para quem estuda a Geografia é ver como ela atua nas explicações sobre as modificações que o mundo atravessa, possibilitando ao interessado adquirir conhecimentos desse mundo em que ele vive, contudo de forma ampla, o que ocasionalmente desenvolve uma disrupção entre o adquirir conhecimento sobre o seu próprio mundo.

Assim acrescenta Lowenthal (1982, p. 136): "os estereótipos influenciam como aprendemos e o que sabemos sobre cada lugar do mundo", o legado deixado culturalmente de maneira sistemática acaba por produzir uma condição de retransmissões sobre o mundo, a Geografia deve estabelecer novas formas de se apropriar dessa espécie de conhecimento, uma vez que ela apresenta como importância estudar o mundo, que por sua vez deve também ser o do próprio indivíduo que analisa outros mundos. As noções sobre os variados mundos podem apenas transmitir parcialmente a verdade, entretanto o fato de ensinar sobre o próprio mundo desloca-se em parte dos estereótipos condutores de meias verdades.

9.2.2 Economia e Política

Ainda em relação às informações coletadas na pesquisa sobre "O que a Geografia aborda em seu estudo ou a sua representação", pode-se notar outras unidades de análise que aparecem devido aos contextos a que os professores trabalham em sala de aula, como assuntos que os sumários tratam formalmente, nomeadamente economia e a política, são motivo de discussão. A esse respeito, os sujeitos participantes afirmam que:

> Para mim a Geografia estuda os países as revoluções industriais, a economia etc. Geografia representa uma maneira mais prática de fazer com que tenhamos diversas informações (Aluno 01, 2017).

> Representa o passado, como o mundo evolui. Estuda tudo o que evolui, tipo a paisagem, revoluções 1ª, 2ª, 3ª (Aluno 09, 2017).

> É o que estuda o espaço, estuda o mundo, estuda a economia sobre a política (aluno 31, 2017).

> Pra mim a Geografia é uma maneira de aprender mais sobre os países, estados, exportações etc. (Aluno 33, 2017).

Apesar da nossa busca ser mais voltada para os aspectos que dizem respeito à percepção sobre determinado objeto de estudo, tal unitarização dos temas economia e política é apresentada por notadamente os alunos manifestarem em suas respostas abertas, logo, as informações que o campo da Geografia escolar pode levantar para o desenvolvimento intelectual do aluno são vastas, partindo desse princípio quanto mais alunos críticos a escola conseguir formar, melhor será para que ocorra as reais rupturas dos projeto de um currículo escolar hermético e que possivelmente não apresente discussões.

Quando o aluno for capaz de absorver tal conteúdo, e colocá-lo em prática por meio das suas reinterpretações na vida, no seu cotidiano, esperamos que assim teremos uma escola, um ensino e uma aprendizagem pautados na significância e na preocupação com o sujeito, não apenas enquanto frequentador do espaço físico, mas conhecedor de um aspecto essencial; a sua presença no mundo[30] como elemento de transformação e produção espacial relevante.

Concordo com Cavalcante (1998) quando assim se posiciona: é de suma importância continuar com as análises que se seguem em relação aos diversos debates que nas últimas décadas campos como a Geografia, a Filosofia e outros têm tomado em decorrência das transformações, consideradas intensas, no mundo e na organização da sociedade. Já sofremos com o anúncio, na virada do século passado, de uma nova era. E em detrimento disso, terminologias como sociedade pós-industrial, sociedade pós-capitalista, sociedade pós-moderna, revolução industrial, revolução técnico-científica e sociedade da informática surgiram para denominar os fenômenos socioeconômicos, culturais e políticos que marcam a sociedade hodierna (Cavalcanti, 1998).

Como característica marcante dos momentos em que a sociedade passa nos campos econômicos e políticos, o material didático se apresenta de forma genérica, sem recorrer às devidas contextualizações com o entorno em que o aluno se encontra envolvido, isto é, faltam maiores contextualizações nos materiais didáticos que consigam aproximar os espaços, as regiões e os lugares em que os alunos vivem.

Ainda nesse plano de discussão representado pelas unidades de análise economia e política, mudanças estão começando a acontecer nos debates geográficos, se antes as questões eram amplamente apresentadas das concepções físicas da Geografia, hoje são apresentadas outras temáticas que envolvem o homem e as suas interferências, não apenas no campo geológico, ou geomorfológico, mas que agregam visões sobre a economia dos países e suas formas políticas de organizarem os seus espaços.

9.2.3 Espaço geográfico

Para um sujeito que tem o seu primeiro contato com a ciência geográfica, é sobre o espaço geográfico que ela buscará encontrar respostas, levantando intensamente questionamentos de: como ele é formado e produzido? Ou quem o forma ou o produz? Sendo então a Geografia uma

---

[30] Primeira linha de análise apresentada pelos sujeitos da pesquisa, sendo uma das mais citadas.

ciência que se enquadra nas características sociais, apresentará que o "homem", "a sociedade", é responsável pela formação, produção e transformação espacial.

Por sua vez, além de servir como elemento conceitual, é vista como categoria estruturante da Geografia. Dessa forma, os levantamentos realizados pelos questionários e entrevistas indicam que os alunos e professores têm uma base sobre as categorias centrais da Geografia. Ao serem questionados sobre: "Quais os conceitos que são destaques na Geografia?", os sujeitos da pesquisa responderam de forma ampla, sendo o espaço geográfico um desses conceitos ou categorias.

Os alunos responderam da seguinte forma:

> Lugar e **espaço** (Aluno 04, 2017).
>
> **Espaço** e lugar, economia, paisagens (Aluno 06, 2017).
>
> Estuda o **espaço geográfico,** o espaço do mundo e mostra que nenhum **espaço** é constante um dia pode mudar, pode-se estender ou diminuir (Aluno 16, 2017).
>
> Relevo, clima, **espaço**, lugar (Aluno 18, 2017).
>
> **Espaço**, lugar, clima, vegetação, hidrografia (Aluno 19, 2017).
>
> **Espaço** e lugar (Aluno 21, 2017).
>
> **Espaço**, lugar, tempo, tanto o que vivemos como o que já passou e já foi vivido, guerras, fronteiras e mapas (Aluno 26, 2017).
>
> Área, **espaço**, tempo etc. (Aluno 27, 2017).
>
> **Espaço geográfico** (Aluno 31, 2017).

Observa-se que os alunos conseguiram atribuir mais de uma categoria estruturante em que a Geografia se preocupa em estudar. Espaço, lugar, paisagens, espaço geográfico, tempo, mapas e outros são recordados pelos alunos, o que mostra que as aulas sobre esses conceitos/categorias não foram esquecidas, tendo alguns acrescentado a busca em entender as mudanças ocorridas no espaço geográfico como um dos pontos centrais dessa ciência.

Ainda tratarei em concomitante sobre o lugar enquanto categoria, abordando os estudos fenomenológicos e geográficos. Entretanto, duas questões se fizeram presentes nos questionários dos professores que estão direcionados na mesma linha, as respostas dadas também podem ou não confirmar o que os alunos consideraram. Sugestivamente no instrumento de coleta abordei da seguinte forma: "Sobre o espaço, que é uma referência no estudo da Geografia, como você descreve no sentido geográfico?"

Os professores responderam sobre o questionamento da seguinte forma:

> *Um ambiente onde o ser humano necessita para sobreviver. Sem ele não há possibilidade de qualquer forma de ações praticadas pelo homem que garanta a existência da vida humana (Professora 01, 2017).*

> *O espaço vai dar normas a cada cidadão vai interpretar geógrafo responsável em fazer com essas pessoas possam ver esse espaço diferente! (Professor 02, 2017).*

> *Como um espaço transformado, construído e modificado pela ação humana ao longo da história de forma a atender suas necessidades. Fruto da relação e integração entre homem e natureza, o espaço geográfico é reflexo do avanço das técnicas e das ciências que ao longo dos anos foram aprimoradas pelo homem para sua melhor adaptação no espaço (Professor 03, 2017).*

O fato de ter colocado a fala dos alunos primeiro e dos professores em segundo plano serve como direcionamento para as triangulações que serão feitas com o outro grupo de sujeitos da pesquisa, pois a participação de todos os envolvidos representa a validação das buscas pelos conceitos estruturais de forma pessoal, passando pela epistemologia do conceito escolar sobre o lugar, para aquele centrado no subjetivismo dos envolvidos.

O espaço geográfico é visto pelos professores como um ambiente em que ocorrem as relações que garantem a própria existência do indivíduo humano, tendo reflexo das transformações ocorridas nele pelas técnicas e as ciências para a sua adaptação e possível domínio, como percebido pela corrente do Possibilismo geográfico[31].

Tal corrente geográfica considerada tradicional indicava a forma que o sujeito humano deveria atuar na natureza, de certa forma pelos posicionamentos revelados, subentende-se que os professores ainda pensam da

---

[31] **Possibilismo geográfico**: é uma corrente de estudo da Geografia francesa, surgido no final do século XIX, como resposta às colocações deterministas de Ratzel, visava à compreensão da influência do meio na formação e nas ideias da sociedade.
Dentro dessa perspectiva, o homem poderia transformar o meio que bem entendesse, pois além de modificá-lo ele também se adapta a esse próprio meio modificado. Os adeptos da perspectiva possibilista não responsabilizam as condições ambientais pela pobreza da população regional, pois a natureza oferece condições para que o homem a modifique.

mesma forma que os precursores e defensores dessa corrente geográfica, sendo a ação antrópica a principal condição para as transformações dos espaços, em que exercendo influência direta cria as suas possibilidades de sobrevivência com as suas técnicas e atitudes.

Dessa forma Baulig (1989, p. 67) considera que "o homem não sofre passivamente a influência do meio: ele reage, igualmente a planta, ou o animal, ou mesmo a força cujo equilíbrio é ameaçado". Essa afirmação denota a perspectiva da escola possibilista dos estudos geográficos, que ainda estão firmes nas construções escolares.

Se o homem é o sujeito capaz de alterar o espaço e dar expressão a ele com as suas ações, esse espaço geográfico do qual estou tratando possui seguramente nesse contexto as impressões digitais que o antrópico ser deixa, confirmando nessa linha que ele não sofre as influências do meio, mas que ele é o influenciador e transformador do espaço.

Entretanto, outras observações são necessárias por um prisma mais fenomenológico e não tão distante sobre a ocupação e transformação do espaço geográfico, ou mesmo antes de qualquer transformação, com base em Dardel (2015), o espaço geométrico é percebido como elemento homogêneo, algo neutro e de certa forma uniforme. Paradoxalmente o espaço geográfico tem uma composição mais diferenciada sendo ele único, "o relevo, o céu, a flora, a mão do homem dá a cada lugar uma singularidade em seu aspecto." (Dardel, 2015, p. 02).

Nesse contexto, a fim de diferenciar um espaço do tipo geométrico para o espaço em questão, pode-se ainda acrescentar que a própria geometria vai tratar do elemento espaço com vistas a um abstracionismo, vazio de conteúdos, e aberto para inúmeras combinações, em contraponto o espaço geográfico tem características que o identificam como um horizonte, sua modelagem, cor, densidade, podendo ser ele sólido, líquido ou mesmo aéreo, largo ou estreito, limitado ou expansivo (Dardel, 2015).

Nas vastas interpretações que se possa realizar sobre a composição do espaço geográfico corroboro as observações de Eric Dardel, sobretudo pela forma que estabelece sobre os elementos presentes nesse espaço, como caracterização dele, recorrendo a uma responsável e subjetiva abordagem sobre o espaço.

O autor do livro *O Homem e a Terra: natureza da realidade geográfica* reconstitui uma nova observação sobre essa categoria, se apropriando inclusive dos princípios fenomenológicos para desenvolver tais posicionamentos. Apesar de a discussão não ser a obra de Dardel, sua presença nas interpretações sobre o espaço geográfico e demais componentes desse espaço são essencialmente necessários, quando se busca uma fuga das criteriosas e herméticas definições sobre essa categoria.

O que embora possa parecer simplificado como conceituação e compreensão do espaço, destaco que apenas a presença do homem é responsável pela sua produção e transformação, do espaço, perdendo as relações experienciadas desse sujeito transformador, da observação dos aspectos vividos, das formações de geograficidades, do ser-no-mundo, do retorno às coisas mesmas e das suas percepções mais pessoais sobre vários fenômenos.

A intencionalidade que a fenomenologia visa praticar também é o interesse dessas observações, o sujeito envolvido pelos fenômenos atenta para uma definição que a Geografia já estabeleceu em seus estudos, retornando às coisas mesmas. Podemos então desconstruir ou dar continuidade às matrizes existentes em que nos baseamos para tratar dessas concepções e categorias que são base da Geografia.

Dardel (2015, p. 05) considera sobre esses aspectos em que a "Geografia não implica somente no reconhecimento da realidade em sua materialidade, ela se conquista como técnica de irrealização, sobre a própria realidade". Tal caminhar por essa expressão me permite analisar que a materialidade do espaço geográfico não deve ser a única consideração que a Geografia deva fazer, mas dito como irrealizações na própria realidade em tal ciência podem oferecer por meio das imaginações e sensibilidades do sujeito humano.

Para Dardel (2015, p. 06):

> [...] a experiência geográfica, tao profunda e tão simples, convida o homem a dar à realidade geográfica um tipo de animação e de fisionomia em que ele revê sua experiência humana, interior e social. [...]. Mesmo desgastado pelo uso, o vocabulário afetivo afirma que a Terra é apelo ou confidência, que a experiência do rio, da montanha ou da planície é qualificadora, que a apreensão intelectual e científica não pode extinguir o valor que se encontra sob a noção.

São essas observações tão profundas em que o autor nos brinda que nos recompõem diante das afirmações geográficas existentes e de certa maneira muito técnicas, e para realizar uma separação entre o conceito categorial firmado por autores que produzem os materiais didáticos que chegam até os alunos, e acrescentar essa visão, que busca a subjetividade do sujeito, em que esse por sua vez tem formas variadas para atribuir ao espaço, é o que rompe com algumas produções geográficas deixadas como suportes de ensino. Deve-se antes de tudo ensinar ao sujeito o valor das suas subjetividades sobre o espaço em que se encontra.

Será que existe um discurso do avesso na ciência geográfica? Moreira (2014) em sua obra *O Discurso do avesso: para a crítica da Geografia que se ensina* aborda temas importantes e em confluência ao supramencionado diz ele:

> Meio, recursos, relação, organização, planejamento e, ao lado destes, população, necessidades, consumo, trabalho, transformação: tais são os termos que povoam como cacos do discurso fragmentário. Falta-lhe clareza da categoria do nexo estruturante. [...] São categorias teóricas que movem, mas que parecem não conter o desejado poder de transformação de contexto (Moreira, 2014, p. 31).

A presença desses termos é manifestada no material de estudo do aluno com vistas a aprender Geografia, entretanto a falta de clareza das categorias é motivo para se preocupar com os avanços conceituais que não conseguem estabelecer as conexões necessárias, dentro de uma linha que conduza a elucidações do pensamento.

Ainda nas observações de Moreira (2014, p. 32): "Não surpreende serem essa vagueza e opacidade operacional das categorias o outro lado da vagueza e opacidade do conceito epistemológico do homem e da natureza".

Essa preocupação no entendimento base dos conceitos da Geografia é indivisível da aprendizagem assentada em forte significado e construção das relações do homem com o espaço em que ele vive. Quando os alunos observam que a Geografia tem como temas estruturais do seu estudo o espaço, o lugar, a paisagem e seus afins, dá a entender que já começam a identificar do que essa ciência realmente se propõe a apresentar esses pontos centrais, não se esquecendo do sujeito humano em todo o contexto.

9.2.4 O Lugar

A categoria que representa o âmago desta pesquisa, o lugar que será apresentado com as visões pessoais como forma de estabelecer conceituações individuais e como fonte precípua de uma aprendizagem relacional, sendo descrita com base no amor, ou mesmo no asco, ódio que os lugares possam transmitir ao sujeito, não se tratando apenas de categorizar com as bases epistemológicas, ontológicas ou a partir dos prolegômenos, mas com as tessituras tratadas no campo fenomenológico, visitando o existencial, a fim de descrever as relações infortuitas, reais do ser-no-mundo.

O lugar é o centro desta pesquisa e as relações que se mantêm com ele constituem as lugaridades, ou lugar – sem essas lugaridades, a *terrae incognitae* sendo desvelada pelas intencionalidades e suas essências. Razoabilidades de entendimento? Não. Indubitavelmente não é tão simples estabelecer conceituações sobre o lugar, tal unidade de análise e categoria que constitui parte da Geografia não se apresenta como algo tão simples de ser apresentado.

Ao recorrer às percepções fenomenológicas o lugar se torna valorado, compreendê-lo é muito importante, contudo a descrição sobre os fenômenos contidos nele é ainda mais, pois é a partir dessa descrição do fenômeno que se tornam conhecidos.

Dessa forma, abalizado nesse preâmbulo, Cerbone (2014, p. 20) expõe: "a fenomenologia está precisamente ocupada com o modo pelas quais as coisas aparecem ou se manifestam para nós, com a forma e estrutura da manifestação". Significa que as observações sobre o lugar realizadas pelo conjunto de sujeitos desta intervenção levantam a intenção de envidar esforços nessa experiência do momento a momento, do ponto a ponto em que os sujeitos, a sua consciência e as suas subjetividades são capazes de refazer uma releitura do lugar.

Trato de releitura quando mesmo buscando o fator perceptual o voltar às coisas mesmas é essencial para a recolocação de um conceito que venha tornar-se entendível pelo produtor dos seus lugares, nesse caso especifico os alunos, os professores e por último a comunidade com uma visão mais ampla.

Deveras ao conduzir uma reflexão sobre o nível em que o mundo (e dessa forma também o universo em geral) se apresenta, não como uma reunião de objetos ou eventos que são determinados por categorias rígidas intelectuais, como causalidade, quantidade ou medida, mas que são organizados segundo o campo de uma lógica perceptiva, possibilitando uma pré-objetivação na construção de um entendimento, ou seja, trata-se de suspender antes a validade ontológica sobre o que já é existente – nesse caso os conceitos de lugar –, para que se consiga então desenvolver uma inteligibilidade própria, que é dada no campo do exercício da percepção, espontaneamente por meio de uma consciência perceptiva capaz de apresentar os fenômenos como coisas (Ferraz, 2009).

Aduz Merleau-Ponty em sua obra:

> Retornando aos fenômenos, encontramos como camada fundamental um conjunto já pleno de um sentido irre-dutível: não sensações lacunares, entre as quais deveriam encravar-se recordações, mas a fisionomia, a estrutura da paisagem ou da palavra, espontaneamente conformes as intenções do momento, assim como as experiências anteriores. Agora se manifesta o verdadeiro problema da memória na percepção, ligado ao problema geral da consciência perceptiva (Merleau-Ponty, 2006, p. 47).

O lugar pode então ser considerando um fenômeno a ser observado sob a ótica do referencial fenomenológico? Ademais, os aspectos que o fenômeno traz consigo no postulado fenomenológico podem ser percebidos por transparência de alguma maneira? Assim, não existirá nenhum fenômeno do qual se pode dizer que ele não é nada, pois o que não é nada não é.

Entretanto, todo fenômeno é possuidor de suas essências, o que possibilitará capacidade de designá-lo, nomeá-lo, significando que não se pode reduzi-lo à sua única dimensão de fato, ao simples fato de que ele se tenha assim produzido, pois é a partir desse fato que se visará a um sentido do fenômeno (Dartigues, 1992).

Apoiado nessa discussão sobre os aspectos do lugar enquanto um fenômeno a ser observado e percebido, imagens e falas dos sujeitos envolvidos em revelar aspectos que possam ser elementos de uma vasta discussão, levanto o seguinte questionamento inicial: "Sobre as categorias de estudo na Geografia, quais são as mais importantes e por quê?"

> O lugar- gera mais proximidade com o que tá sendo trabalhado com o aluno. Penso ser mais fácil para o discente fazer relação do conteúdo e seu cotidiano (Professora 01, 2017, sic).

> É a cartografia, porque estudar relacionados pela localidade e como cidadão se mobiliza na sua localidade determinada localidade e escrita bem a Geografia humana estuda a sociedade é localidade onde ele está inserido e localidade círculo vizinho onde ele possa atuar na sua localidade local quanto global (Professor 02, 2017).

Observando as elucubrações dos professores, apenas uma manifestou que o Lugar é uma categoria essencial do estudo geográfico, considerando ainda que as referências dos conteúdos aplicados em sala de aula possibilitam maior contextualização visando ao aprendizado do aluno, logo, enfatiza que o cotidiano é um elemento *sine qua non* que favorece essa compreensão, a fim de que seja facilitador do entendimento teórico em sala de aula, a apropriação da categoria lugar, assim como a sua compreensão que parte da vivência e das experiências dos alunos, com capacidade de relacionar conteúdo e compreensão na aprendizagem.

Referente aos outros dois professores, os dados que se apoiam em concepções diferentes das categorias base que sustentam a Geografia, a resposta dada pelo Professor 02 apresenta a cartografia como elemento mais importante para o estudo da Geografia, o professor apresenta que essa representação pautada na orientação espacial cartográfica tem que ser considerada a essencial para outras compreensões categoriais.

Ademais, podem ser considerados reflexos das formações desses profissionais que possivelmente não tiveram um contato teórico sobre as diferenciações categorias de origem da Geografia, contudo pode-se inferir também pelas observações proximais que tive com os professores que a preparação das suas aulas concentra-se com base nesses pressupostos em levar o aluno à compreensão dos elementos cartográficos *a priori*, para que depois possam ser tratados outros temas, o que o distancia das categorias estruturantes.

Configurando parte da análise descritiva referindo-se ao conhecimento geográfico e à própria cartografia escolar, Fonseca e Oliva constatam que:

> De certo modo, o conhecimento geográfico se consagrou tradicionalmente fazendo uso do verbo e da gráfica. A cartografia e as longas narrativas verbais conviveram, não sem atritos, muitas vezes com a supremacia da cartografia, a ponto de Ritter, um dos modernos fundadores da Geografia, a seu tempo, queixar-se de uma "ditadura da Cartografia" (Fonseca; Oliva, 2013, p. 63).

Possivelmente o espectro dessa "Ditadura da Cartografia" ainda assombra o currículo e as necessidades de aprendizagens que o sistema educacional e as escolas trabalham, contudo questiono se mesmo se valendo de tal importância que a cartografia e os elementos fincados a ela, como a orientação e localização no espaço, como categoria que estrutura a Geografia, será que ela ainda se enquadra com tanta pujança, haja vista que partindo das premissas que a ciência geográfica teve suas reconfigurações em bases mais humanistas e não apenas nos números, das latitudes ou longitudes, mas buscando os aspecto centrais do envolvimento do homem com o espaço que se encontra.

É justamente nesse posicionamento que a Geografia de cunho mais humanista terá como integração espacial aferido mais pela dimensão afetiva do que pela concepção métrica (Christofoletti, 1982). Cartograficamente, as relações de distâncias que essa ciência controla não possuem nenhuma sensibilidade que envolva o homem, mas de forma positivista traduz um posicionamento mais exato, não dando margem a segundas interpretações. A subjetividade é um desconhecido para a cartografia, relações afetivas são desconsideradas para se analisar qualquer espaço.

Entretanto, já existem espaços para discussões de cunho cartográfico que envolvem o homem, é o caso da cartografia social, sendo ainda incipiente.

Apoiado nas respostas dos alunos sobre quais as categorias que a Geografia estuda, o lugar foi destaque, conjuntamente à concepção de espaço, retorno com essas inferências apresentadas nas respostas.

> **Lugar** e espaço (Aluno 04, 2017).
>
> Espaço e **lugar**, economia, paisagens (Aluno 06, 2017).
>
> Relevo, clima, espaço, **lugar** (Aluno 18, 2017).
>
> Espaço, **lugar**, clima, vegetação, hidrografia (Aluno 19, 2017).
>
> Espaço e **lugar** (Aluno 21, 2017).
>
> Espaço, **lugar**, tempo, tanto o que vivemos como o que já passou e já foi vivido, guerras, fronteiras e mapas (Aluno 26, 2017).

Percebe-se que os alunos já apresentam a capacidade de demonstrar algumas categorias que referendam a Geografia, apesar de não se tratar da categoria de forma intensa, a abordagem conforme a observação ocorre em apenas uma aula de maneira sutil e fugaz. O lugar perde sua essencial contribuição para uma ampla discussão contextual, relacional e afetiva, constituindo um aprendizado conteudista célere, buscado pelo professor a transformação apenas e não o que essa categoria pode produzir a partir das percepções individuais.

Assim, a valorização da percepção bem como das atitudes dos sujeitos que estão em fase de aprendizagem pode levantar potenciais discussões sobre as preferências, se verificar os gostos, as preferências, as características e as particularidades que os lugares apresentam (Christofoletti, 1982).

Com base na Geografia humanista então "o lugar passa a ser o conceito-chave mais relevante, enquanto o espaço adquire, para muitos autores, o significado de espaço vivido." (Corrêa, 2008, p. 30). Sendo relevante o estudo do lugar apontado dessa forma por autoridades brasileiras sobre esse assunto, os profissionais da educação deveriam enfatizar muito mais essa base, evocando assim um posicionamento de destaque ao lugar, ao compreender o lugar, os demais conceitos podem se tornar mais fáceis de entendimento, a premissa é partir do proximal para absorver um espaço maior.

Não se distanciando do que está sendo tratado a despeito e a propósito do lugar, no campo das categorias empíricas deste estudo, foi enfatizado e valorizado a relação que os sujeitos, tanto o aluno como membros da comunidade, mantinham com o lugar, dessa forma complementando com a apresentação da categoria LUGAR como parte do estudo geográfico, as relações pessoais com o lugar, a individualização e as sentimentalizações serão tratadas a partir desse ponto.

CAPÍTULO 10

RELAÇÃO COM O LUGAR: AS IMAGENS DOS SUJEITOS E SEUS LUGARES

Considerando o fato de que não são apresentadas as relações que os sujeitos mantêm com o seu lugar, quando se dá encaminhamento teórico em sala de aula pelo professor, um ponto que considero oportuno contém a observação que os sujeitos apresentam sobre sua experiência vivida no lugar, os aspectos de amor e de ódio, embora pareçam sem importância para alguns, para os indivíduos sobre os seus lugares e a sua manifestação, torna-se esclarecedor sob a luz da percepção e da Topofilia.

Dessa forma convém abrir o diálogo com Dardel (2015, p. 01-02): "Amor ao solo natal ou busca por novos ambientes, uma relação concreta liga o homem à Terra, uma *geograficidade (géographicité)* do homem como modo de sua existência e de seu destino".

Nesse diálogo inicial já pontuado em outro capítulo sobre a definição de Topofilia em Tuan, ele acrescenta sobre a relação que o ser humano busca: "A Topofilia não é a emoção humana mais forte. Quando é irresistível, podemos estar certos de que o lugar ou o meio ambiente é o veículo de acontecimentos emocionais mais fortes ou é percebido como um símbolo." (Tuan, 2013, p. 136).

Conforme encontra-se estabelecido na atitude fenomenológica, é um convite explícito para que possamos deixar que as coisas apareçam com as características inerentes a elas dando-lhe transparência, ou seja, é o mesmo que deixar com que as essências se manifestem de forma transparente nos fenômenos (Capalbo, 2008).

O posicionamento fenomenológico requer um conhecimento de sentido subjetivo, que parte da intencionalidade de consciência, em que as manifestações do ser constituem seu principal interesse, as diferentes relações entre os sujeitos humanos vão construindo nesse contexto um *corpus* de intenções com respaldo no humanismo, é a aproximação do sujeito, do objeto e do fenômeno.

As relações humanas variam de sociedade para sociedade, e com base nessas observações que Tuan (2013) ao escrever sobre a Topofilia traçou um mapa de como as diversas relações ocorrem, ao estudar diversas sociedades, principalmente quando se trata das relações com o meio ambiente, ou mesmo o lugar que o ser humano se encontra em outra obra, *Espaço e Lugar: a perspectiva da experiência* (Tuan, 2013).

Na entrevista realizada o Professor 02 coloca o lugar e a relação do ser humano da seguinte maneira:

> *O lugar é onde o ser humano creio que habita, então existem diferentes tipos de lugares, então, quando se fala nesse termo vai desde o entendimento do próprio profissional ensinar o lugar pra o cidadão que não tem um bom conhecimento de Geografia, às vezes ele até conhece o lugar, mas em meio geográfico ele não vai conhecer detalhadamente, detalhes desse lugar e meios determinados que a Geografia redefine o lugar em outros termos (Professor 02, 2017).*

Dessa forma, vejo que o professor considera o lugar como o espaço de habitação, pode-se ter como elemento de descrição dos fatos relacionados do que aponta o professor a falta de conhecimento geográfico que o sujeito possa ter em relação ao lugar que ele habita, mas que tem um conhecimento empírico sobre o lugar. Dessa forma o sujeito relaciona a sua experienciação com o espaço lugar sem necessariamente precisar de um conhecimento sistematizado, tratado em sala de aula.

Não obstante, considero que a forma que trata Tuan sobre as relações como elementos de amplo sentido se soma a esse tema. Diz ele sobre as atitudes e as relações humanas:

> As atitudes em relação a vida e ao meio ambiente refletem necessariamente variações individuais bioquímicas e fisiológicas. O mundo de uma pessoa acromatópsica[32] deve ser um pouco menos policromático que o de uma pessoa com visão normal. Reconhecemos também diferenças temperamentais entre as pessoas. A perspectiva diante da vida, de uma pessoa melancólica ou plácida diverge muito de uma esperançosa ou irrequieta (Tuan, 2012, p. 177).

---

[32] Acromatópsico: incapacidade de distinguir as cores. **Dicionário infopédia da Língua Portuguesa com Acordo Ortográfico**. Porto Editora, 2003-2017. Disponível em: https://www.infopedia.pt/dicionarios/lingua--portuguesa/acromatópsico. Acesso em: 20 jul. 2017.

Nesse sentido as atitudes que temos em relação ao ambiente em que nos encontramos são variadas e nunca de forma homogênea de indivíduo para indivíduo, os contextos a que se dão podem incorrer inclusive sobre os aspectos da fisiologia do humano, logo, ao reconhecer que os aspectos temperamentais reforçam essa observação de que o individualismo do espaço e sobre o espaço estão centrados em condições que envolvem a percepção e o próprio corpo, haja vista que percepção é a forma do ser humano sentir e ver o mundo.

Ao fazer o questionamento em entrevista para os alunos sobre as suas relações com o lugar específico tive a oportunidade de observar a participação deles e das suas manifestações pessoais. A pergunta feita ao grupo se referiu diretamente à relação que eles tinham com o lugar. As respostas seguem a seguir identificadas pelo termo Al, que significa aluno ou aluna:

Al. 01
Pra mim esse lugar não significa muita coisa, mas é á que vivo, não que isso seja umas das melhores coisas do mundo para mim, pelo menos tenho minha família. Mas, não estou nem aí pra esse lugar.

Al. 02
Significa alegria, harmonia ele é muito especial para mim, conheci muitos amigos pessoas boas.

Al. 03
Significa minha vida.

Al. 06
Significa muito porque minha mãe está construindo nossa casa.

Al. 11
Significa tudo nasci e cresci e até hoje ainda vivo lá, como tive várias coisas boas e ruins.

Al. 13
Um lugar muito importante, pois foi onde eu cresci.

Al. 14
Significa tudo de bom, moro lá desde minha infância, não tenho mágoa com ninguém e eu me sinto muito feliz nesse lugar.

Al. 16
Significa muito, significa a minha vida toda. É o lugar que eu cresci, onde chorei, onde sorri, onde passei todos os momentos da minha vida. Significa tudo.

Al. 18

Significa tudo de ruim, pois eu não gosto do meu bairro, nunca gostei, minha maior vontade é ir embora pra onde eu morava "Pará"".

Al. 23

Significa muito apesar das dificuldades, tem muito valor e história porque foi onde eu me criei e cresci.

Al. 24

Não significa muita coisa na minha vida, apesar de ser pessoa que eu gosto muito.

Al. 25

Significa que já morei em quase todos os bairros de São Luís e me estabilizei em um.

Al. 33

Pra mim o lugar é onde uma pessoa se adapta, gosta e descobre culturas etc.

Al. 34

Um lugar muito bom pra morar, apesar das dificuldades e violência, nossa união sempre será mais forte do que tudo isso.

Al. 35

Muitas recordações de lembranças e saudades.

O que tenho como percepção frente às respostas dos alunos quando questionados sobre essa relação com o seu lugar é que vão do extremo amor ao ódio, sentem pelo ambiente e lugar que vivem carinho e ojeriza. As respostas que foram dadas por eles partem também de uma dificuldade de se expressar sobre esses lugares, alguns se sentem cativos, presos, muitos preferem não estar nesses lugares, em seus bairros.

As experiências de vida que eles carregam manifestam-se com suas falas, mesmo sendo curtas, mas ressoam de forma distante, sendo ouvidas pelo íntimo pessoal, são justamente as subjetividades do ser. Como tenho observado no campo da fenomenologia, essa condição, a descrição que cada sujeito foi capaz de expor, conjuntamente aos seus fenômenos sobre o lugar, como alegria, harmonia, o ruim, o bom, o gostar, a violência, a criação familiar, recordações, lembranças, saudades, felicidade, o chorar, o sorrir, a habitação, são justamente as essências que se prendem aos fenômenos que são percebidos pelo lugar.

Essa necessidade de conhecer por meio da descrição de cada sujeito que encontra-se em construção enquanto ser humano é importante no aspecto da Geografia humanista e fenomenológica, pois parto do princípio de que desenvolver lugaridades parte das primeiras condições individuais.

Quando o ser consegue sentir no seu espírito (Hegel, 1992), ou no corpo (Heidegger, 2005), em sua percepção (Merleau-Ponty, 2006) os aspectos da Topofilia (Tuan, 2013), a relação afetiva de amor com o lugar, e que por sua vez não apenas se manifesta de forma boa, mas de outras formas, como o desgosto por estar vivendo em determinado lugar e com determinadas pessoas, são pontos a serem descritos.

> *O lugar é a história de alguém, é a vida da pessoa e se você é um ser humano e ali está inserido, você tem que ter intimidade com aquele ambiente, ter uma relação e isso ligado ao ensino da Geografia pode ser muito bem dividido ou trabalhado, você vai ter uma proximidade, como eu já falei, vai ter uma intimidade com essa situação e disseminar o conteúdo, o lugar é isso, ou aquilo, é a sua vida, é onde você transforma, é o que você faz pra viver (Professor 01, 2017).*

A professora que encaminha suas observações para descrever o lugar contempla características que são importantes para se compreender de forma fundante o conceito de lugar, quando a sua voz possibilita entender que a história de alguém faz parte do lugar, percebe-se claramente o que é proposto nos estudos fenomenológicos, o voltar a si, as histórias trazem memórias e as memórias fazem parte da identidade que serviu como catalizador das relações de amor ou de ódio. As memórias servirão para levar o homem ao seu passado e às suas origens.

Contudo, Merleau-Ponty (2006) alerta que a percepção não é apenas experimentar um sem número de impressões que acabam trazendo consigo as recordações sendo capazes de contemplá-las, não é levar a recordação ao olhar da consciência de um quadro já subsistente, mas enveredar "no horizonte do passado e pouco a pouco desenvolver suas perspectivas encaixadas, até que as experiências que ele assume seja, como que vividas novamente em seu lugar temporal." (Merleau-Ponty, 2006, p. 47-48).

Observando a fala do Professor 03, dentro do que se discute sobre a relação das pessoas com o lugar, a seguinte declaração conceituando o lugar para tratar da possível relação que as pessoas mantêm com ele:

> *Lugar dentro da perspectiva geográfica é uma porção do espaço dotada de identidade própria em que o indivíduo estabelece suas relações de afeto de amizade e de convívio.*
>
> *A partir do momento que ele tem essa estreita, sabedoria nessa concepção, essa... da questão do lugar próprio onde ele vive, ele vai ter a possibilidade de estabelecer uma relação ampla, dos demais lugares de forma que ele inter-relacione o lugar onde ele convive com os demais lugares do espaço geográfico tanto a nível local, como regional e até mesmo mundial (Professor 03, 2017).*

Percebo que a descrição que o professor faz em relação à forma que o sujeito, a pessoa, se apropria da concepção do lugar, sendo que deva existir previamente a percepção do espaço com sua identidade própria, a transição elementar para a compreensão maior sobre o lugar, é adquirida mediante as relações que são despojadas por ele centradas no afeto, na amizade e no amplo convívio social. O lugar vai se caracterizando não apenas como um algo vago a ser preenchido, mas um espaço representativo, de memórias e com fortes aspectos de manifestação de enlaces sociais.

Esses aspectos que gravitam sobre as discussões do lugar enquanto categoria da Geografia, nessa busca empírica e das manifestações relacionais presentes nos fenômenos e suas essências, quando descritas as relações pessoais e coletivas, conduzem a maior aprofundamento, quando a comunidade local discute sobre o bairro, que para eles e os alunos são lugares de alta representatividade, as experiências cintilam sobre as aparências topofílicas dessas afetividades.

No sentido de conduzir o entrelaçar dessas questões Tuan (2013) responde da seguinte forma:

> A resposta ao meio ambiente pode ser basicamente estética: em seguida, pode variar de efêmero prazer que se tem de uma vista, até a sensação de beleza, igualmente fugaz, mas muito mais intensa, que subitamente revelada. A resposta pode ser tátil: o deleite ao sentir o ar, água, terra. Mais permanentes e mais difíceis de expressar sentimentos que temos para com um lugar, por seu lar, o *locus* da reminiscência e o meio de se ganhar a vida (Tuan, 2013, p. 136).

Convém estabelecer as dificuldades na ação de expor tacitamente os fenômenos que configuram o lugar do indivíduo, nessa trilha em que a topofilia não será considerada como a emoção humana forte, todavia "podemos estar certos de que o lugar ou o meio ambiente é o veículo de acontecimentos emocionalmente fortes ou é percebido como símbolo." (Tuan, 2013, p. 136).

Ressalto que a partir das experiências, os significados de espaço acabam se fundindo como de lugar, isto é, aquilo que embora seja inicialmente considerado espaço indiferente para muitos aos poucos pode ir se transformando em lugar, na medida em que vamos dotando de valor esse espaço-lugar.

Na pesquisa tive a oportunidade de ir traçando uma teia que estava intencionalmente voltada para produzir um conceito pessoal sobre a relação que os alunos mantinham com o seu lugar, contudo sem esquecer a produção de um conceito pessoal decorrente de toda a intervenção da pesquisa-ação e da volta às coisas mesmas, e nesse sentido considero que colocar em suspensão um conceito já existente se faz necessário para produzir uma nova definição.

Algumas imagens são reflexos sem movimento, mas que mostram os fenômenos e suas essências sobre os lugares que os alunos produziram, a força que as imagens possuem para expressar as percepções são muito amplas, diferentes interpretações. Caso houvesse necessidade, dentro de uma abordagem hermenêutica, ou semiótica profunda do produto imagem, dariam explicações das mais diversas. Como o meu objetivo pautado na intenção da atitude fenomenológica não visa explicar o fenômeno, as causas e seus possíveis efeitos, temos apenas que nos ater às descrições dessas produções e seus sujeitos.

10.1 As imagens do Lugar: o meu lugar

As imagens que foram produzidas pelos alunos não tiveram minha intervenção direta, pois as orientações foram dadas em sala de aula, após exposição dos conteúdos referentes aos temas: Topofilia, Topofobia e as abordagens do material didático, entretanto vale ressaltar mais uma vez que o uso do *WhatsApp* foi essencial nesse momento.

É importante de início destacar que as imagens são representações do que cada aluno pensa a respeito do seu lugar, suas experiências são apresentadas a partir dessas produções, ao utilizar os celulares de forma individual puderam apresentar como resultado as imagens que seguem adiante. Muitos tiveram suas dificuldades em estabelecer para si esses lugares, além de expor os motivos que retratam as relações pessoais. Cada imagem é traduzida em lugares pessoais, as subjetividades são fontes importantes nessa construção da observação e descrição do fenômeno.

Considerando então como Lugar escolhido pelos alunos temos desde o açude a locais mais íntimos, como parte de cômodos das suas residências. Logo, como apresentado no Quadro 1, são subcategorias que os alunos estabelecem para indicar seus lugares.

Figura 2 – O açude: meu lugar

Fonte: Aluno 13, 2017

A imagem supra, escolhida pelo aluno sobre o lugar que ele mantém maior relação afetiva, retrata a sua aproximação com o ambiente natural, a opção por reproduzir a imagem, que segundo o próprio sujeito, ao ser perguntado por que ter escolhido esse lugar para demonstrar seu sentimento por determinado lugar, cita que:

> Porque é lugar natural, com paisagem que eu gosto de estar com meus familiares, sempre que posso eu fico nesse lugar, me dá paz. Quando saio da escola é para esse lugar que vou, fica no fundo da minha casa e etc. (Aluno 13, 2017).

É importante destacar o que Dardel (2015) apresenta:

> O espaço aquático é um é espaço líquido. Torrente, riacho ou rio, ele corre, ele coloca em movimento o espaço. O rio é uma substância que rasteja, que "serpenteia". As águas "des-

lizam através do frescor dos bosques espessos, dormente agitados, elas não murmuram, elas correm penosamente" (Dardel, 2015, p. 20).

O autor considera que as águas também são formadoras de um espaço importante, os rios são espaços líquidos que refletem em grande parte da sociedade relações de afeto, lembranças. O açude é um espaço líquido que também carrega em si a presença da relação que o sujeito tem, pois é um lugar de tranquilidade e refúgio para muitos.

Praticamente na mesma proporção outro sujeito trouxe uma imagem para mostrar na sala de aula para todos que mantêm um forte laço com o ambiente natural, ao expor para a turma que no fundo da sua casa há uma praia, despertando o interesse do grupo de conhecer esse espaço.

Entretanto, o sujeito da pesquisa manifestou indignação com a falta de cuidados com o lugar que fica em uma área da sua família. Na sala de aula ao ser questionado por que gostava do determinado lugar em que foi produzida a imagem, houve emoção por parte das suas lembranças e da forma como ele trata aquele ambiente físico e natural. Acrescentando que se pudesse estar sempre nesse local, isso faria constantemente.

Para Tuan (2013, p. 89): "A mente aprende a estabelecer as relações espaciais muito depois que o corpo tenha dominado o seu desempenho". As relações que o sujeito mantém com o seu lugar reflete naquilo que ele produz na mente, considerando uma habilidade com o seu espaço, o que conduzirá ao amor ou a outra forma sentimental com o lugar.

Apresentar essas subjetividades dos seus lugares pessoais com o auxílio da Tecnologia Móvel representa indubitavelmente a saída de uma forma de descrever seus espaços apenas com imagens já produzidas por outros, levando o aluno sujeito envolvido na pesquisa à compreensão subjetiva da escolha por esse lugar, elaborando por si critérios para a inclusão e exclusão, a fim de dar significância aos aspectos fenomenológicos da sua percepção e do seu achado topofílico, que, por sua vez, irá retratar sua sentimentalização pelo lugar. Fazendo uma Geografia capaz de aparecer o sujeito na sua essência.

Figura 3 – Prainha no fundo de casa: meu lugar

Fonte: Aluna 16, 2017

Pela descrição supra, pode-se perceber a relação da aluna, assim como dos seus familiares, com o ambiente que ela destacou como um lugar importante para todos eles, e que por sua vez deveria ser preservado tanto pelos moradores que residem na proximidade como pelos órgãos públicos que não percebem o valor que o lugar tem para essas pessoas. O laço afetivo por esse espaço aquático é que Dardel (2015) trata, diz ele: "[...] sobre a praia se detém o homem: de lá ele lança seu sonho e suas aventuras [...]." (Dardel, 2015, p. 22).

O sentimento de prazer total é o que poderia sugerir ainda mais a tradução da imagem, essa real e profunda relação que o sujeito cria com o seu mundo, defendendo-o a qualquer custo. Pode-se notar que em uma das imagens o caminho por onde as pessoas se direcionam à praia já se encontra cheio de lixos jogados pela população, o que deixa as pessoas que frequentam o lugar indignadas. Na entrevista a aluna relata sobre esse lugar:

> *Escolhi a praia porque eu amo a natureza e amo a praia me faz sentir bem sou a apaixonada pelo mar. Escolhi a poluição das ruas caminhos porque isso me deixa muito revoltada. As pessoas reclamam que aqui não tem lazer, recursos, mas, mesmo assim elas mesmas se destroem (Aluna 16 sobre o seu lugar, 2017).*

Na concepção de Tuan (2013) sobre a praia:

> Não é difícil entender a atração que exercem as orlas marinhas sobre os seres humanos. [...] por um lado, as reentrâncias das praias e dos vales sugerem segurança, por outro lado o horizonte aberto para o mar sugere aventura.

A praia então tem uma forte atração sobre os sujeitos humanos, por meio deles muitos continentes foram desbravados, levando a uma observação geográfica como diz Dardel (2015) de velas defraldadas[33], desde as grandes conquistas marítimas, ao lazer e à afetividade que se possa ter por esse espaço. O fenômeno observado como sendo o apreço e amor à praia que o sujeito tem não é algo traduzido de forma literal nos livros, entretanto algumas literaturas podem até tentar traduzir em forma de ficção os sentimentos que o indivíduo possa ter, mas é a partir do sentir, do estar e do vivido que o sujeito realmente poderá apresentar as suas experiências com esse lugar mediante as suas afetividades.

10.1.1 O Parque da cidade de São José de Ribamar

O Parque da cidade no município de São José de Ribamar é um local onde as pessoas se encontram, é interessante que no período da tarde, após a saída dos alunos das duas escolas, muitos se dirigem para esse local para se encontrarem, ficam horas e horas em dialógos com temas bem variados.

Nas observações realizadas, o local é limpo e bastante arejado, de uma singular calmaria, com a presença de árvores além de uma estrutura construída. Nesse mesmo lugar os alunos se concentram para a espera dos coletivos que saem para diferentes bairros da cidade de São José de Ribamar.

---

[33] Apesar de ser um termo de Lucien Febvre, Dardel coloca alguns elementos se referindo a grandes explorações que ocorreram no mar. Uma forma de mostrar o quanto o mar é um influenciador direto na vida e nas conquistas da humanidade.

Figura 4 – Parque da Cidade S.J.R.

Fonte: Alunos 04 e 35, 2017

As imagens supra foram produzidas pelos alunos quando questionados sobre os seus lugares favoritos, dois desses alunos trouxeram as imagens em movimento, que foram filmadas com os celular do parque da cidade, ao serem questionados sobre o porquê das suas escolhas e que tipo de sentimentos esse "lugar" causava a eles, suas respostas foram:

> *Eu primeiro tirei umas fotos para editar não deu certo então eu fiz uma gravação do parque da cidade (Aluno 04, 2017).*
>
> *Eu fiz a gravaçao do parque da cidade e a igreja matriz porque são dois lugares que representam muito para mim, na minha vida. Sempre que eu posso eu vou até lá. Quase todo final de semana eu encontro meus colegas nesse lugar. É esse o lugar que eu mais gosto. Que eu tenho uma relação de amor por ele (Aluno 35, 2017).*

Para a realização da atividade, dois formatos foram solicitados para que os alunos pudessem manifestar as suas relações com seus lugares, sendo orientados para produzirem as imagens sem movimentos (fotos) e imagens em movimentos (vídeos). Para os alunos, a essência traduzida pela visitação ao lugar chamado Parque da Cidade os deixava aparentemente alegres por estarem nesse lugar. E como bem observado pelo aluno, o fato de se encontrarem com os seus colegas já denota a afetividade que têm uns com os outros.

Além de ser considerado um cartão postal da cidade, o Parque da cidade de São José de Ribamar é um espaço importante. Considerando o que Tuan fala a respeito:

> No entanto, mesmo as cidades pequenas vendem cartões postais, divulgando uma crença no valor de suas ruas principais, parques e monumentos. Os cartões postais retratam aspectos da cidade de modo que se acredita que deem créditos a ela. Ocasionalmente, uma cena típica de rua é mostrada, mas, na maioria das vezes os cartões, acentuam os pontos de interesse-as partes que captam a atenção, que tem muita imaginabilidade (Tuan, 2012, p. 281).

Foram tantos os lugares que os alunos escolheram como forma de representação afetiva que categoricamente passam diversas informações de caráter topofílico e às vezes topofóbicos. A representação desses lugares às vêzes deixava as afeições físicas e se concentrava em elementos mais pessoais, muito mais fechados em si. Certamente, a volta do ser, mas com o lugar, um encontro pessoal, que direcionava a momentos de introspecção do sujeito.

O ser humano não consegue viver isolado, essa é uma questão básica tratada pela Sociologia, contudo não é sempre que esse se sentirá bem acompanhado por diversas pessoas, alardeado por muitos, e dessa forma poderá optar pelo distanciamento e seu isolamento, um isolamento planejado e que reflete segurança, de certa forma ao conversar com os alunos que produziram essa imagem, ou que demonstram na realidade a essência do fenômeno, diversos o apontam como o *point* da cidade de São José de Ribamar.

Os jovens apontam também a presença de *wi-fi* nesse lugar, o que movimenta ainda mais o espaço, como o índice de violência nessa área é quase zero, os alunos identificaram por meio das imagens em celular ou vídeos que reproduziram pelos seus *smarthphones* que a convivência com pessoas diferentes é interessante, pois mostra como gostos, ideologias, apreço a cultura e religião são bem diversificados.

10.1.2 Minha casa

O ser humano sempre buscou lugares para sua proteção, é notório o que a história da evolução humana vai discutir e apontar quando o homem, ao migrar, e se deslocar intensamente e exaustivamente de lugar para lugar, no hábito de nomadismo, terá uma mudança radical ao se fixar em um único lugar, criando ali laços de afeto, geografizando seu lugar, o ser sedentário, não mais nômade, divagando, mas agora fixo, criando, produzindo e reproduzindo lugares.

Dessa forma, tal lugar poderá então pelo ser humano ser chamado de "lar", o "lugar" então é o seu "lar", para tal, mantém as suas memórias mais identitárias possíveis fixadas a esse "lar", e a casa é o lar, é um lugar onde risos, choros, alegrias, tristezas, conquistas e decepções movimentam esse ambiente. O indivíduo humano, ao relatar sobre a sua casa, trará consigo muitas recordações memoráveis. Um real significado de lugar nasce no lar, na casa.

Os alunos trouxeram como representação dos seus lugares pessoais, da sua topofilia, o lugar-casa, seu espaço. Embora conflitos possam ocorrer nesses espaços, é considerado como recanto para muitos devido às relações criadas por eles.

Não foi apenas o espaço completo das residências, mas ambientes que costumam dar mais importância, como o quarto, a sala, a cozinha, que para esses alunos se traduz em lugar afetivo, seja o afeto de carinho pelo fato de passarem a maior parte do seu tempo, ou outros fatos que são mais complexos em serem retratados, mas que no conteúdo fenomenólogico acabam servindo como *constructos* que, juntos, formam pessoas e os sentimentos que essas carregam em si.

Nesse sentido acrescento o que Tuan (2013) aponta "o sentimento por lugar é influenciado pelo conhecimento de fatos básicos: se o lugar é natural ou construído e se é relativamente grande ou pequeno".

Não os espaços apenas considerados grandes capazes de referenciar como um lugar, mas o conhecimento desse lugar pelo sujeito para que dessa forma possa ser atribuída uma afetividade. Assim, lugares como a casa ou os cômodos que nela estão justapostos são incorporados à sentimentalização que o sujeito será capaz de desenvolver. A seguir apresento imagens que tratam da casa como lugar preferido pelos alunos que participaram da pesquisa.

Figura 5 – Minha casa, meu lugar

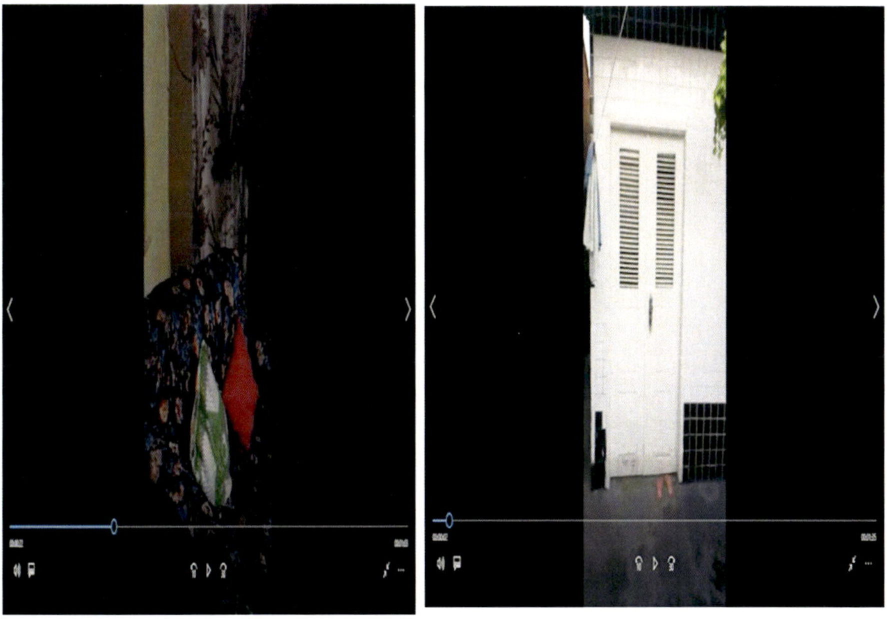

Fonte: print do vídeo produzido pela Aluna 40 e Aluna 17, 2017

A aluna que produziu o vídeo do seu lugar relatou que:

> *Essa é a minha casa, é considerado um lugar que eu me sinto bem, diferente dos outros lugares que, pra onde eu vou, como a minha escola, como nas casas das minhas colegas. Aqui é a sala da minha casa, eu sou muito caseira, onde eu, é difícil as vezes eu sair, ainda mais quando eu estou reunida com os meus primos, ou com os meus colegas, mas gosto bastante de ficar em casa, aqui, fazendo as minhas coisas, minhas coisas particulares, minhas coisas casuais. O quarto. É o lugar que passo meus momentos, é o lugar mais tranquilo, onde eu descanso, onde eu fico pensando em meus pensamentos, é o quarto meu e do meu irmão. Então, essa é a minha casa, é o meu lugar, onde me sinto bem, diferente dos outros lugares, é o lugar, onde eu consigo me abrir, mais ativa, mais expressiva (Aluna 40, 2017).*

A Aluna 40 descreveu de forma aberta e objetiva o seu entendimento sobre o lugar, bem como a relação com ele. É importante observar que a casa é um local onde se encontra a tranquilidade e o sossego, essencialmente a aluna que produziu o vídeo revela que os seus parentes primos são motivo para que a casa tenha esse valor especial, logo, as reuniões familiares acontecem em sua casa, no seu lugar. Ademais, descreve como fatos que as suas produções, reflexões e inflexões são produtos de estar nesse lugar, na sua casa.

A Aluna 17 participante desta pesquisa produziu um vídeo também descrevendo a sua relação com a sua casa. A sua descrição relacional começa com um vídeo feito pela manhã antes de se dirigir para a escola. Contudo, a sua descrição é mais pela construção em si da casa e todos os espaços externos a ela, do que a sua relação afetiva, mostrando no vídeo que a sua casa é produto do esforço do seu pai, bem como demonstram os compartimentos externos da casa, não conseguindo fazer uma correlação sentimental com o seu lugar, mas que declara ser o seu lugar preferido de estar, a sua casa.

Com grande dificuldade a aluna não consegue expor de forma natural que tipo de relação afetiva possui com a sua casa, mesmo apontando esse lugar, possivelmente devido a estar filmando, o que para muitos é difícil devido à timidez, mesmo vivendo diariamente usando o celular, seja para tirar fotos, ou fazer pequenos vídeos que são colocados em seus *status* no aplicativo *WhatsApp*, alguns tiveram grande dificuldade em realizar a atividade, entretanto conseguiram entregar tanto as imagens em movimento quanto as sem movimento, a fim de descrever suas essências. Ressalto que mesmo com dificuldade a Aluna 17 descreveu seu espaço de forma sintética.

A casa do Aluno 07, para ele, é o lugar mais importante, a sua produção foi realizada também antes de sair para a escola, e este comenta que:

> *Então galera esse aqui é o lugar que eu mais gosto de tá, minha casa é bem grande e tem várias ? Enfim, esse o lugar que eu mais gosto de tá, que eu me sinto acolhido, até pelo fato de ser minha casa. Agora estou indo pra escola (Descrição do vídeo pelo Aluno 07, 2017).*

Importante o destaque que o aluno faz em relação à sensação de acolhimento que a casa, o seu lugar especificamente, representa, a essência expressa por ele é de proteção, de conforto físico, refúgio, dentre outras formas de sentir, quando se está acolhido. Por isso, a intencionalidade de ver quais essas essências observadas de forma individual, haja vista que outros poderão não encontrar o mesmo princípio de refúgio, mas de repulsa fina sobre esse mesmo lugar: a casa.

Embora muitos não tenham descrito a casa de forma ampla, muitos lugares que encontram-se na casa foram retratados e referidos como espaços desse lugar que estabelece uma relação afetiva, com seus significados pessoais, podendo até ser descritos como partes da categoria lugar, mas apontá-los nesse momento é necessário pelo fato de terem se tornado elementos de respostas dos alunos às questões e às atividades realizadas. Dessa forma, os compartimentos ou cômodos que os alunos consideram o seu lugar são o quarto, a sala, os espaços para estudo, e outros lugares com relações não muito positivas, como: o quintal, a rua, e até mesmo espaços como a escola, o que para uns é um lugar que contribui com o desenvolvimento individual.

10.1.3 Meu Quarto: Lugar pessoal e íntimo

Alguns alunos preferiram trazer para a pesquisa a presença da relação que mantêm com partes da sua casa. O quarto então é um espaço que produz sentimentos de amor, de formações de lembranças para os sujeitos que consideram esse lugar.

Dessa forma Tuan (2013) diz que:

> O lugar pode adquirir profundo significado [...], mediante o contínuo acréscimo de sentimento ao longo dos anos. Cada peça de móveis herdados, ou mesmo uma mancha na parede, conta uma história. [...]. A imaginação [...] é de um tipo especial. Está presa a atividade (Tuan, 2013, p. 47).

É fácil então compreender o que o autor apresenta a profundidade que os espaços pessoais representam para o sujeito, a partir de coisas simples são capazes de recontar histórias que se refletem nas relações de amor e às vezes de ódio.

A Topofília que tenho apresentado de Tuan (2012) se traduz nesse refratário do amor pelos ambientes que são subjetivos, em que o sujeito pode suscitar os seus sentimentos. Como se trata de sentimentos é lógico verificar que são elementos subjetivos, e como venho apontando, são pessoais, as essências que motivam a manifestação desses sentimentos é que dão a corporificação da Topofília para o sujeito.

A notável intimidade com os seus espaços também se manifestou conquanto ao fenômeno notado pelo interesse do(a) aluno(a) sobre o sentimento com espaços menores. Espaços de intimidade como posso acrescentar nessa compreensão.

Tais espaços se configuram marcadamente como parte integral do Ser que se constitui, às vezes, de maneira bem solitária, mas na medida em que este consegue estabelecer relações, também proporciona a saída do isolamento dividindo muitas ocasiões da sua esfera de intimidade com outros sujeitos. Portanto, o quarto ganha um destaque da permissiva forma que o Ser se molda no seu pertencimento com o mundo ao seu redor. São lugares dentro de lugares.

Figura 6 – Meu lugar dentro de um lugar: meu quarto

Fonte: Alunos(as) 17, 30 e 37, 2017

Porque é a parte da minha casa que eu mais gosto eu quarto. Porque meu quarto é onde eu durmo, descanso e estudo. Minha rua é o lugar que eu não gosto, porque devido aos buracos e as zoadas aos fins de semana (Aluna 17, 2017).

Eu escolhi a frente da minha casa porque eu não gosto e eu escolhi o meu quarto. Porque o meu quarto é meu lugar favorito (Aluno 30, 2017).

Porque foi mais fácil de explicar. Eu escolhi meu quarto, porque onde eu me sinto bem, e na escola falei que não gosto porque passo o dia todo, o bom é porque nos convivemos muito com os nossos amigos (Aluna 37, 2017).

Nesse caso específico em que os alunos expuseram seu quarto como um lugar de preferência, devido a tranquilidade e acolhimento que ele por si só traduz. O quarto é lugar de relaxamento, refúgio em busca de respostas, opção de ambiente para fugir de conflitos e um lugar onde passamos grande parte da nossa vida, esse lugar que chamamos de especial.

Esse é um lugar que temos mais tempo para desfrutar, o quarto também pode ser percebido como ambiente de formação pessoal, esse lugar sugere descanso e paz, no sentido de esquecer tudo que é exterior, ou às vezes ter essa confluência a favor do indivíduo, fazendo com que possa usar de introspecções que colaborem com esse desenvolvimento de identidade.

Figura 7 – Meu lugar: a sala e meu lugar de estudo

Fonte: Alunos(a) 29, 20 e 15, 2017

Outro cômodo citado pelos alunos na pesquisa como parte fundamental para explicitar as suas relações com o lugar, com a casa, e expor as essências que encontram-se nas suas memórias, são as áreas que recebem diversas pessoas, sendo a sala um cômodo que os alunos demostraram como lugar perfeito, que gostam de estar.

Esses lugares têm grande representatividade para os sujeitos da pesquisa, destacando, pois, assim como o quarto, a sala, em que muito tempo passamos da nossa vida, seja conversando com os colegas, parentes, assistindo a algo nos aparelhos de televisão, enfim, esse ambiente é importante devido à ocorrência de diversas situações, que envolvem inclusive sentimentos, como apontado pelos sujeitos, namoros terminados, momentos de risos, alegria, tristeza, e assim como apontado momentos de reflexão.

Outro espaço é o local de estudos em que um dos alunos aponta como um lugar que é desestressante, pois é lá onde estão seus livros para estudar e o local com computador com acesso à rede de internet. Um lugar que motiva o desenvolvimento intelectual do sujeito que produziu a sua estreita relação com esse espaço.

As próximas imagens chamam bastante atenção na escolha dos alunos em retratar a escola que estudam em dois momentos antagônicos, de um lado elementos que mostram o amor, uma relação de topofilia, e por outro lado raiva, e a falta de relação com esse lugar: a escola.

Figura 8 – A escola: um outro lugar

Fonte: Alunos 13 e 33 , 2017

Como comentado, os alunos trouxeram praticamente a mesma imagem, contudo em ângulos diferentes, mas que demonstram o mesmo lugar, a escola que estudam, a principal observação que se faz sobre o lugar é que as imagens retratam o que um aluno se refere a um lugar que é bom de se estar diariamente e outro que não possui o mesmo sentimento. Importante acrescentar o que os alunos retrataram sobre a escola que frequentam todos os dias.

> *Esse é o lugar que eu escolhi, gosto de estar aqui, pois, aqui me distrai e busco aprender as matérias, além, de ficar mais longe da minha casa. Gosto muito da escola se eu pudesse eu morava aqui. Na minha casa é muito ruim (Aluno 13, 2017).*

> *Odeio esse lugar. Esse lugar parece mais uma cadeia, uma penitenciária. Cheia de muros, portões, ninguém pode fazer o que quer, tem que fazer só o que mandam. Eu não gosto daqui, venho por obrigação para a escola. Se pudesse nunca apareceria nessa prisão (Aluno 33, 2017).*

Como um dos principais agentes socializadores, a escola é responsável não apenas pela difusão de conhecimentos, mas pela transmissão dos valores de uma cultura entre gerações (Martin-Baró, 1992). Na escola muitas identidades se formam, assim como os laços afetivos entre os sujeitos que frequentam diariamente esse lugar.

Entendo que a estrutura física e material da escola é um quadro preocupante em alguns lugares, nesse contexto Kimura (2008, p. 20) considera que "a existência e o consequente acesso a condições de infraestrutura são considerados pelos próprios professores das escolas como um aspecto dotado de importância fundamental para o desenvolvimento de seu trabalho".

Apesar de não estar se direcionando o foco com as perguntas e escolhas dos professores, o autor aponta que é de se considerar uma relação entre a estrutura, o aparato presente nesse lugar, para que além do trabalho satisfatório o próprio aluno sinta prazer em estar nesse local.

Entretanto, aspectos topofílicos podem ser desenvolvidos como o inverso das topofobias que o aluno poderá desenvolver nesse ambiente. Posso até traduzir como intrigante a satisfação da exposição do indivíduo sobre esse lugar, sobre o que ele pensa, o modo que ele se relaciona com esse lugar, convidando o fenômeno a mostrar claramente parte da sua essência.

Cabe aqui nesse momento não interferir de maneira que possa buscar compreender por que o aluno não gosta do ambiente escolar. Tampouco, estabelecer algum critério para interpretar, logo, desde o princípio deste trabalho, que ficou estabelecido dentro dos objetivos que as descrições para constituir o conteúdo textual, está baseado na atitude fenomenológica com enquadramento perceptual e na intenção traduzida pela Topofilia.

O enquadramento que apresento foi sendo construído a partir do resultado da investigação, tendo como a intervenção uma forma de levantar as respostas dos envolvidos diretamente na pesquisa. Minha intenção prioritária está em descrever suas percepções diante da categoria lugar, devido a isso temos os lugares que os alunos descreveram como importantes para cada um, sendo lugares naturais, ou aqueles construídos.

CAPÍTULO 11

PERCEPÇÕES SOBRE O LUGAR: MEMÓRIAS, TOPOFILIA E SUBJETIVIDADES

Em todo o contexto que se deu para descrever as percepções dos envolvidos, foram retratadas as falas dos professores com a dos alunos, contudo um outro grupo de sujeitos também faz parte dessa movimentação empírica, em que a comunidade do bairro, pessoas consideradas como mais experientes e com algum conhecimento sobre o seu lugar, nos dão as condições necessárias para tratar de mais uma subcategoria que envolve o lugar: o **bairro** e as relações pessoais que alguns participantes que colaboraram com esta investigação possuem.

Assim, lugares se produzem a partir de sentimentos, ações, experiências e memórias. Cerbone (2014) trata sobre a questão da experiência:

> (...), sua experiência presente não é de ou sobre um mero objeto, algo cuja única descrição é a de que ele ocupa espaço ou consegue ocupar esse tanto de seu campo da visão; em vez disso, ele é uma coisa incumbida de uma determinada significância, muito particular (...) (Cerbone, 2014, p. 17).

Dessa forma, as experiências contam sobre descrever a vivência e os aspectos dessa com as pessoas do bairro, que em diferentes níveis de relacionamento ocorrem entre os moradores, os vizinhos, aqueles que chegam e aqueles que se vão, são averiguadas a partir da observação dos alunos e comunidade do seu lugar, do seu bairro.

Diferentes bairros foram escolhidos pelos alunos, na realidade não se trata de uma escolha, logo, os alunos participantes da pesquisa residem nesses lugares e conhecem um da sua realidade na cidade de São José de Ribamar.

A localização de todos os envolvidos nesta pesquisa está representada a seguir pelo Mapa 1. Mapa da localização da cidade de São José de Ribamar que mostra o contorno do espaço ribamarense onde estão localizados os bairros e as comunidades que os alunos residem, vivendo com as suas dificuldades diárias, mas que no contexto de conhecer parte dessa cidade teve respaldo para o levantamento das diferenças entre os bairros.

Mapa 1 – Mapa do município de São José de Ribamar

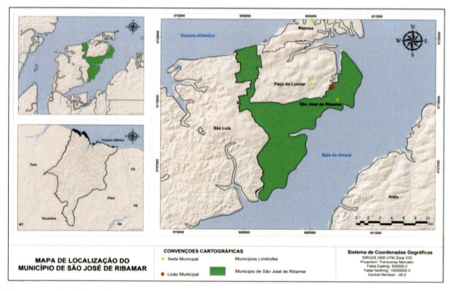

Fonte: produzido pelo autor, 2018

Dessa forma tratarei incialmente de expor alguns bairros em que os sujeitos da pesquisa residem, Gambarrinha, Panaquatira, Moropóia, Turiuba, Outeiro, São Raimundo, J. Câmara, Nova Terra, Cidade Nova e Vila São José, esses bairros fazem parte da cidade de São José de Ribamar, diferentes espaços, e ao mesmo tempo esquecidos pelo poder público, lugares recentes, invasões, e residenciais, bairros antigos, lugares fluidos e não tão fluidos assim, de fácil e difícil mobilidade. As falas dos moradores e dos alunos mostram então seus bairros e de que forma se relacionam com esses lugares.

Foi solicitado que os alunos entrevistassem alguns moradores para acrescentar o conteúdo desta pesquisa, além dos próprios alunos darem as suas respostas sobre esses lugares. Dessa forma perguntei a eles o que pensam sobre o bairro que estão e sobre a relação que tem com ele. As respostas foram muito variadas, contemplam uma riqueza de expressões e sentimentos bem pessoais.

> *Meu bairro não é um dos melhores, mas o que penso é que deveria ser bem mais cuidado. Os próprios moradores descuidam do lugar. Não tem asfalto, as pessoas jogam lixo. Na minha casa ninguém joga lixo ou algo do tipo na rua. Felizmente é um bairro até calmo, nunca houve assalto no mesmo. Não tenho nenhum tipo de relação com o meu bairro, nunca quis morar lá (Aluno[a] 01, 2017).*

> *Meu bairro é um lugar legal tem bastante gente, minha relação com o meu bairro é muito boa todos se respeitam só as vezes que rola briga (Aluno[a] 02, 2017).*

> *Eu penso que o meu bairro é muito zuandento (Aluno[a] 03, 2017).*

> *Meu bairro é um lugar um pouco isolado, longe de quase tudo. A minha relação já foi muito boa hoje não tenho tanta assim (Aluno[a] 04, 2017).*

> *Meu bairro é muito grande e às vezes eu nem saio de casa então tenha muita relação com o meu bairro (Aluno[a] 05, 2017).*

> *O meu bairro é um pouco aziado, gosto um pouco do meu bairro por que sou um pouco aziada igual ele (Aluno[a] 06, 2017).*

> É comunidade muita unida compartilhamento uns com os outros a *relação muito boa sou muito apegado a ele (Aluno[a] 09, 2017).*

> *Tem muito fumante de droga, eu não tenho nenhuma relação (Aluno[a] 10, 2017).*

> *Tenho um pensamento muito bom em relação ao meu bairro que eu moro, porque é um lugar calmo sem muita violência, precisa melhorar um pouco em relação ao saneamento, mas é ótimo. Tenho uma relação muito boa com meu bairro, moro lá desde que nasci, amo meu bairro. Pra ficar melhor tem que melhorar no aspecto de saneamento só isso (Aluno[a] 16 2017).*

Para Tuan (2012):

> Bairro e comunidade indicam conceitos populares[...]. Eles proporcionam um quadro de referência para organizar em subáreas manejáveis a complexa ecologia humana de uma cidade, também são ideais focais que se alimentam na crença de que a saúde da sociedade depende da frequência de atos amistosos e do sentido de associação comunitária (Tuan, 2012, p. 289).

As perguntas feitas de forma direta para os alunos sobre o bairro, o lugar que eles possuíam suas vivências, foram importantes para que na próxima etapa o contato com a comunidade pudesse então desenvolver maior percepção sobre a forma de abordar os moradores escolhidos pelos alunos, a partir das suas experiências sobre o lugar.

Assim, as entrevistas com a comunidade ocorreram de forma tranquila e realizada pelos alunos, acompanhadas pelo pesquisador para que pudéssemos então ver como as informações se coadunam ou divergem, lembrando que isso não importa, mas sim a descrição que os moradores deram sobre o bairro. A entrevista realizada pelos Alunos 25, 15, 33, 08, 19 e 06, com senhoras com idades entre 60, 58, 37, 66, 48 e 61 anos, foram significativas para tratar sobre o bairro em que vivem. Essa foi uma atividade extrassala de aula para que pudessem usar áudios. A seguir a reprodução de apenas alguns recortes das entrevistas, pois os fragmentos retratam as relações e memórias dos moradores com seu lugar.

Al. 25. Como era o bairro Cidade Nova quando a senhora chegou aqui?
Quando eu cheguei aqui era só mato eu fui a primeira moradora daqui dessa Cidade Nova na rua da Felicidade número 02. O bairro era só mato na Cidade Nova era só mato, na frente no fundo, não tinha casa, hoje já tem casa eu fui a primeira moradora desse lugar, e está melhorando cada dia mais. Tenho hoje minha casa de alvenaria... e... está bem melhor que antes (Entrevista com moradora do bairro Cidade Nova, 58 anos de idade, 2017).

Al. 25. Você acha que mudou algo desde que chegou aqui mudou alguma coisa?
Mudou Sim. Mudou, melhorou água, energia elétrica, então melhorou o que nos falta ainda é um transporte, é um veículo para nos conduzir para..., mas, falta transporte para nos levar para Ribamar ou para São Luis (Entrevista com moradora do bairro Cidade Nova, 58 anos de idade, 2017).

Al. 15. Como as crianças e jovens se divertiam quando chegou aqui?
Assim, não tinha jovem aqui que não tinha morador, mas hoje já tem meus netos do lado, já estudam, tem dois que estudam em São José de Ribamar, tem uma moto que leva e traz, mas... Mesmo assim a polícia achou de levar então, se torna difícil por que para eles agora não tem transporte (Entrevista com moradora do bairro Cidade Nova, 58 anos de idade, 2017).

Al. 33. *Fale um pouco sobre o local que você vive e a sua relação com esse lugar.*
Eu nasci na beira da praia, na praia de banho de São José de Ribamar, eu fui criada lá, com 27 anos eu vim morar no bairro J. Câmara, era uma invasão, era uma casa aqui e outra acolá, então eu ja moro aqui há 30 anos, vim com 27 anos moro 30 anos aqui, ela evoluiu muito, hoje em dia é uma cidade é quase o centro de São Jose De Ribamar, viu... eu adoro esse bairro, tudo o que eu quero é estar no bairro, viu... transporte, mercado, viu... esse... hospital... colégio, nós queremos ir pra São Luis o ônibus passa quase na minha porta, então eu não tenho o que dizer dele, então eu fico aqui até quando Deus me permitir eu viver (Entrevista com moradora do bairro J. Câmara, 66 anos de idade, 2017).

Al. 08. *Fale um pouco sobre o local que você vive e a sua relação com esse lugar.*
Eu moro há 13 anos no bairro São Raimundo, sempre tive uma convivência boa com todos me lembro quando cheguei no bairro São Raimundo só tinha duas escolas, hoje já evoluiu muito por que tem cinco escolas fora que foi construído um parque da cidade onde a gente podemos fazer atividade física é... e ele também já foi considerado um bairro o perigoso hoje ele já não é mais um bairro perigoso onde a gente podemos ir e voltar naturalmente sem ninguém roubar, nos assaltar e fora que é uma cidade muito boa de se morar , um bairro também assim, não pretendo me mudar daqui vou ficar até quando Deus permitir (Entrevista com moradora do bairro São Raimundo, 61 anos de idade, 2017).

Al. 06. *Qual é a sua relação com o bairro?*
Então... a cidade que eu moro é ótima não tenho o que falar, é uma cidade bacana, já moro aqui há 25 anos e gosto muito de morar em São Jose de Ribamar entendeu... e tá sendo uma cidade maravilhosa até agora. Meu bairro é ótimo entendeu... não tem violência é um lugar ótimo de morar, até agora anão tenho nada o que falar então está sendo ótimo até agora morar aqui em São Jose de Ribamar (Entrevista com moradora do bairro Outeiro, 37 anos de idade, 2017).

Al. 19. *Qual é a sua relação com o bairro?*
Eu gosto são meus amigos os vizinhos, não tenho o que dizer de ninguém, é bacana aqui a rua onde a gente mora. Muito bom. Agora é que tá passando muito carro pipa, agora tá melhorando o negócio da água, pois, não tinha água aqui em casa (Entrevista com moradora do bairro São Raimundo, 48 anos de idade, 2017).

As entrevistas contam um pouco da história do bairro, contudo não é interesse desta pesquisa o histórico espacial, mas sim as relações não sociais de forma coletiva, mas que aparecem ao longo de todo o processo, logo, também não é um processo muito simples, as informações são difíceis de serem passadas, às vezes o entrevistado não se sente bem, com certa invasão de memórias, os alunos tiveram êxito, pois essas pessoas se prontificaram a ouvi-los e a responderem as questões sobre o lugar em que vivem e suas relações.

As perguntas feitas servem de aproximação com o que estou apresentando, mas a principal era se o aluno conseguisse extrair alguma informação sobre o sentimento que esse morador tivesse com o lugar. Percebe-se então que os entrevistados conseguiram estabelecer as suas relações com esses lugares, sendo assim mostrados a partir das suas experiências, vivências e convivências, a própria idade dessas pessoas e os anos de moradia nesse local dão a veracidade dos fatos que esses observam e suas essências do fenômeno lugar.

É apontado também nas entrevistas de forma incisiva, mas alguns fragmentos da memória, da chegada ao bairro, as pessoas entrevistadas nunca tiveram a chance de participar de alguma forma, de tratar sobre o local de suas histórias, o seu lugar. Algumas apontam a infraestrutura e a mudança ocorrida desde a sua chegada até os dias atuais, são memórias da adolescência que contribuem para a descrição da formação do lugar como das suas identidades, aí temos o caso da experiência mais uma vez clara.

Como afirma Tuan (2013) sobre o fato da experiência na vida do sujeito:

> A experiência é constituída de sentimento e pensamento. O sentimento humano não é uma sucessão de sensações distintas; mais precisamente, a memória e a intuição são capazes de produzir impactos sensoriais no cambiante fluxo da experiência, de modo que poderíamos falar de uma vida do sentimento como falamos de uma vida do pensamento (Tuan, 2013, p. 19).

Merleau-Ponty (2006) sobre a experiência deixa claro que:

> O sujeito que tem a sua experiência começa e termina com ela, e, como ele não pode preceder-se nem sobreviver a si, a sensação necessariamente se manifesta a si mesma em um meio de generalidade, ela provém de aquém de mim mesmo, ela depende de uma *sensibilidade* que a precedeu

e que sobreviverá a ela, assim como o meu nascimento e a minha morte pertencem a uma natalidade e a uma mortalidade anônima (Merleau-Ponty, 2006, p. 291).

A observação sobre a experiência feita por Tuan (2013) e a questão levantada por Merleau-Ponty (2006), que discorre sobre a Fenomenologia da percepção quando trata sobre a percepção experiencial do sujeito, da forma que essa começa e termina consigo, e que por sua vez não consegue se distanciar dela na composição que forma a sua vida, como as suas memórias, que se manifesta por uma sensibilidade notada ao longo da vida.

Tentar compor uma melodia não é nada fácil quando se trata de música, compor um enredo textual que consiga entrelaçar as três vertentes de interesse desta pesquisa também não se configurou fácil, ao expor sobre como os alunos se posicionaram nos questionários e entrevistas, bem como os professores nos mesmos tipos de instrumentos de coleta de dados, buscando tratar de uma forma subjetiva dos alunos em trazer o conceito sobre o lugar a partir das suas percepções em uma atitude fenomenológica. Finalizo com a retomada das categorias presentes no Quadro 1, apresentando conceitos elaborados pelos alunos em relação a todas as atividades e intervenções realizadas.

Quadro 3 – Conceitos sobre o lugar elaborado pelos alunos

Aluno 5	O espaço onde vivemos e onde podemos encontrar qualquer tipo de natureza.
Aluno 9	É um lugar de aconchego onde eu passo parte da minha vida.
Aluno 14	É um determinado espaço que delimita um lugar, onde mora e convive várias pessoas de várias religiões, várias manias etc.
Aluno 16	Significa muito, significa a minha vida toda. É o lugar que eu cresci, onde chorei, onde sorri, onde passei todos os momentos da minha vida. Significa tudo.
Aluno 23	Significa muito apesar das dificuldades, tem muito valor e história porque foi onde eu me criei e eu cresci.
Aluno 26	Lugar é onde crescemos, fazemos amizades é onde nos sentimos bem e satisfeito.
Aluno 37	Lugar é o que nos fazemos nossas coisas construímos o que realmente queremos ser, e que fazemos na nossa vida.

| Aluno 38 | Um ninho da minha vida. |
| Aluno 40 | Um espaço próprio onde nós sentimos bem e damos valor a ele. |

Fonte: dados da pesquisa, 2017

O Quadro 3 supra descreve o objetivo da nossa pesquisa, incialmente em se tratando de esclarecer ou descrever como sugere a Fenomenologia. Destaco que não é apenas descrição sem um sentido, mas o sentido voltado para a percepção das pessoas e as relações com os seus lugares.

Lembrando, mais uma vez, que não é também de interesse do encaminhamento fenomenológico interpretar os fatos, mas citá-los para que possa ser descortinada a essência subjetiva dos envolvidos na pesquisa com lugar. Expondo o um pouco mais o que o quadro descreve de forma sintetizada, alguns conceitos finais desenvolvidos a partir das percepções que os alunos tiveram com as experiências o seu lugar.

Percebo que muitos alunos tratam do lugar como possuidor de uma representação sobre a vida particular de cada um, isto é, muitos que cresceram nesses lugares fazem questão de descrever que existem dificuldades, mas que são superadas por terem sentimentos pelo lugar.

Nesse lugar, que às vezes fala de espaço delimitado, como fatos da essência descritos, ainda é de observar que o aconchego, o amor, a alegria, a tristeza, amizades, satisfação, a construção da vida, o valor e até mesmo a citação pelo aluno como um ninho em uma bela alusão à natureza e como alguns animais vivem, em ninhos, em nichos.

Nesse sentido, todas essas formas de expressar o que contém nas relações do sujeito e do seu lugar, ou mesmo que estão no lugar, refletem na vida diária do sujeito. O aluno é o sujeito que participa ativamente da produção da sua geograficidade, que também é preenchida por uma gama de essências.

Ao afirmar que a construção do ser provém do lugar, as abordagens tradicionais sobre as categorias do lugar não tratariam de forma mais existencial que essa, é necessário que o "ser" tenha clareza de que é parte fundamental de um lugar que por extensão nasce e se desenvolve com as relações afetivas, primeiro o sujeito se percebe, e percebe o valor que o lugar tem para si. Basta entender quando Tuan (2013, 2014) discorre sempre sobre a Topofilia e a experiência sobre o lugar, detalhando elementos que representam afetividade, que designa amor sobre o lugar, saliento que nós necessitamos então obter essa compreensão, pois assim estaremos valorizando o lugar que construímos e que são construídos em nós.

CAPÍTULO 12

USANDO A TECNOLOGIA PARA CAPTAR IMAGENS PESSOAIS E SUBJETIVAS: DIFERENTES POSICIONAMENTOS

A pesquisa trouxe elementos para a análise descritiva, a questão agora a ser discutida e apresentada faz parte do conjunto desta obra, considero como elemento pautado na intervenção que a pesquisa-ação evoca as atividades que foram sugeridas aos alunos, também principiaram ampla discussão e direcionamento para outras possíveis intervenções.

É de se destacar que Tecnologia Móvel – o celular – movimenta esta pesquisa, entre os objetivos já destacados, verificar como a Tecnologia Móvel serve como apoio para o processo de ensino e de aprendizagem em Geografia é de suma importância. Vimos que tanto os professores quanto os alunos utilizam celulares diariamente, mas em relação ao educar do sujeito, de que forma esse recurso poderia servir para se aproximar das intenções sugeridas?

Ademais, mesmo se reconhecendo que a tecnologia é um caminho sem volta, que nos aproxima de uma vasta abertura de novos conhecimentos, ainda existem aqueles que não mudam seus posicionamentos, uma pedagogia tradicional continua sendo reproduzida em sala de aula, bem como as didáticas individuais.

Alguns professores não conseguem perceber que o *habitus* é uma forma de caminhar de maneira diferente, são atribuídos dispositivos novos na educação, mas muitos ainda não estão à vontade para se servirem do banquete que as TICs podem nos servir. Importante ressaltar que não se trata de agir como antes, com uma roupagem nova, da tecnologia, deve-se levar em consideração que uma didática nova com as TICs disponíveis para o ensino já se faz necessária para a qualidade da/na educação.

Dessa forma, ao tratar desse assunto, Moran (2013) diz que:

> As tecnologias móveis ampliam as possibilidades de aprender colaborativamente [...]. O professor pode se basear em situações concretas, histórias, estudo de caso, vídeos,

> jogos, pesquisas e práticas e ir incorporando informações, reflexões e teoria a partir disso. Quanto mais novo for o aluno, mais práticas precisam ser as situações para que ele as perceba como importante para ele. Não podemos dar tudo pronto para o processo ensino e aprendizagem (Moran, 2013, p. 33-34).

Devemos então perceber de forma clara que a questão da tecnologia na vida do aluno não é um estorvo, mas um instrumento colaborativo para o seu desenvolvimento intelectual precipuamente, como o alcance da tecnologia é quase que inimaginável, os novos dispositivos que servem a sociedade devem ser usufruídos em todos os contextos, no caso específico da escola, o professor e alunos, as TICs devem servir ao conjunto e à melhoria na qualidade de ensino.

Contudo, ainda precisa-se que os professores possam conhecer esse universo de forma que possa ser utilizado como insumo didático, a metodologia que se aplica, bem como as didáticas que devem sofrer reajustes, a mudança no *habitus*[34] em que o sujeito-professor deve buscar, se aprimorar.

Tomando então os princípios da Didática como a forma de se tratar dos conteúdos na escola, podendo sistematizar um conjunto de formas para se chegar ao ensino e à aprendizagem, que partem do conhecimento de diversas fontes teóricas e que buscam resultados necessários do desenvolvimento do aluno (Masetto, 1997).

Algumas verificações foram realizadas com o grupo de professores e de alunos sobre a questão do seu envolvimento com a tecnologia, em constante diálogo com a Didática e o processo do ensinar e de como se aprende, ou quais as viabilidades que a tecnologia apresenta, tratarei das observações feitas pelos envolvidos nesta pesquisa, mais uma vez suas falas se traduzem exclusivamente nas possíveis soluções para um ensino da Geografia sobre o tema escolhido e o problema colocado para esta investigação, ao apresentar aos professores a necessidade da tecnologia em sala de aula e como uma forma de contribuição direta para dinamizar suas aulas.

---

[34] A questão do *habitus* em Pierre Bourdieu no contexto que envolve a discussão educacional e do sujeito educador, enquanto habitus de mudança paradigmática pessoal, transformante a partir da transformação que a sociedade passa. A escola e o professor devem seguir no mesmo trilhar e as tecnologias na educação são condições sine qua non para o desenvolvimento das novas gerações que frequentam os espaços escolares.

Partindo do princípio de que a tecnologia pode ser um aliado do professor em sala de aula no ensino da Geografia como possibilidade didática e metodológica, lhes foi direcionada a seguinte pergunta: "A tecnologia pode ajudar ou não o professor em sala de aula? Comente seu posicionamento."

> *Sim. Afirmo sem dúvida. Porém, precisa que a aula seja muito bem planejada para que aconteça o objetivo (Professora 01, 2017).*

> *Ela é fundamental hoje, assim com ela já é usada pelos estudantes para outras finalidades (Professor 02, 2017).*

> *Sim. Com certeza, desde que o professor direcione e contextualize de forma significativa, já que graças às tecnologias, o espaço a nossa volta está em constante construção (Professor 03, 2017).*

Na realidade a necessidade inicial de colher essas informações teve como objetivo central subsidiar o levantamento das informações dos alunos, haja vista que se os professores acreditam que as TICs e o uso da Tecnologia Móvel podem levar à aprendizagem e à verificação, inclusive das alterações estudadas pela Geografia no seu objeto de estudo.

As observações dos professores sobre o uso da tecnologia móvel na escola mostram que se deve ter em primeiro lugar o planejamento, seguido da contextualização para que assim possam ser alcançados os objetivos da aprendizagem, para que ela ocorra de forma significativa.

Na entrevista realizada sobre a mesma discussão, contudo mais direcionada para o ensino da Geografia com a tecnologia, novamente as respostas são bem diferentes.

A Professora 01 na entrevista informa que:

> *Algo que eu vejo muito importante para se trabalhar é a questão da localização, as coordenadas geográficas, o uso do GPS e tudo mais, mas penso que pelo nível dos nossos alunos, aqui a nível de Maranhão, o professor tem que ter um bom treinamento, saber manusear a tecnologia direitinho, principalmente o uso do celular, esses meninos sabem muita coisa do celular, a gente está a passos de tartaruga, eles já estão, the flashs da vida... e aí eles já tem uma evolução, no uso do material do celular, e o professor precisa conhecer isso pra poder inserir essa tecnologia em sala de aula, mas eu vejo que é muito bacana, que é importante sim, tem que ter, até porque, não pode ser não, já faz parte do dia a dia já, do cotidiano do ser humano, e não dá pra ser separado não.*

Só que a gente precisa conhecer, pra poder a ação, o objetivo, daquele conteúdo trabalhado com a tecnologia a ser aplicado, realmente aconteça (Professora 01, 2017).

A Professora 01 nos dá as interpretações pessoais sobre a forma e o uso da tecnologia móvel pelo professor na sala de aula, mostrando claramente que o professor deve possuir as habilidades necessárias, para utilizar como recurso metodológico e insumo didático o conhecimento planejado.

É bastante óbvio que muitos ainda duvidem do poder que as ferramentas tecnológicas têm para propiciar as novas condições de ensino e de aprendizagem, com resultados positivos e satisfatórios. Tudo advém de como o professor recebe e se coloca nesse processo, sendo primeiro necessário aproximação com essa Tecnologia Móvel. Levantar críticas como muitos fazem é fácil, o mais difícil é se submeter a uma alfabetização tecnológica, nesse mundo em que impera uma geração conhecedora e que diariamente utiliza o celular para inúmeras atividades.

De forma a contrabalancear a discussão, os alunos tratam sobre o uso da Tecnologia de forma ampla e da tecnologia móvel – celular – na escola. Observamos em suas respostas o seguinte:

Eu penso que o celular é muito pra várias coisas assim para pesquisa e novas coisas importantes da escola (Aluno 02, 2017).

É uma forma das *aulas ser mais desenvolvidas (Aluno 05, 2017).*

Eu acho que é importante, porque nós poderíamos abrir novos caminhos através do uso do celular na escola *(Aluno 09, 2017)*

O uso pode nos ajudar a nos desenvolvermos no assunto tratado (Aluno 15, 2017).

Penso que esse método seria muito útil, faria com que nós alunos se motivassem e seria mais prática nossas atividades, porque o celular não só pra usar redes sociais *(Aluno 16, 2017).*

Pra mim o celular nas escolas ele contribui bastante para o aprendizado do aluno e facilita para o professor também em algumas partes (Aluno 19, 2017).

Muito importante para o aprendizado dos alunos e professores (Aluno 26, 2017).

A partir de agora com essa eletiva de tecnologia, o uso do celular é ótimo para aprender e saber mais coisa sobre a tecnologia (Aluno 33, 2017).

O direcionamento que os alunos mostram no contexto gerado deflagra todas as demandas de urgência em mudar as formas de ensinar, são deles as falas de forma ampla e aberta, sem rodeios, sem manipulação ou tendenciosidade, apenas suas colocações sobre a necessidade de se utilizar a tecnologia móvel para colaborar com a educação.

Percebo mais uma vez que atentar para isso é possibilitar e acreditar no início de uma mudança no ensino, não apenas os livros ou as aulas no quadro-branco, apresentadas pelo professor, mas um fazer colaborativo e não apenas individualizante. O uso da Tecnologia Móvel irá considerar que sua presença na sala de aula pode contribuir com as condições de prender a atenção do aluno, de motivá-lo e de verificar como ele aprende, ou o que ele aprendeu durante um determinado período de exposição de conteúdo.

A fim de continuar a revelar as contribuições dos colegas de profissão da área de Geografia sobre a forma que a tecnologia pode ser profícua no ensino da Geografia, outros professores representam suas necessidades por meio de entrevista. Tudo, enfim, é considerado, não há descarte, mas as observações reforçam a ideia de que a tecnologia móvel já é um meio importante de ser utilizado no ensino da Geografia. Dessa forma, os Professores 02 e 03 acrescentam neste estudo pontos relevantes sobre o uso da tecnologia.

> *Acredito o seguinte, se a Geografia for utilizada conforme a inovação tecnológica pede seria bem utilizado, só que acontece não tô me referindo a mim, porque eu não tenho essa dificuldade, mas hoje nós temos muitas professores geógrafos (as) que infelizmente não tem acesso a essa tecnologia ou não conseguem acessar e quer usar somente o material didático, mas a Geografia principalmente com essa inovação tecnológica, ela ajuda muito a inovação tecnológica no ensino da Geografia hoje (Professor 02, 2017).*

É importante destacar o que o Professor 02 em sua resposta comenta em relação à inovação tecnológica como sendo uma força importante no processo escolar, no ensino e na aprendizagem, contudo existe ainda a necessidade de conhecer e se aprofundar nesse universo. Ele demonstra que existem professores que não utilizam a tecnologia a seu favor, alguns até mesmo pelas dificuldades usam apenas o material didático. Já o Professor 03 apresenta o seguinte:

> *Eu vejo a tecnologia como uma ferramenta importante que auxilia o aluno sẽ ele souber utilizar de forma correta, é... no enriquecimento dos seus conhecimentos hoje, que o uso da tecnologia ela é uma ferramenta importantíssima dentro das escolas (Professor 03, 2017).*

A tecnologia é vista pelo Professor 03 como elemento indispensável nos dias de hoje nas escolas para que os alunos possam desenvolver os seus conhecimentos, na observação que o professor faz não se direciona exclusivamente ao ensino da Geografia, mas em um campo maior, o que envolve a escola como um todo. Tal observação tem um significado, de que a tecnologia deve aproximar todos os profissionais que tratam diretamente do ensino.

Como forma de complementação às falas dos colegas professores e ao posicionamento dos alunos, Moran (2013) sustenta a tese de que:

> As tecnologias estão cada vez mais próximas do professor e do aluno, em qualquer momento; são mais ricas, complexas e atraentes. Exigem um profissional mais interessante que elas, mais competente que elas. Caso contrário, os alunos sempre encontrarão uma forma de lhe dar as costas e de considerar o papel desse professor irrelevante, o que é muito triste e, infelizmente, costuma acontecer com frequência (Moran, 2013, p. 49).

Acredito nessa confluência entre a teoria manifestada pelos estudiosos sobre o assunto e a coleta profunda do universo prático, e, como é percebido pelo autor, a tecnologia já se faz presente na vida de todos, entretanto existe um fator crucial que muitos ainda não se prontificaram a romper. Deve ocorrer um afastamento com o comodismo, esse torna o professor anêmico nas suas atitudes didáticas, sem motivação, um mero reprodutor de teorias, com uma mente fixa em uma ideia: de que a tecnologia é complexa, e devido a essa característica inviabiliza a sua utilização no ensino.

Entretanto, se existe complexidade na tecnologia, o professor deve, quase de forma obrigatória, evoluir, não se trata de apenas pegar o celular e usar aplicativos, mas saber como transformar esse domínio pessoal dos aplicativos, ou afins, para usar na educação. É frequente o que ocorre, em relação ao desaparecimento do valor do professor no ensino, esse por sua vez deve buscar mudanças consideráveis para esse processo.

12.1 Usando a tecnologia móvel: realidades da intervenção

Nesta parte da investigação descrevo aspectos da intervenção, deixando claro que os passos da pesquisa ou etapas ao longo dos capítulos vão concentrando e desvelando as informações sobre como ocorreu a utilização dos métodos sendo expostos pelos resultados mostrados pelos alunos e professores participantes da pesquisa.

Tratarei aqui das possíveis dificuldades e acertos que tive ao longo desse processo que a pesquisa-ação me possibilitou intervir no grupo de alunos e com as conversas que tive com os professores. Inicialmente, como forma a clarear o processo metodológico utilizado, foi solicitado aos alunos, como já mostrado, que esses pudessem produzir suas próprias imagens.

Essa forma de se expressar, a reprodução imagética, remete que os alunos de forma subjetiva e impessoal exponham por meio dessas imagens a intenção desta pesquisa: o lugar.

Trazer imagens do lugar como forma categórica que abaliza o conhecimento geográfico de maneira fenomenológica e humanista, com pressupostos da Topofilia, foram as coordenadas iniciais a essa forma de tratar do rigor científico, deixando de lado um pouco a forma tradicional quantitativista, para dar vazão aos seus opostos qualitativos na pesquisa. Acertar ou errar faz parte do processo da pesquisa, o certo é que as contribuições dos alunos e dos professores também nesta parte da pesquisa esclarecem aqui mais ainda o caminho que foi seguido.

São metas qualitativas que foram sendo estabelecidas desde o começo da investigação e concomitante à intervenção. Dessa forma, Deslandes e Fialho (2010, p. 51) comentam que: "quando se trata de uma meta qualitativa, o resultado é obtido a partir de aspectos subjetivos dos produtos".

É relevante acrescentar que dos 40 alunos envolvidos apenas um teve grande dificuldade em realizar as atividades propostas. Sendo a sua justificativa apresentada como roubo do seu celular dias antes do começo da coleta de dados, mas que por algumas vezes utilizou um celular de um dos alunos participante da pesquisa. Mesmo a maioria usando o celular diariamente para conversas, trocas de áudios e de vídeos, muitos manifestaram timidez ao produzir imagens em movimento, usando como recurso apenas a voz, para descrever o lugar em que eles mantêm relações afetivas.

As imagens que são diversificadas servem de apoio a esclarecer o que é o lugar de acordo com as subjetividades desses envolvidos na pesquisa. Não há nada mais esclarecedor que as imagens. E nada mais gratificante que ver uma forma de ensinar com a utilização de um recurso que está próximo a todos os alunos.

Ao tratar de realidades da intervenção com a Tecnologia móvel, significa dizer que minha intenção é ainda dentro de uma linha dicotômica de respostas dos envolvidos na investigação de alunos e professores, além de acrescentar as concepções teóricas que discutem as linhas abordadas, revelar o que eles consideram sobre o assunto.

As primeiras partes deste capítulo já apresentam resultados da intervenção, no momento em que os professores e alunos manifestam as suas respostas. No Quadro 3 as categorias são apontadas e tratadas com as descrições dos alunos e das corroborações teóricas.

As intervenções realizadas em dias apontados nos procedimentos metodológicos nos favoreceram uma série de respostas quando incitados os alunos a responderem sobre o uso da Tecnologia móvel e sua proficiência para o ensino do aluno e a sua aprendizagem.

Para Silva (2010):

> A formação inclusiva do usuário das tecnologias digitais e da Internet precisará se dar conta das demandas da ciber-cidadania. Deverá prepará-lo para atuar no ciberespaço e na cibercidade. [...]. É preciso garantir a inclusão do sujeito como autor e coautor nos ambientes por onde ele transita de conexão em conexão (Silva, 2010, p. 141).

O preparo do aluno para esse novo universo que já se desvelou há tempos é uma obrigação da escola e dos professores, as formas de adquirir conhecimento no mundo da cibercultura, de forma a adentrar no ciberespaço e se fazer parte dele como produtor de conteúdos, é de sobremodo importante. Esse é o novo contexto em que estamos envolvidos, seja qual for a ciência a ser discutida com a tecnologia.

Iniciei minha intervenção direta na escola e com os alunos apontando como ocorreria a nossa pesquisa, logo, objetivos a serem alcançados e a forma de seletivar os sujeitos que estariam fazendo parte dela.

Por meio de uma exposição rápida de 40 minutos para a comunidade escolar, apresentei o projeto de pesquisa, os condicionantes da intervenção escolar. A seguir consta imagem do momento da exposição oral para gestores, professores e alunos.

Figura 9 – Apresentação do projeto para a comunidade escolar

Fonte: dados da pesquisa, 2017

Após a apresentação para toda a comunidade docente e discente, tratei então de selecionar os possíveis participantes da pesquisa. Logo, os que se interessaram possuíam curiosidades de qual seria a forma de trabalhar Geografia para a construção de um conceito que apenas era discutido em sala de aula, sem o protagonismo conceitual do aluno, mas a repetição do que os materiais didáticos apresentam.

Ao longo da investigação na escola e com os alunos, a intervenção ocorreu em diferentes etapas, a etapa da apresentação ao corpo escolar, a etapa de estar com os alunos e discutir os aportes teóricos, apresentar a Topofilia para os alunos, a etapa do momento em que todos tinham que utilizar os seus aparelhos de celular para trazer para a escola as imagens que reproduzissem os seus sentimentos, a etapa das entrevistas, dos questionários aplicados, a etapa da construção de um guia de perguntas para a entrevista com membros da comunidade, a etapa das oficinas de aplicativos para a edição de imagens e vídeos e a etapa final da apresentação dos resultados pelos alunos para todos. Essas etapas reconstruíram o caminho que está presente no método da pesquisa-ação.

Algumas dificuldades aparentes ocorreram no andamento da intervenção, devido aos alunos nunca terem utilizado seus celulares com fins didáticos. De forma esporádica alguns comentaram que o uso se restringia à realização de pesquisas na internet, isso quando dispunham de bônus para efetivar as pesquisas, sendo que poucos tiveram a oportunidade de usufruir dessa maneira.

Existem atualmente diversos aplicativos no campo da Geografia, mas os professores não utilizam, e muitos são jogos bem simples. É importante acrescentar que a falta de logística adequada na escola faz com que o professor também não consiga desenvolver algumas dessas possíveis atividades na escola com seus alunos.

Em relação às dificuldades que os alunos encontraram ao longo do percurso das atividades, vale apresentar seus posicionamentos sobre esse assunto, a fim de esclarecer com precisão. Os alunos comentaram sobre a produção das imagens e dos vídeos retratando as dificuldades:

> *A única dificuldade é que a câmera do meu celular é ruim por isso não do jeito que eu quero (Aluno 04, 2017).*
>
> *A minha dificuldade foi que eu não tinha um celular para gravar, por parte disso entreguei um pouco tarde o* vídeo *(Aluno 11, 2017).*
>
> *A edição do vídeo, por esse motivo entreguei o vídeo sem edição (Aluno 16, 2017).*
>
> *O celular que tem uma câmera muito boa (Aluno 19, 2017).*
>
> *O medo de ser assaltado enquanto estava tirando fotos (Aluno 25, 2017).*
>
> *A dificuldade que eu tive nos vídeos foi a forma de falar sobre o local. Por eu querer gravar em outros lugares, mas pelo motivo do lugar ser um pouco perigoso e eu não poder ir até lá sozinha por que não tenho companhia para ir comigo (Aluno 33, 2017).*
>
> *De eu andar por aí e vim alguém me roubar (Aluno 35, 2017).*

Das preocupações os alunos apresentaram a onda de roubos que eles estão acostumados a enfrentar nos bairros que vivem, por falta de segurança, não ocorreu nenhum roubo com os envolvidos na pesquisa no período em que ocorreram as atividades, logo, as atividades ocorriam fora da escola para a produção de imagens. É importante expor sobre as edições, apresentei alguns aplicativos que foram usados para editar os vídeos e as imagens editados diretamente no celular.

Tratei com os alunos em uma oficina após todos terem trazido as imagens sobre os seus lugares, bem como suas entrevistas com a comunidade dos bairros em que vivem, o que endossou os aspectos empíricos da pesquisa.

Nessa oficina expus aos alunos a necessidade de tratarmos das imagens sem movimento e com movimento, a forma de editar as imagens que todos trouxeram, muitos nunca tinham tido a oportunidade de trabalhar com diferentes aplicativos. Levei para a sala de aula um roteador para que pudessem baixar os aplicativos que foram apresentados, quando alguns não conseguiam eram convidados para que fizessem o *download* em suas casas. Dessa forma, consegui com que a maioria tivesse acesso a esses aplicativos.

Os aplicativos foram apresentados em forma de oficina, explicitado o seu uso, desde a maneira de entrar na loja virtual da *Play Store*. Notamos que muitos já usavam diferentes aplicativos, e poucos não conheciam os editores de imagens, quase todos não sabiam utilizar aplicativos para editar vídeos.

A câmera também em alguns aparelhos foi considerada pelos alunos como um dos problemas na produção dos seus trabalhos, contudo não impediu a realização. Devo destacar que em alguns casos os celulares de um ou mais de dois alunos foram emprestados para aqueles que não tivessem conseguido.

Figura 10 – Oficinas de edição de imagens e vídeos com aplicativos

Fonte: dados da pesquisa, 2017

As imagens supra mostram alguns momentos das oficinas que propiciaram aos alunos um contato com os editores de vídeos e de imagens. A oficina teve o objetivo central de discutir de que forma as imagens poderiam ser melhoradas, caso os alunos tivessem o interesse, contudo o elemento central era a edição de vídeos, além do nível de dificuldades ser maior, a criatividade dos alunos na edição se tornou o alvo, tanto quanto a produção de vídeos, criando um enlace maior entre os alunos e o seu lugar. Nessa oficina as dúvidas foram dirimidas, a apresentação foi realizada em *slides* pelo proponente desta pesquisa como uma forma também de intervenção direta, o uso dos aplicativos em sala e fora da sala de aula pelos alunos teve um resultado satisfatório.

É importante esclarecer que esse tipo de atividade foi realizado pela primeira vez com esses alunos, passamos por etapas para que pudéssemos efetivar a busca de informações fora sala de aula, de forma planejada e na esperança de que os alunos conseguissem desenvolver um conceito pessoal e subjetivo sobre o lugar. Existe uma obviedade em todo o contexto proposto, desde a pesquisa e levantamento bibliográfico à apresentação da pesquisa aos professores e aos alunos.

Sobre a importância dessa intervenção que também denomino de atividade, os professores destacaram como uma forma positiva de trabalhar o conteúdo, contrastando que não há melhor contextualização que aquela em que o sujeito esteja totalmente envolvido, as diferentes conjunturas que se encontram e criam motivos para ampliar mais as discussões são as intersubjetividades sobre todos os pontos oferecidos pelos colaboradores desta investigação.

Reproduzir as imagens como maneira de materializar os lugares que os alunos expuseram nas entrevistas e nos questionários tornou-se parte da didática que o professor pode usar para o ensino da Geografia, direcionando para que possam também aprender como protagonistas do conhecimento. Para Lowman,

> A questão real não é se as atividades dentro ou fora da sala da classe são mais importantes, mas como elas podem ser mais bem integradas para o propósito de satisfazer a um conjunto combinado de finalidades (Lowman, 2004, p. 213).

São essas combinações que devem existir na forma dos professores desenvolverem as suas aulas, não se pode mais agir como se estivéssemos no século XIX ou XX, devemos abrir os olhos e as vontades de recriar metodologias, melhorar as didáticas para que a verdadeira gestão de ensino ocorra satisfatoriamente para todos.

Os encontros com os alunos nos levaram a dirimir diversas dificuldades, contudo foi por meio do processo de *feedback* no aplicativo *WhatsApp*, e no *Facebook*, que ocorreu um apoio mesmo fora da escola para retirar as dúvidas existentes, já que era a primeira vez que os alunos desenvolviam esse tipo de atividade. As oficinas proporcionaram momento presenciais, durante dois horários em que mantínhamos esse contato maior com os alunos e em que ocorriam algumas das produções dos alunos.

Por inúmeras vezes quando os alunos tinham dúvidas sobre o procedimento de produzir as suas imagens, eles entravam em contato principalmente pelo aplicativo *WhatsApp* por ser considerado uma forma de comunicação mais rápida, dessa forma existia um controle de todas as ações dos alunos, pois eles, além de perguntar, mandavam as suas produções pelo mesmo aplicativo. A maioria dos alunos enviou as suas fotos e vídeos dessa forma, outros pelo cabo USB ou pelo *bluetooth*. Considero o alcance da intervenção extremamente satisfatório.

Por meio do *WhatsApp* foi possível desenvolver um canal de tira-dúvidas com os alunos, que seguiu todo o processo da intervenção, sobretudo quando se tratava da produção das imagens e dos vídeos, muitas vezes os alunos enviavam áudios perguntando por meio do aplicativo sobre as imagens e vídeos que foram enviados. Como apresentado, em item anterior deste trabalho, houve intensa pesquisa para que depois ocorressem as ações, configurando com toda a base metodológica a pesquisa-ação.

Assim, solicitei aos alunos que eles sugerissem um nome para o grupo do *WhatsApp* e ficou sendo: Tecnologia e Geografia, para que tratássemos apenas das questões direcionadas para a Geografia e a tecnologia.

Esse foi o meio mais utilizado para estar em contato a qualquer dia e hora com os alunos. Assim, a investigação bem como a sua produção ocorriam diariamente, pois todos os dias os alunos questionavam, sempre havia alguém que enviava o trabalho incompleto, ou que não conseguia por falta de conexões. Importante aqui ressaltar que por duas vezes a forma de envio dos trabalhos dos alunos se deu via *bluetooth*[35], contudo conseguimos fazer o *download* dos seus vídeos e das imagens.

Essa atividade da produção de vídeos e imagens pelos alunos também foi apresentada de forma individual por eles, e apreciada pelos colegas, que observaram e puderam conhecer os trabalhos e lugares dos seus colegas de sala, criando-se a partir daí as intersubjetividades entre todos os trabalhos, destacando as suas falas sobre as apresentações.

Referente a essa forma de coleta de informações, produção de conhecimento ou atividade, os alunos revelaram informações importantes. A seguir o Quadro 4 mostra algumas das declarações desses alunos.

Quadro 4 – Importância da atividade com vídeos e imagens

Foi bom e interessante até porque eu não gostava de fazer. (Aluno 04)
Bem interessante e aproveitador. (Aluno 05)
Achei bem interessante porque é um lugar e traz felicidades. (Aluno 12)
Foi uma coisa bem legal uma experiência bem legal. (Aluno 13)
Foi um trabalho interessante que me levou a gostar bastante da eletiva pela criatividade. (Aluno 15)
Amei muito quero fazer mais vezes e poder mostrar o ambiente que vivo com o intuito e mostrar o que amo e melhor que não gosto e da solução para resolver os problemas obtidos no meu cotidiano. (Aluno 16)
Achei maneiro e gostei muito. Porque aprendi algo novo tirei um pouco minha timidez de falar em vídeo. (Aluno 17)
Achei legal, mas como eu não tenho muitas habilidades em editar tive dificuldades principalmente com aplicativos que nem todos pega no meu aparelho. (Aluno 19)
Achei legal uma forma de expressar os sentimentos dos lugares que você habita e gosta. (Aluno 21)
Eu achei muito interessante porque é um modo de se expressar nosso modo de sentimento. (Aluno 24)

---

[35] É o nome dado à tecnologia de comunicação sem fio que permite a transmissão de dados e arquivos de maneira rápida e segura por meio de diversos tipos de dispositivos. Disponível em: https://www.tecmundo. com.br/bluetooth/73301-voce-sabe-significado-simbolo-do-bluetooth.htm. Acesso em: 25 ago. 2017.

Eu achei interessante, pois foi minha primeira experiência de gravação e formação de vídeos. (Aluno 25)
Muito massa até porque o que fazemos darmos valor ao trabalho. (Aluno 27)
Achei legal para as pessoas que tem criatividade como David. Uma forma de expressar sentimentos do lugar que você gosta ou não gosta. (Aluno 33)
Achei legal e interessante. (Aluno 34)
Achei legal pra mostrar o lugar que a gente mais gosta e o que a gente não gosta. (Aluno 35)
Bem interessante foi diferente. (Aluno 37)
Muito bom, pois assim eu pude ver que a lugares para nós bons ou ruins podemos ter uma forma de se expressar o que aquele lugar nos passa. (Aluno 39)

Fonte: dados da pesquisa, 2017

Os alunos demonstraram total interesse pela atividade, pode-se observar nas respostas apresentadas no Quadro 3 o seu envolvimento e suas respostas como validação da intervenção.

Considerando que as maneiras de ensinar como o seu conjunto de técnicas devem ter mais sentido, as observações de Lira (2016) são importantes de serem apresentadas:

> Para que o aprendizado ocorra de fato, faz-se necessário que os conteúdos ensinados aos estudantes tenham significado e que possam criar novas potencialidades como fontes futuras de significados em um processo contínuo e dinâmico de ressignificação. Isso ocorre quando o currículo é elaborado a partir da realidade dos discentes, pois é no cotidiano que eles vão aplicar os novos conhecimentos (Lira, 2016, p. 28).

Ao professor cabe então aproximar a realidade que o aluno vivencia com os conteúdos aplicados em sala de aula, para que possam ter significado e fazer sentido. No campo da Geografia durante muito tempo as formas discursivas dos conteúdos estavam assentadas sobre um abstracionismo, um imaginário, ou se concentravam em poucas imagens no material didático que pouco motivava os alunos.

Como pode ser constatado por meio dos resultados da presente pesquisa, para que ocorra o envolvimento e maior interação entre todos os alunos, professores e o próprio conteúdo ensinado, se faz necessário mudar as estratégias, a aproximação da realidade por meio da tecnologia móvel – celular –, viabilizando verdadeiras construções pessoais de conhecimento, e o aluno é aqui a principal peça para que isso aconteça. Isso ocorre principalmente porque o aluno mudou, já não é mais o mesmo, ao trazer novos hábitos e habilidades para dentro da escola que são desenvolvidas fora da escola (Braga, 2013).

Já estamos no futuro e este requer professores que se enquadrem nas mudanças, assim como a escola e o currículo. Para Palfrey e Gasser (2011, p. 280) "As escolas do futuro vão necessitar de corpo docente do futuro [...]". Nossas escolas têm investido muito dinheiro em novas tecnologias, mas ninguém jamais se ofereceu para nos ensinar como aplicar essas tecnologias no nosso ensino.

Vejo que é inevitável a condição que o futuro nos reservou enquanto profissionais da educação, apesar de faltar muita política pública para o preparo do docente em sala de aula para o uso das TICs, este não pode se acomodar. São os alunos que outrora foram chamados de "nativos digitais" e agora conhecidos como "sábios digitais" que precisam desse apoio significativo dos intermediadores que frequentam diariamente as salas de aula.

Pelos estudos aqui evidenciados, entende-se que o ensino da Geografia apenas irá ganhar se os profissionais se engajarem na busca pelas alfabetizações tecnológicas e o desenvolvimento com os novos recursos tecnológicos que estão disponíveis a todos, como os celulares.

Com a presença do produto final que se entrelaça à pesquisa no formato de manual infográfico para o uso da tecnologia móvel, algumas imagens e um DVD com vídeos foram produzidos pelos alunos, mas com a finalidade de se estudar uma das categorias geográficas, "o LUGAR", o professor poderá então se planejar previamente e analisar todas as reais possiblidades da sua interferência e de um fazer tecnológico em sua escola e com os seus alunos.

Deve-se então acreditar que esse formato didático, ou metodologia a ser utilizada para a gestão do processo de ensino e de aprendizagem da Geografia, é considerado mais prazeroso, logo, os alunos que são os protagonistas nesse processo utilizam diariamente os seus celulares, não é apenas o usar a internet, ou mesmo aplicativos, mas a alternativa é usar essa tecnologia conectado ou não. A utilização dela deve ser para o estado *online* ou *offline*. O professor se programando poderá dar um salto de qualidade na compreensão dos conteúdos ministrados.

CONSIDERAÇÕES FINAIS

Enfim, chego ao fim deste livro. Entretanto devo considerar que não é totalmente o fim, como algo concluído definitivamente, terminado ou mesmo tendo acertado, mas um "fim" apenas considerado para preencher os elementos de estruturação do trabalho científico.

Um contexto totalmente diferente do que penso a respeito, logo, para as discussões levantadas no campo teórico desta investigação-pesquisa que agora se encontra em formato de livro, leva-me a acreditar que estou no caminho certo do ensinar a Geografia com a participação efetiva do sujeito que se envolve no processo. Não apenas absorvendo o conteúdo, antes contribuindo com a produção de conteúdo, de conceitos e de suspensões de informações tradicionalmente impostas.

Durante muito tempo o pensamento predominante na escola era do professor como detentor de todo o conhecimento adquirido das tradições. Um ser iluminado, distante de alcance, em que suas práticas metodológicas em sala de aula eram pouco ou quase nunca questionadas.

Os métodos tradicionais de ensino não me deixam fantasiar. Em um período de mudanças céleres, a escola, a educação, o ensino e a aprendizagem devem levar em consideração que não se pode mais dormir no sono da insolência de um tradicionalismo mecânico ou da exposição de conteúdos mnemônicos.

No ensino da Geografia não é diferente. Ainda existem milhares de professores que se recolhem em uma cápsula do tempo, que não conseguem sair do passado, para o presente, ficando presos com suas práticas docentes nesse pretérito que não tem espaço com a Revolução Tecnológica evidente em nossos dias.

Se recolher ao passado é não ceder para as novidades do presente. Não significa também, na forma que penso, colocar o passado como insignificante, mas sim observar com atenção redobrada como a sociedade (e os alunos) leva o seu dia a dia, para que dessa forma o professor possa entender como não existe mais retorno.

Ao me aprofundar na pesquisa desde o seu início, aos poucos fui compreendendo como a Tecnologia é um aparato necessário para auxiliar o professor no processo de ensino e aprendizagem amplamente debatido.

Discute-se ainda: como o professor pode conseguir a atenção de seus alunos? Como também se pergunta: qual a maneira de fazer com que esses aprendam melhor? Fórmula mágica é evidente que não existe, mas as tentativas de aplicar incrementos na produção intelectual, no processo de transmissão de saberes, se fazem mister para aqueles que pensam em uma educação de qualidade.

A tecnologia móvel, como é uma das variáveis estudada no campo desta pesquisa, pode ser um caminho, não é o fim, mas um meio que sendo usado de maneira correta, aplicado de modo planejado, leva a inferências importantes em todas as áreas do saber. Tenho dessa forma a tecnologia móvel como um recurso "ubíquo", auxiliador do professor, instrumento de possibilidades na transfusão de conhecimento, contudo não mais esse ocorrendo como um receptor passivo, mas agora agente de produção direta.

Mesmo ainda consciente de que muitos possuem pensamentos paradoxais ao seu uso na escola, privando o aluno do seu usufruto, nesta pesquisa sobre o uso da tecnologia móvel para estudar a categoria geográfica lugar ficou evidente que o caminho, como insiro no início, é bem longo.

Sendo então a tecnologia móvel um recurso de cunho pedagógico, a Geografia tem se utilizado dela para tratar dos diferentes destaques que são arrolados em conteúdos nas escolas.

Os aplicativos, as pesquisas na internet, a produção de grupos sociais, o uso do localizador, câmera, vídeo, gravador etc. são formas que alguns professores têm ensinado de maneira diferente a mesma Geografia distribuída exaustivamente no quadro-branco em sala de aula, que para um grupo seleto de docentes é a única tecnologia possível, uma soma de três elementos: quadro, pincel e o livro didático. Propor reflexões que objetivem romper com tais posicionamentos é um dos meus interesses no campo educacional.

Ao apresentar nesse espaço iniciado pela discussão a maneira que os professores ensinam e as possibilidades do uso da tecnologia em sala de aula, proponho apenas a diretriz maior desta pesquisa, que é a relação afetiva que as pessoas possuem com o "lugar". O fenômeno LUGAR, aporte da Geografia, categoria que durante algum tempo foi renegada, mas que nas últimas décadas do século passado começou a ganhar grande importância, como aponto nos capítulos deste livro.

Nesse lugar que mantemos as nossas memórias vivas, boas ou não, as relações topofílicas com cada lugar constituem identidade, são esses apontamentos que a pesquisa tenta suscitar, não se pode apenas atribuir ao conhecimento das tradições, que aquilo que está como conceito, deve ser o único a ser aceito ou ensinado de forma que possa ser replicado sempre e sempre. Como acontece nas escolas. O professor de Geografia ensinando as categorias de base da Geografia presentes no material didático e o aluno colhendo as informações, sem nenhuma chance de investigar se tais categorias e conceitos são aquilo que ele pensa. Como sabemos, produzir o conceito faz parte do processo cognitivo, entender, compreender, analisar e avaliar são as etapas da aprendizagem.

Dessa forma, nesta pesquisa que teve o interesse de desvelar categoricamente as relações a partir da percepção do aluno sobre o lugar, com auxílio tecnológico, dentro da escola e fora dela, a condição de fazer acontecer o diferente, não apenas deixando para os livros e suas imagens a tradução real do lugar.

Perceber o lugar, sentir o lugar por meio da memória, do físico, é manter vivas relações, condição de uma Geografia humanista, que tem como princípio respeitar o sujeito humano, as experiências que esse sujeito tem, configura a formatação do lugar vivido, as lugaridades são evidenciadas ao longo das suas experiências com vários ambientes.

As diversas descrições que os sujeitos por meio das suas respostas referentes aos seus lugares deram a esta pesquisa são o espírito de todo o caminhar metodológico científico. Atrelando a esta pesquisa métodos que acredito na sua eficiência e rigor, a fenomenologia e a pesquisa-ação, que se conduzem por meio da importância das subjetividades dos envolvidos na coleta e na forma da condução das etapas da pesquisa, com a devida ação requerida e apresentada em forma de produto final.

Trilhei pelo caminho da Fenomenologia da Percepção, enveredei pelas observações da Topofilia, sempre levando a pesquisa para um nível que não fosse primário apenas. Acreditando que os professores, leitores interessados por esse campo de pesquisa, devam ter a condição de entender que esta produção tem uma veia forte pautada na filosofia, não apenas pela atitude fenomenológica escolhida, mas pela forma apresentada em suas análises de resultados, de maneira que seus envolvidos perscrutam a todo instante essa trajetória.

Vale acrescentar que durante esse caminhar com a atitude fenomenológica meu interesse em compreendê-la foi tanto que o debruçar sobre as bases teóricas foi necessário, indo participar de eventos que tratassem sobre o universo da Fenomenologia. Aprendendo com teóricos que desenvolvem pesquisa nesse campo em nosso país e fora dele, como o caso do professor doutor Werther Holzer da Universidade Fluminense do Rio de Janeiro, o professor doutor Gilberto A. Damiano da Universidade Federal de São João Del Rei-MG, em que de forma conclusiva acreditei por mais uma vez estar no caminho certo.

Este livro e sua intenção devem ter peremptoriamente a condição de levar essa contribuição para a ciência social de abordagem exclusivamente qualitativa, com intenso subjetivismo. Ademais, de posse da intenção da Geografia Humanista os alunos que ofereceram de prontidão as suas percepções, se deixando recolher em palavras para serem lidas por muitos, podendo ser criticadas, aplaudidas ou refletidas, constituem o melhor deste trabalho árduo por natureza.

Apresento o termo árduo, por se tratar de se fazer ciência subjetiva. Logo, alguns aspectos como os enlaces estatísticos às vezes inflexíveis não são apresentados nesta investigação. Haja vista que o sujeito como um ser distante do objeto, não fazendo parte do processo de pesquisa, não teve nenhum interesse por parte do pesquisador e por se tratar de uma pesquisa qualitativa.

Dessa forma acredito que o sujeito está para o objeto de estudo como o objeto de estudo faz parte integral do sujeito. Nossa perspectiva fenomenológica é tratar desses aspectos, a fim de enriquecer mais ainda o debate de se fazer e ensinar Geografia com atitudes filosóficas, com todas as possíveis novidades tecnológicas.

Essas conexões levantam sugestivas ideias para o ensino da Geografia, a bem da verdade, ainda que convertidas a uma filosofia que prioriza as descrições sentidas pelo sujeito e que o recomeço se faz sempre necessário, colhi de forma às vezes não esperada os sentidos dos indivíduos, não da maneira que havia planejado. Contudo, esse é o grande mistério da investigação, se tudo já estivesse pronto apenas esperando o seu desvelar, seriam monótonas as descobertas.

Durante o período de envolvimento com a pesquisa e com os sujeitos reformulações de prioridades estiveram sempre presentes, na vontade exclusiva de aproximar as realidades dos alunos para um saber-fazer próprio de cada um com as produções individuais e com as discussões coletivas, fizemos juntos ciência, numa tentativa, para que a Geografia tivesse então um foco de relevância no Ensino Médio, unimos a tecnologia, e todos podiam falar que estavam estudando Geografia fora e trazendo para dentro da escola seus resultados.

Os percalços se apresentaram quando a timidez de muitos falou mais alto, *a priori* planejei que as imagens que esses trariam do lugar deveriam ter a presença visual de cada sujeito, nas rodadas de (re)planejamentos da pesquisa ficou evidenciada a grande dificuldade de esses aparecerem junto às produções de imagens. Entretanto, não seria esse o maior dos problemas para a coleta das percepções e das relações que tinham com o lugar, foi dado então o redirecionamento para que suas produções fossem feitas sem as famosas *selfies*, mas que abordassem exatamente aquilo solicitado.

Assim dito, assim feito. Primando pela *epoché* não de forma a negar o mundo real, mas antes suspender provisoriamente todos os enlaces teóricos que se tinha sobre o lugar, e na busca de equilíbrio na investigação, as imagens com as falas de cada sujeito ressoam transmitindo seus resultados com firmeza nessa perspectiva que se aplica inconteste para um *modus operandi* no ato de ensinar categorias geográficas com o método da Fenomenologia.

Incansavelmente, os sujeitos decifraram que as suas relações com os seus lugares sustentam a sua própria geograficidade, em determinados momentos o que não era conhecido tornou-se para os envolvidos mais próximos, suas experiências são fatos narrados que produzem esses lugares, o amor por ele ou às vezes a apatia, o ódio pelo lugar, também foram amplamente manifestados.

Durante a pesquisa também ocorreram situações naturais para quem está em busca de respostas, no caso as maiores complicações foram quando os alunos não possuíam os aparelhos móveis, nesse caso o celular, alguns tiveram que pedir emprestado para pessoas de confiança, pais, primos, amigos, para que pudessem realizar as tarefas sugeridas. Consegui efetivamente que todos mantivessem contato diário comigo durante um semestre de investigação. Acrescento que cabalmente seguiram as orientações tendo como resultado a pesquisa e as suas percepções.

As imagens que os alunos-sujeitos, sujeitos-alunos, produziram com seus celulares, o que pós-uso do celular fez com que construíssem seus próprios conceitos do lugar, são as mais expressivas para cada um deles, não cabe a mim nesse contexto pensar que são belas imagens ou o inverso, mas acreditando na potencialidade de utilizar todos os dispositivos que os aparelhos de celulares possuem, se fez uma investigação qualitativa, social e acima de tudo voltada para que os professores possam compreender de uma vez por todas que a Tecnologia Móvel existe para ser usufruída em todos os contextos possíveis, recriando, desconstruindo e reconstruindo por meio das intervenções didáticas planejadas a maneira mais prazerosa da construção individual do conhecimento pelo próprio sujeito.

Apesar de algumas dificuldades aparecerem ao longo de todo o processo, pois se está lidando com sujeitos sociais com perspectivas e entendimentos diferentes, fui agraciado com um grupo de participantes que estavam empenhados e curiosos de como poderia ser unificado Geografia e tecnologia, com um viés subjetivo, dando importância ao que o próprio sujeito produzia.

Essa forma dada ao conjunto do projeto inicial em que o sujeito participante seria o protagonista do processo fez com que o interesse fosse geral. Entretanto, como iniciado, sobre as dificuldades, a maior se refere a um assunto que fiz questão de manter distante para não atrapalhar a pesquisa, tal dificuldade encontrada foi de logística, as escolas não estão preparadas ainda para o mundo da tecnologia.

Mesmo com a sociedade conectada, os estudos que apontam para a necessidade do envolvimento com a tecnologia, muitos ainda desconhecem a sua proficiência para a Educação. Nas escolas públicas o esquecimento do Estado é um dos maiores estorvos, vive-se de fantasiosas falácias no seio do sistema educacional. Contudo, a realidade é totalmente distante do que os administradores da Educação apregoam. Tecnocratas que apenas usam palavras sem ter o conhecimento pragmático de como se pode apresentar melhores resultados com a melhoria do suporte educacional.

Concluo que as tessituras ontológicas deste livro são voltadas exclusivamente para apresentar uma possibilidade triádica entre: Geografia Humanista, Tecnologia Móvel e método Fenomenológico, em que apontam favoravelmente para a Educação Básica e o ensino da Geografia, a capacidade de o professor mudar construções anteriores à "Sociedade em Rede". Tudo mudou e devemos mudar, ser reconstruídos diariamente, bem como nossas metodologias de ensino. Entretanto, depende de uma série de fatores, o professor motivado para desvelar os seus saberes pedagógicos que utiliza em sala de aula, sem que esses tornem-se parte de uma "caixa preta" esquecida e a ação do Estado diretamente na logística da estrutura escolar. Dessa forma, acredito em um fazer pedagógico, uma gestão de ensino na Geografia com retornos significativos e resultados surpreendentes.

REFERÊNCIAS

AGUIAR, Iana Assunção de; PASSOS, Elizete. **A Tecnologia como caminho para uma educação cidadã.** Cairu em Revista: Sociedade, Gestão, Educação e Sustentabilidade. 2013. Disponível em: http://www.cairu.br/revista/artigos3.html. Acesso em: 27 nov. 2016.

ALARCÃO, Isabel. **Professores reflexivos em uma escola reflexiva.** São Paulo: Cortez, 2011.

ALCICI, Sonia Aparecida Romeu. **Tecnologia na escola**: abordagem pedagógica e abordagem técnica. São Paulo: Cenpage Learning, 2014.

ANDRADE, Manuel Correia de Andrade. Trajetória e compromissos da Geografia brasileira. *In*: CARLOS, Ana Fani Alessandri (org.). **A Geografia na sala de aula.** 9. ed. 2. reimp. São Paulo: Contexto, 2013. p. 09-13.

ANDRADE, Maria Margarida de. **Introdução à Metodologia do trabalho científico.** São Paulo: Atlas, 2010.

ARNHEIM, Rudolf. **Vcrs une psychologic de l"art**. University of California Press, 1981.

AUMONT, J. **A imagem.** 7. ed. Campinas: Papirus, 2002.

BACHELARD, Gaston. *La poétique de l"espace*. 2. ed. Paris: P.U.F, 1958.

BACHELARD, Gaston. **A poética do espaço.** 2. ed. São Paulo: Abril Cultural, 2013.

BALDISSERA, R. **Comunicação organizacional**: o treinamento de recursos humanos como rito de passagem. São Leopoldo: Editora Unisinos, 2000.

BANNELL, Ralph Ings (org.). **Educação no século XXI**: cognição, tecnologia e aprendizagem. São Paulo: Vozes, 2016.

BARTHES, Roland. **A câmara clara**: nota sobre a fotografia. Tradução de Júlio C. Guimarães. 9. ed. Rio de Janeiro: Nova Fronteira, 1984.

BAUER, Martin W. Análise do Conteúdo Clássica: uma revisão. *In*: BAUER, Martin W.; GASKELL (ed.). **Pesquisa qualitativa com texto, imagem e som**: um manual prático. Petrópolis: Vozes, 2002. p. 189-217.

BAULIG, Henry. A Geografia é uma ciência? *In*: CHRISTOFOLETTI, Antônio (org.). **Perspectivas da Geografia**. São Paulo: DIFEL, 1982. p. 59-70.

BAUMAN, Z. **Modernidade Liquida**. Rio de Janeiro: Jorge Zahar, 2012.

BOTTENTUIT JUNIOR, João Batista *et al*. WHATSAPP suas aplicações na educação: uma revisão da Literatura. **Revista Educação online**, v. 10, n. 20, maio/ago. 2016. Disponível em: http://www.latec.ufrj.br/revistas/index.php?journal=educaonline&page=article&op=view&path%5B%5D=824. Acesso em: 11 nov. 2016.

BOTTENTUIT JUNIOR, João Batista. Blogs na Educação: desenvolvendo as habilidades dos alunos. **Revista Educa online**, Universidade Federal do Rio de Janeiro, v. 5, n. 2, maio/ago. 2011.

BOURDIEU, Pierre. **A economia das trocas simbólicas**. São Paulo: Coleção Estudos, 2007.

BOURDIEU, Pierre. **Questões de sociologia**. Rio de Janeiro: Marco Zero, 1983.

BOURDIEU, Pierre. **Esquisse d"une théorie de la pratique**: précedé de trois études d"ethnologie kabyle. Paris: Seuil, 2002.

BRAGA, Denise Bértoli. **Ambientes Digitais: reflexões teóricas e práticas**. São Paulo: Cortez, 2013.

BRASIL. Ministério da Educação. **Parâmetros Curriculares do Ensino Médio**. 2000. Disponível em: http://portal.mec.gov.br/seb/arquivos/pdf/blegais.pdf. Acesso em: 13 dez. 2016.

BRASIL. Ministério da Educação. **Parâmetros Curriculares do Ensino Médio**. 2015. Disponível em:<http://portal.mec.gov.br/seb/arquivos/pdf/blegais.pdf.> Acesso em: 13 dez. 2016.

BRASIL. Ministério da Educação. **Parâmetros Curriculares Nacionais**: Geografia. Brasília: MEC, 1999.

BRASIL. **Portaria da CAPES nº - 966/Ger-5, de 22 de junho de 2009**. Disponível em: http://portal.mec.gov.br/dmdocuments/port_mestrado_profissional1. pdf. Acesso em: 26 ago. 2017.

BUTTIMER, Anne. Erewhon or nowhere land. *In*: GALE, S; OLSSON, G. **Philosophy in geography**. Dordrecht, Holland, D. Reidel Publishing Company, 1979, p. 9-37. Disponível em: https://link.springer.com/chapter/10.1007/978-94-009-9394-5_2. Acesso em: 12 jan. 2017.

BUTTIMER, Anne. Apreendendo o Dinamismo do Mundo Vivido. *In*: CHRISTO-FOLETTI, Antônio (org.). **Perspectivas da Geografia**. São Paulo: DIFEL, 1982. p. 165-193.

CALLAI, Helena. Estudar o lugar para compreender o mundo. *In*: CALLAI, H. C.; KAERCHER, N. A.; CASTROGIOVANNI, A. C. (org.). **Ensino de Geografia:** práticas e textualizações no cotidiano. Porto Alegre: Mediação, 2000.

CALLAI, Helena. A Geografia é ensinada nas séries iniciais? Ou: Aprende-se Geografia nas série iniciais? *In*: TONINI, I. M.; GOULART, L. B.; MARTINS, R. E. M. W.; CALLAI, H. C. Aprendendo a ler o mundo: a Geografia nos anos iniciais do ensino fundamental. **Caderno Cedes**, Campinas, v. 25, n. 66, p. 227-247, maio/ ago. 2005. Disponível em: http://www.scielo.br/pdf/ccedes/v25n66/a06v2566. pdf br. Acesso em: 4 fev. 2017.

CALLAI, H. C. **O lugar como possibilidade de construção de identidade e pertencimento**. Artigo apresentado no VIII congresso luso-afro-brasileiro de Ciências Sociais. Coimbra, 2004. Disponível em: http://www.ces.uc.pt/lab2004/ pdfs/HelenaCallai.pdf. Acesso em: 23 mar. 2017.

CAMACHO, Mar. Mobile learning em la educacion superior: primeiros pasos para el diseño y creacion de cursos con tecnologías móviles *In*: CARVALHO, Ana Amélia A. (org.). **Aprender na era digital**: jogos e mobile learning. Edi. de Facto, 2012.

CAPALBO, Creusa. **Fenomenologia e Ciências humanas**. Aparecida: Ideias & Letras, 2008.

CARLOS, Ana Fani A. (org.). **A Geografia na sala de aula**. 5. ed. São Paulo: Con-texto, 2003.

CARROL, Lewis. **Aventuras de Alice**. Tradução e organização de Sebastião Uchoa Leite. São Paulo: Summus, 1980.

CASTELLAR, Sonia Maria Vanzella. A alfabetização em Geografia. **Espaços da Escola**, Ijuí, v. 10, n. 37, jul./set. 2000, p. 29-46. Disponível em: http://revistas. fw.uri.br/index.php/revistadech/article/view/294/545. Acesso em: 4 fev. 2017.

CASTELLS, Manuel. **A sociedade em rede**. 6. ed. São Paulo: Paz e Terra, 2003.

CASTELLS, Manuel. **A sociedade em rede**: a era da informação: economia, sociedade e cultura. São Paulo: Paz e Terra, 1999.

CASTROGIOVANNI, Antônio Carlos. Apreensão e compreensão do espaço geográfico. *In*: CALLAI, H. C.; KAERCHER, N. A.; CASTROGIOVANNI, A. C. (org.). **Ensino de Geografia**: Práticas e textualizações no cotidiano. 7. ed. Medição: Porto Alegre, 2009. p. 11-79.

CASTROGIOVANNI, Antônio Carlos. **O ensino de Geografia e suas composições curriculares**. Porto Alegre: Ufrgs, 2011.

CARNEIRO, Moaci Alves. **LDB fácil**: leitura crítico- compreensiva, artigo a artigo. 18. ed. Atualizada e ampliada. Petrópolis: Vozes, 2011.

CAVALCANTI, Lana de Souza. **Geografia, escola e construção de conhecimentos**. Campinas-SP: Papirus, 1998.

CAVALCANTI, Lana de Souz; SOUZA, Lana de. **A Geografia escolar e a cidade:** ensaios sobre o ensino de Geografia para a vida urbana cotidiana. 3. ed. Campinas: Papirus, 2010.

CERBONE, David Ralph. **Fenomenologia**. 3. ed. Petrópolis: Vozes, 2014.

CORRÊA, Roberto Lobato. Espaço: um conceito-chave da Geografia. *In*: CASTRO, Iná de; GOMES, Paulo Cesar da Costa; CORRÊA. Roberto Lobato (org.). **Geografia:** Conceitos e Temas. 11. ed. Rio de Janeiro: Bertrand Brasil, 2008. p. 15- 47.

CORTÁZAR, Julio. **Las bablas del diablo.** Buenos Aires: Editorial Sudamérica, S.A., 1970. Disponível em: https://dobrasvisuais.files.wordpress.com/2010/08/as-babas-do-diabo1.pdf. Acesso em: 12. mar. 2017.

CORSO, Kathiane Beneditti. **Práticas sócio-materiais de gestores:** investigando os paradoxos de uso da tecnologia móvel em uma instituição de ensino superior. Tese (Doutorado em Educação) – Universidade Federal do Rio Grande do Sul, Porto Alegre, 2013, p. 202.

COSCARELLI, Carla Viana. Tecnologias para aprender. *In*: COSCARELLI, Carla Viana (org.). **Navegar e ler na rota do aprender**. São Paulo: Parábola Editorial, 2016. p. 62-80.

CUMMING, Laura. **A face to the world on self- potraits**. London: Harper Press, 2009.

CUNHA, Antonio Geraldo. **Dicionário etimológico da Língua Portuguesa**. Rio de Janeiro: Lexihon Editora Digital, 2007.

CHECHUEN NETO, José Antonio; LIMA, William Guidini. **Pesquisa qualitativa**. Curitiba: CVR, 2012.

CHRISTOFOLETTI, Antônio. As Características da Nova Geografia. *In*: CHRISTO-FOLETTI, Antônio (org.). **Perspectivas da Geografia**. São Paulo: DIFEL, 1982. p. 71-101.

CHRISTOFOLETTI, Antônio. As Perspectivas dos Estudos Geográficos. *In*: CHRIS-TOFOLETTI, Antônio (org.). **Perspectivas da Geografia**. São Paulo: DIFEL, 1982. p. 12-35.

DANIEL, Jonh. **Educação e tecnologia num mundo globalizado**. Brasília: UNESCO, 2003, p. 216.

DARDEL, Éric. **O Homem e a Terra**: natureza da realidade geográfica. São Paulo: Perspectiva, 2015.

DARTIGUES, André. **O que é Fenomenologia?** 3. ed. São Paulo: Moraes, 1992.

DESLANDES, Keila; FIALHO, Nira. **Diversidade no ambiente escolar:** instrumentos para criação de projetos de intervenção. Belo Horizonte: Autêntica, 2010.

DRISCOLL, Marcy Perkins. **Psychology of learning for instruction**. Third Edition. Florida State University, 2005. Disponível em: http://ocw.metu.edu.tr/file. php/118/Dris_2005.pdf. Acesso em: 20 jan. 2017.

DUBAR, Claude. **La socialisation**. Paris: Armand Colin, 2000.

ENTRIKIN, Jonh Nicholas; BERDOULAY, Vincent. Lugar e Sujeito: Perspectivas Teóricas. *In*: MARANDOLA JR., Eduardo José; HOLZER, Werther; OLIVEIRA, Lívia (org.). **Qual o espaço do lugar?** Geografia, epistemologia, fenomenologia. São Paulo: Perspectiva, 2012. p. 93-116.

FERREIRA, Agripina Encarnácion Alvarez. **Dicionário de imagens, símbolos, mitos, termos e conceitos Bachelardianos.** Agripina Encarnación Alvarez Ferreira. Londrina: Eduel, 2013. Disponível em: http://www.uel.br/editora/portal/pages/livros-digitais-gratuítos.php. Acesso em: 4 set. 2016.

FERRAZ, Marcus Sacrini Ayres. **Fenomenologia e ontologia em Merleau-Ponty**. Campinas: Papirus, 2009.

FILIZOLA, Roberto; KOZEL, Salete. **Teoria e prática do ensino de Geografia**: memórias da terra. São Paulo: FTD, 2009.

FONSECA, Fernanda Padovesi; OLIVA, Jaime Tadeu. A Geografia e suas linguagens. *In*: CARLOS, Ana Fani Alessandri (org.). **A Geografia na sala de aula.** 9. ed. 2 reimp. São Paulo: Contexto, 2013. p. 62- 78.

FOUCAULT, Michel. **Vigiar e punir**: nascimento da prisão; tradução de Raquel Ramalhete. Petrópolis: Vozes, 1987. 288 p.

FURTADO, Celso. **O capitalismo global.** 5. ed. São Paulo: Paz e Terra, 2001. 83 p.

GOERGEN, Pedro. **Pós-modernidade, ética e educação**. Campinas: Autores Associados, 2001.

GOGGIN, G. **Cell phone culture**: mobile technology in everyday life. Londres e Nova York: Routledge, 2007.

GLOTZ, Peter; BERTSCHI, Stefan; LOCKE, Chris. **Thumb culture the meaning of cell phones for society.** Bielefeld: transcription 2005. Disponivel em: https://mediarep.org/entities/misc/22d624ed-b96d-4c27-b027-2c65363d2b6b. Acesso em: 23 out. 2016.

GONÇALVES, Leandro Forgiarini de. **O estudo do lugar sob o enfoque da Geografia Humanista**: um lugar chamado Avenida Paulista. 2010. 266 f. Dissertação (Mestrado em Geografia Humana) – Departamento de Geografia, Faculdade de Filosofia, Letras e Ciências Humanas da Universidade de São Paulo, São Paulo, 2010.

HOLZER, Werther. A Geografia humanista anglo-saxônica - de suas origens aos anos 90. **Revista Brasileira de Geografia**, Rio de Janeiro, v. 55, n. 1/4, p. 109-146, 1993.

HOLZER, Werther. **Um estudo fenomenólogico da paisagem e do lugar**: a crônica dos viajantes no brasil no século XVI. 1998. 234 f. Tese (Doutorado em Geografia) – Departamento de Geografia, Universidade de São Paulo, São Paulo, 1998.

HOLZER, Werther. O lugar na Geografia humanista. **Revista Território**, Rio de Janeiro, ano IV, n. 7, p. 67-78, jul./dez. 1999. Disponível em: http://www.revista-territorio.com.br/pdf/07_6_holzer.pdf. Acesso em: 18 out. 2016.

HOLZER, Werther. O conceito de lugar na Geografia cultural-humanista: uma contribuição para a Geografia contemporânea. **Revista GEOgraphia**, Niterói, v. 5, n. I0, p. 113-223. 2003. Disponível em: http://www.geographia.uff.br/index.php/geographia/article/view/130/127. Acesso em: 15 dez. 2016.

HOLZER, Werther. A Geografia humanista: uma revisão. **Revista Espaço e Cultura**, Universidade Estadual do Rio de Janeiro, n. 38, edição comemorativa 1993-2008, p. 137-147. 2008. Disponível em: http://www.e-publicacoes.uerj.br/index.php/espacoecultura/article/view/6142. Acesso em: 22 jan. 2017.

HOLZER, Werther. Mundo e Lugar: Ensaio de Geografia. *In*: MARANDOLA JR., Eduardo José; HOLZER, Werther; OLIVEIRA, Lívia (org.). **Qual o espaço do lugar?** Geografia, epistemologia, fenomenologia. São Paulo: Perspectiva, 2012. p. 281-304.

HOLZER, Werther. Sobre Territórios e Lugaridades. **Revista Cidades**, São Paulo, v. 10, n. 17, p. 18-29. 2013. Disponível em: http://revista.fct.unesp.br/index.php/revistacidades/article/view/3232/2746. Acesso em: 3 fev. 2017.

HOLZER, Werther. A Geografia Fenomenológica de Éric Dardel. *In*: DARDEL, E. **O Homem e a Terra**: natureza da realidade geográfica. São Paulo: Perspectiva, 2011.

HOLZER, Werther. **A Geografia Humanista: uma revisão.**. Rio de Janeiro: Espaço e Cultura, 2008. p. 137-147.

HOLZER, Werther. A influência de Éric Dardel na construção da Geografia Humanista Norte Americana. *In*: **Anais [...]** XVI Encontro Nacional de Geógrafos. Porto Alegre, 2010. p. 1-11. Disponível em: http://goo.gl/Bsfv4g. Acesso em: 23 jan. 2017.

HEGEL, Georg Wilhelm Friedrich. **Fenomenologia do Espírito**. 2. ed. Petrópolis: Vozes, 1992.

HEIDEGGER, Martin. **Ser e Tempo**. 15. ed. São Paulo: Vozes, 2005.

HUSSERL, Edmund. **A Crise das Ciências Européias e a Fenomenologia Transcendental** – uma introdução à filosofia fenomenologia. Rio de Janeiro: Forense Universitária, 2012.

IDGNOW. **Há 40 anos Martin Cooper fez a primeira chamada de telefone celular**. 2013. Disponível em: http://idgnow.uol.com.br/mobilidade/2013/04/03/ha-40-anos-martin-cooper-fez-a-primeira-chamada-de-telefone-celular/. Acesso em: 7 out. 2016.

JOLY, Martine. **Introdução à análise da imagem**. Lisboa: Ed. 70, 2007.

KIMURA, Shoko. **Geografia no ensino básico:** questões e propostas. São Paulo: Contexto, 2008.

LA BLACHE, Paul Vidal de. As Características Próprias da Geografia. *In*: CHRIS-TOFOLETTI, Antônio (org.). **Perspectivas da Geografia**. São Paulo: DIFEL, 1982. p. 37-47.

LAHIRE, Bernard. **Le travail sociologique de Pierre Bourdieu**: dettes et critiques. Paris: La Découvert, 1999.

LASTRES, Helena, ALBAGLI Sarita. **Informação e Globalização na Era do Conhecimento**. Rio de Janeiro: Campus, 1999. p. 163.

LEE, S. G.; TRIMI, S.; KIM, C. The impact of cultural differences on technology adoption. **Journal of World Business**, v. 48, n. 1, 2013, p. 20-29. Disponível em: https://www.sciencedirect.com/science/article/abs/pii/S1090951612000405?via%-3Dihub. Acesso em: 25 out. 2016.

LEMOS, André; CUNHA, Paulo (org.). **Olhares sobre a Cibercultura**. Porto Alegre: Sulina, 2003. p. 11-23.

LEMOS, André. Cidade e mobilidade. Telefones celulares, funções pós-massivas e territórios informacionais matrizes. **Revista do Programa de Pós-Graduação em Ciências da Comunicação**, USP, São Paulo, ano 1, n. 1, 2007, p. 121-137.

LEVACOV, Marília. Bibliotecas Virtuais. *In*: MARTINS, F. M.; SILVA, J. M. (org.). **Para navegar no século XXI**: tecnologias do imaginário e da cibercultura. Porto Alegre: Sulinas/Edipucrs, 2003.

LÉVY, Pierre. **O que é o Virtual?** São Paulo: Ed. 34, 1996.

LÉVY, Pierre. **As tecnologias da Inteligência**. Rio de Janeiro: Ed. 34, 1993.

LÉVY, Pierre. **Cibercultura**. São Paulo: Ed. 34, 1999.

LING, Rich. **New tech, new ties:** how mobile communication is reshaping social cohesion. Cambridge: MIT Press, 2008.

LOBO, Roberto Jorge Handdock. **A Filosofia e sua evolução**: pequena história do pensamento humano. São Paulo: Populares, 1979.

LOWMAN, Joseph. **Dominando as técnicas de ensino**. São Paulo: Atlas, 2004.

LOWENTHAL, David. Geografia, Experiência e Imaginação: em direção a uma epistemologia geográfica. *In*: CHRISTOFOLETTI, Antônio (org.). **Perspectivas da Geografia**. São Paulo: DIFEL, 1982. p. 103-141.

LIRA, Bruno Carneiro. **Práticas pedagógicas para o século XXI**: a sociointeração digital e o humanismo ético. Petropólis: Vozes, 2016.

MACHADO, J. L. de A. **Celular na sala de aula:** O que fazer. 2010. Disponível em: http://www.planetaeducacao.com.br/portal/artigo.asp?artigo=1621. Acesso em: 25 dez. 2016.

MARANDOLA JR., Eduardo José. Heidegger e o pensamento fenomenológico em Geografia: sobre os modos geográficos de existência. **Geografia**, Rio Claro, v. 37, n. 1, p. 81-94, jan./abr. 2012.

MARANDOLA JR., Eduardo José; DAVID, Emanuel Madeira. O pensamento fenomenológico na educação geográfica: caminhos para uma aproximação entre cultura e ciência. **Caderno de Geografia**, v. 26, n. 47, p. 684-713. 2016. Disponível em: http://periodicos.pucminas.br/index.php/Geografia/article/view/p.2318-2962.2016v26n47p684. Acesso em: 7 maio 2017.

MARANDOLA JR., Eduardo. Lugar enquanto Circunstancialidade. *In*: MARANDOLA JR., Eduardo José; HOLZER, Werther; OLIVEIRA, Lívia (org.). **Qual o espaço do lugar?**: Geografia, epistemologia, fenomenologia. São Paulo: Perspectiva, 2012. p. 227-247.

MARINHO, Samarone Carvalho. **UM HOMEM, UM LUGAR**: Geografia da vida e Perspectiva ontológica. 2010. 335 f. Tese (Doutorado em Geografia Humana) – Departamento de Geografia Humana, Faculdade de Filosofia, Letras e Ciências Humanas da Universidade de São Paulo, São Paulo, 2010.

MARTIN-BARÓ, Ignácio. **Acción y ideologia:** Psicología Social desde Centroamérica. San Salvador: UCA Editores, 1992.

MARTINI, Alice de. **Geografia**: Ensino Médio. 3. ed. São Paulo: IBEP, 2013.

MARTINS, Felisbela. **Ensinar Geografia através de imagens**: olhares e práticas. Porto: Faculdade de Letras da Universidade do Porto. 2014, p. 429-446. Disponível em: https://sigarra.up.pt/flup/pt/pub_geral.pub_view?pi_pub_base_id=101831&pi_pub_r1_id=. Acesso em: 20 maio 2017.

MARTINS, Joel. **Um enfoque fenomenológico do currículo:** a educação como poíesis. São Paulo: Cortez, 1992.

MASSETO, Marcos Tarciso. **Didática:** a aula como centro. 4. ed. São Paulo: FTD, 1997.

MATTE, Ana Cristina Fricke. Ensino de Inglês mediado pelo computador: software livre. *In*: BRAGA, Junia de Carvalho Fidelis (org.). **Integrando tecnologias no ensino de Inglês nos anos finais do Ensino Fundamental.** São Paulo: Edições SM, 2012. p. 85-107.

MAXWELL. **História e Evolução dos Telefones Celulares.** Disponível em: https://www.maxwell.vrac.puc-rio.br/6705/6705_3.PDF. Acesso em: 23 dez. 2016.

MCLUHAN, Marshall. **Os meios de comunicação como extensões do homem.** Tradução de Décio Pignatari. São Paulo: Cultrix, 2007.

MELLO, João Batista Ferreira de. O Triunfo do Lugar Sobre o Espaço. In: MARANDOLA JR., Eduardo José; HOLZER, Werther; OLIVEIRA, Lívia (org.). **Qual o espaço do lugar?**: Geografia, epistemologia, fenomenologia. São Paulo: Perspectiva, 2012. p. 33-68.

MERLEAU-PONTY, Maurice. **Fenomenologia da Percepção.** 3. ed. São Paulo: Martins Pontes, 2006.

MORAN, José Manuel. **Tendências da educação online no Brasil.** 2005. Disponível em: http://www.eca.usp.br/prof/moran/tendencias.htm. Acesso em: 2 abr. 2016.

MORAN, José Manuel. **Novas tecnologias e mediação pedagógica.** 21. ed. Campinas: Papirus, 2013.

MORAN, José Manuel. Aprender e ensinar com foco na educação híbrida. **Revista Pátio**, n. 25, jun. 2015, p. 45-47. Disponível em: http://www.grupoa.com.br/revistapatio/artigo/11551/aprender-e-ensinar-com-foco-na-educacao-hibrida.aspx. Acesso em: 16 mai. 2016.

MOREIRA, Ruy. **Pensar e ser em Geografia**: ensaios de história, epistemologia e ontologia do espaço geográfico. 2. ed. São Paulo: Contexto, 2013.

MORAN, José Manuel. **O discurso do avesso**: para a crítica da Geografia que se ensina. São Paulo: Contexto, 2014.

MOURA, A.; CARVALHO, A. Twitter: A productive and learning tool for the SMS generation. *In*: EVANS, C. M. (ed.). **Internet Issues:** Blogging, the Digital Divide and Digital Libraries. Nova Science Publishers, 2010. p. 199-214.

MOURA, Adelina Maria Carreiro. **Apropriação do Telemóvel como Ferramenta de Mediação em Mobile Learning:** Estudos de Caso em Contexto Educativo.

2010. 630 f. Tese (Doutorado em Ciências de Educação, na Especialidade de Tecnologia Educativa) – Instituto de Educação. Universidade do Minho, Braga-Portugal, 2010.

NOVA, Cristina. Imagem e Educação: rastreando possibilidades *In*: ALVES, L.R.G; NOVOA, C. C. (org.). **Educação e tecnologia:** trilhando caminhos. Salvador: Editora da UNEB, 2003. v. 1, p. 180-196.

NOGUEIRA, Cláudio Marques Martins; NOGUEIRA, Maria Alice. A sociologia da Educação de Pierre Bourdieu: limites e contribuições. **Revista Educação & Sociedade**, v. 23, n. 78, abr. 2002. Disponível em: https://www.scielo.br/j/es/a/wVTm9chcTXY5y7mFRqRJX7m/abstract/?lang=pt. Acesso em: 22 ago. 2016.

NEGROPONTE, Nicholas. A vida digital. Tradução de Sérgio Tellaroli. São Paulo: Companhia das Letras, 1995.

OLIVA, Jaime Tadeu. Ensino da Geografia: um retrato desnecessário. Trajetória e compromissos da Geografia brasileira. *In*: CARLOS, Ana Fani Alessandri (org.). **A Geografia na sala de aula**. 9. ed. 2. reimp. São Paulo: Contexto, 2013. p. 34-49.

OLIVEIRA, Lívia de. **"Percepção e representação do espaço geográfico"**. São Paulo: Studio Nobel, 1996. p. 187-212.

OLIVEIRA, Lívia de. O Sentido de Lugar. *In*: MARANDOLA JR., Eduardo José; HOLZER, Werther; OLIVEIRA, Lívia (org.). **Qual o espaço do lugar?**: Geografia, epistemologia, fenomenologia. São Paulo: Perspectiva, 2012. p. 03-32.

PAIVA, Vera Lúcia Menezes de Oliveira; BOHN, Vanessa Cristiane Rodrigues. O uso de tecnologias em aulas de Língua estrangeira: dos recursos off-line à Web 2.0. *In*: BRAGA, Junia de Carvalho Fidelis (org.). **Integrando tecnologias no ensino de Inglês nos anos finais do Ensino Fundamental.** São Paulo: Edições SM, 2012. p. 58-83.

PALFREY, Jonh; GASSER, Urs. **Nascidos na Era Digital**: entendendo a primeira geração de nativos digitais. Porto Alegre: Grupo A, 2011.

PENN, Gemma. Análise semiótica de imagens paradas. *In*: BAUER, M. W.; GASKELL, G. (ed.). **Pesquisa qualitativa com texto, imagem e som:** um manual prático. Petrópolis: Vozes, 2002. p. 319-342.

PEREZ, Carlota. Revoluciones tecnológicas y paradigmas tecno-económicos. *In*: PEREZ, Carlota. Technological revolutions and techno-economic paradigms. **Cambridge Journal of Economics**, v. 34, n. 1, 2010, p. 185-202. Disponível em:

http://www.carlotaperez.org/downloads/pubs/Revoluciones_tecnologicas_y_paradigmas_tecnoeconomicos.pdf. Acesso em: 12 set. 2016.

PIMENTEL, Carla Silvia. **A imagem no ensino de Geografia**: a prática dos professores da rede pública estadual de Ponta Grossa, Paraná. 2002. 140 f. Dissertação (Mestrado em Educação) – Programa de Pós-Graduação em Geociências, Universidade Estadual de São Paulo, Campinas, 2002.

PINTO, Louis. **Pierre Bourdieu e a teoria do mundo social**. Rio de Janeiro: Editora da FGV, 2000.

PRENSKY, Marc. **Digital Natives. Digital Immigrants.** On the Horizon (MCB University Press, v. 9, n. 5, oct. 2001. Disponível em: http://www.nnstoy.org/download/technology/Digital%20Natives%20%20Digital%20Immigrants.pdf. Acesso em: 20 nov. 2016.

PRENSKY, Marc. **From Digital Natives to Digital Wisdom**. Hopeful Essays for 21st Century Education. 2011. Disponível em: http://marcprensky.com/writing/Prensky-Intro_to_From_DN_to_DW.pdf. Acesso em: 20 jan. 2017.

PRETTO, Nelson; PINTO, Cláudio da Costa. Tecnologias e novas educações. **Revista Brasileira de Educação**, v. 11 n. 31 jan./abr. 2006. Disponível em: http://www.scielo.br/pdf/rbedu/v11n31/a03v11n31.pdf. Acesso em: 27 jan. 2017.

RELPH, Edward. **Place and Placenessless**. London: Pion, 1976.

RELPH, Edward. As bases fenomenológicas da Geografia. **Geografia,** Rio Claro, v. 04, n. 07, p. 01-25, 1979.

REGO, Nelson *et al.* **Geografia e educação:** geração de ambiências. Porto Alegre: UFRGS, 2000.

RIBEIRO, Roberto Souza. **Geografia e Imagem:** A foto-sequência como metodologia participativa no 9º ano do ensino fundamental de Geografia. 2013. 129 f. Dissertação (Mestrado em Geografia) – Programa de Pós-Graduação em Geografia, Universidade Federal de Santa Catarina, Florianópolis, SC, 2013.

RICARDO, Solange Cristina; SILVEIRA, Márcio. A evolução do sistema da tecnologia de telefonia móvel como geradora de comunicação ubíqua e pervasiva. *In*: **Anais [...]** V SIGEP - São Paulo, 2016. Disponível em: https://www.singep.org.br/5singep/resultado/476.pdf. Acesso em: 12 jul. 2016.

RICHARDSON, Roberto Jarry. **Pesquisa social: métodos e técnicas**. 3. ed. São Paulo: Atlas, 2008.

RODRIGUES, Neidson. **Por uma nova escola:** o transitório e o permanente na Educação. 13. ed. São Paulo: Cortez, 2003.

RUIZ, C. B. **Os paradoxos do imaginário**. São Leopoldo: Unisinos, 2003.

SACCOL A.; SCHLEMMER E.; BARBOSA J. **m-learming e u-learning** – novas perspectivas da aprendizagem móvel e ubíqua. São Paulo: Pearson, 2011.

SHARPLES, Mike; TAYLOR, Josie; VAVOULA, Giasemi. A Theory of Learning for the Mobile Age. R. Andrews and C. Haythornthwaite. **The Sage Handbook of Elearning Research**, Sage publications, p. 221-247, 2006. Disponível em: https://telearn.hal.science/hal-00190276/file/Sharples_et_al_Theory_of_Mobile_Learning_preprint.pdf. Acesso em: 23 out. 2016.

SAMPAIO, Marisa Narcizo; LEITE, Lígia Silva. **Alfabetização Tecnológica do professor.** 10. ed. Petropólis: Vozes, 2013.

SANTOS, Milton. **Por uma Geografia nova**: da crítica da Geografia a uma Geografia crítica. São Paulo: Hucitec; Edusp, 1978.

SAMAIN, Etienne (org.). **Como pensam as imagens**. Campinas: Editora da Unicamp, 2013.

SAMPAIO, Marisa Narcizo; LEITE, Lígia Silva. **Alfabetização tecnológica do professor**. 10. ed. Petrópolis, RJ: Vozes, 2013.

SANTAELLA, Lúcia. **Imagem, Cognição, semiótica, mídia**. São Paulo: Iluminaris, 2001.

SANTAELLA, Lúcia. Desafios da ubiquidade para a educação. **Revista Ensino Superior Unicamp**, 2013a. Disponível em: https://www.revistaensinosuperior.gr.unicamp.br/edicoes/edicoes/ed09_abril2013/NMES_1.pdf. Acesso em: 23 out. 2016.

SANTAELLA, Lúcia. **Comunicação ubíqua** – Repercussões na cultura e na educação. São Paulo: Paulus, 2013b.

SANTOS, Maria José dos. **Usos pedagógicos das Ntic em sala de aula entre maneiras de fazer e táticas:** a ressignificação do trabalho docente. 2009. 180 f. Dissertação (Mestrado em Educação) – Programa de Pós-Graduação em Educação. Universidade Federal do Maranhão, São Luis, 2009.

SANTOS, Maria José dos; MELO, Maria Alice; GONÇALVES, Maria de Fátima da Costa. Usos pedagógicos das Novas Tecnologias da Informação e da Comunicação. *In*: NASCIMENTO, Ilma Vieira do; MORAES, Lélia Cristina Silveira de Moraes, BOMFIM, Maria Núbia Barbosa (org.). **Currículo Escolar:** Dimensões Pedagógicas e Políticas. São Luis: Edufma, 2010. p. 147-166.

SANTOS, Milton. **Por uma Geografia Nova.** São Paulo: Hucitec, Edusp, 2000.

SANTOS, Milton. **A Natureza do Espaço**: Técnica, Razão e Emoção. São Paulo: Editora da Universidade de São Paulo, 2006.

SEABRA, Carlos. **Tecnologias na escola:** como explorar o potencial das tecnologias de informação e comunicação na aprendizagem. Editora: Oficina Digital, 2017.

SETTON, Maria da Graça Jacintho. A teoria do habitus em Pìerre Bourdieu: uma leitura contemporânea. **Revista Brasileira de Educação**, 2002. Disponível em: https://www.scielo.br/j/rbedu/a/mSxXfdBBqqhYyw4mmn5m8pw/#. Acesso em: 20 ago. 2016.

SIEMENS, George. **Conectivismo uma teoria de aprendizagem para a idade digital**. 2004. http://usuarios.upf.br/~teixeira/livros/conectivismo%5Bsiemens%5D.pdf. Acesso em: 17 nov. 2016.

SILVA, Marco. Inclusão Digital: algo mais do que ter acesso às tecnologias digitais. *In*: RANGEL, Mary; FREIRE, Wendel (org.). **Ensino-aprendizagem e comunicação.** Rio de Janeiro: Wak, 2010.

SILVA, Ângela Corrêa da; OLIC, Nelson Bacic; LOZANO, Ruy. **GEOGRAFIA**: contextos e redes 1º ano. São Paulo: Moderna, 2013.

SILVA, Luciana de Oliveira. A formação do professor da educação básica para o uso da tecnologia: a complexidade da prática. *In*: BRAGA, Junia de Carvalho Fidelis (org.). **Integrando tecnologias no ensino de inglês nos anos finais do ensino fundamental**. São Paulo: Edições SM, 2012.

SILVA, Maria Cristina da Rosa; SCHLICHTA, Fonseca da Consuelo; DUARTE, Alcioni Borba. **LAPTOP NA ESCOLA**: DAS TECNOLOGIAS ÀS IMAGENS NA SALA DE AULA. 37ª Reunião Nacional da ANPEd – 04 a 08 de outubro de 2015, UFSC – Florianópolis. Disponível em: http://www.anped.org.br/sites/default/files/trabalho-gt24-4619.pdf. Acesso em: 13 set. 2016.

SOARES, Suelly Galli. **Educação e Comunicação**: o ideal de inclusão pelas tecnologias de informação, otimismo exarcebado e lucidez pedagógica. São Paulo: Cortez, 2006.

SOUZA, R. A. M. **A mediação pedagógica da professora**: o erro na sala de aula. Campinas, SP: 2006. Tese (Doutorado em Educação) – Universidade Estadual de Campinas, Faculdade de Educação, 2006.

SCHÄFFER, Neiva Otero. Ler a paisagem, o mapa, o livro: Escrever nas linguagens da Geografia. *In*: NEVES, Iara Conceição Bitencourt *et al*. (org.). **Ler e escrever**: Compromisso de todas as áreas. Porto Alegre: UFRGS, 2000. p. 84-101.

SCHÄFFER, Neiva Otero. O livro didático e o desempenho pedagógico: anotações de apoio à escolha do livro texto. In: CASTROGIOVANNI, A. *et al*. (org.). **Geografia em sala de aula:** práticas e reflexões. 4. ed. Porto Alegre: Ed. da UFRGS, 2003.

STEFANELLO, Ana Clarissa. **Didática e Avaliação da Aprendizagem no Ensino da Geografia**. São Paulo: Saraiva, 2009.

STRAFORINI, Rafael. Dilemas do Ensino de Geografia. *In*: STRAFORINI, Rafael. **Ensinar Geografia:** o desafio da totalidade-mundo nas séries iniciais. São Paulo: Annablume, 2004. p. 45-74.

TARDY, Michel. **O professor e as imagens**. Tradução de Frederico Barros. São Paulo: Cultrix, 1976.

TEIXEIRA, Marcelo Mendonça. A cibercultura na educação. **Revista Pátio,** 2013. Disponível em: https://loja.grupoa.com.br/revistapatio/Edicao_do_Mes. aspx?revistaSecaoId=1. Acesso em: 27 nov. 2016.

TERRA, Lygia. **Geografia geral e do Brasil**. São Paulo: Moderna, 2005.

TOFLLER, Alvin. **A terceira onda**. Estados Unidos: Bantam Books, 1980.

TUAN, Yi-Fu. Geografia Humanística. *In*: CHRISTOFOLETTI, Antonio (org.). **PERSPECTIVAS DA GEOGRAFIA**. São Paulo: DIFEL, 1982. p. 143-164.

TUAN, Yi-Fu. **Topofilia:** um estudo da percepção, atitudes e valores do meio ambiente. Tradução de Lívia de Oliveira. Londrina: Eduel, 2012.

TUAN, Yi-Fu. **Espaço e Lugar**: A perspectiva da experiência. Tradução de Lívia de Oliveira. Londrina: Eduel, 2013.

THIOLLENT, Michel. **Metodologia da Pesquisa-ação**. 18. ed. São Paulo: Cortez, 2011.

WRIGHT, Jonh W. **Terrae incognitae**: the place of imagination in Geography. Annals of the association of American geographers. 1947. p. 1-15.

VALENTE. José Armando. A espiral da aprendizagem e as tecnologias da informação e comunicação: repensando conceitos. *In*: JOLY, M. C. (ed.). **Tecnologia no ensino**: implicações para a aprendizagem. São Paulo: Casa do Psicólogo Editora, 2002. p. 15-37.

VEEN, Wim. **Homo Zappiens**: educando na era digital. Tradução de Vinícius Figueira. Porto Alegre: Armed, 2009.